武器としての
図で考える習慣
「抽象化思考」のレッスン

Art of Conceptual Thinking

平井孝志

東洋経済新報社

はじめに

「考える」って、意外に難しい

皆さん、はじめまして。平井孝志と申します。現在、筑波大学の東京キャンパスで大学教授をしています。専門は経営戦略論です。

大学の先生になる前は、ベイン・アンド・カンパニーやローランド・ベルガーで戦略コンサルタントをしていました。その他にも、デルの法人マーケティング・ディレクターや、スターバックスコーヒージャパンの経営企画部門長を務めたりしていました。

つまり、30年以上にわたって、ビジネスの最前線で、経営課題の解決策や新しいアイデアを「考え」て、「結果を出す」ことを求められてきたのです。

このような経験を踏まえて、これまでにもビジネスや思考法について多くの本を書いてきましたが、今回は「図で考える」というテーマで本を書いてみたいと思います。

「考える」と一口に言っても、実はとても奥が深い……。

誰でも、せっかく何かを「考える」のであれば、より素晴らしいアイデアを出したり、より効果的な問題解決策を導き出したいと思うはずですよね。本質的な解に、できれば短時間で辿り着きたい。そのために、「よく考えよう」「深く考えよう」とするはずです。

でも「よく考える」「深く考える」とは、具体的にどうすればいいのでしょうか。この問いに答えることは、意外に難しいものです。

もちろん、人によって答えは変わってくるでしょう。また、答えも1つではないと思います。

でもご安心ください。本書でこれからご紹介する「図で考える」というアプローチは、「深く考える」の答えの1つ、しかも、誰でも使える、効果的な武器であると、私は確信しています。

頭のいい人はなぜホワイトボードが好きなのか

どうすれば「よく考える」「深く考える」ことができるのか。

そのヒントは、「よく考えている人」「深く考えている人」の習慣の共通点にあります。

私はコンサルティングファームで、たくさんの優秀なコンサルタントに接してきました。また、若い頃にはアメリカのマサチューセッツ工科大学（ＭＩＴ）にＭＢＡ留学したこともあり、そこには私なんかより何倍も頭のいい人たちがたくさんいました。

そして、私から見て「あの人はよく考えているなあ」「思考がシャープだなあ」と思うような人、つまり、頭のいい人たちは、よくホワイトボードの前に立ち、「図」を描いていました。そして、「図」を使って大事なことをうまく表現し、巧みに議論を整理しながら本質的な答えを導き出していました。ホワイトボード全体を思考のキャンバスにしていたのです。

私ももともとは「考える」ことが苦手でした。でも幸運なことに、そうした頭のいい人たちに囲まれて過ごすうち、彼らの考え方を吸収し、図で考える習慣を身につけていったのだと思います。もともと理系だったので、図やグラフを使うことに慣れていたのも幸いしたのでしょう。

今ではいろんなことを図で考え、多少は深く考えられるようになった気がします。

図が何十億円のビジネスを動かす

図で考えることは、ビジネスで大きな武器を手に入れることにもなります。頭のいい人たち、仕事のできる人たちの多くが、図を使って考え、決断しているのです。

私が最初に「図」のパワーに遭遇したのは、30年前の就職活動中、世界的な戦略コンサルティング会社ベイン・アンド・カンパニーでサマーインターンの機会に恵まれた時でした。ＰＰＭという、とても豊かな図を初めて知って、「目ウロコ」の体験をしたのです（ＰＰＭについては後ほど説明します）。何億、何十億円のビジネスジャッジが、こうした図によってなされていることに、そして優秀なビジネスパーソンがこんな魅力的な図で考えているということに、当時は正直かなり感動したものです。

「図で考える」ことが威力を発揮する理由は、ビッグ・ピクチャー（全体像）を描ける、論理展開が明確になる、構造やダイナミズムを的確に把握できる、といったところにあると思います。なぜそんなことが可能なのかと言うと、「図で考える」ことで、モノゴトを抽象化して捉え直すことができるからです。これは「文章」にはなかなかできないことではないでしょうか。

詳しくは本文で説明していきたいと思います。

本書の構成

本書では、これまで私が学んできた「図で考える」メソッドを整理し、お伝えしようと思います。大雑把に、ＰＡＲＴ１とＰＡＲＴ２の二部構成にしました。

基礎編であるＰＡＲＴ１では、「なぜ図を使うと考えが深まるのか」を理解し、その上で基礎的な「図の描き方」について紹介します。「描いて考える」最初の一歩をここで踏み出してもらいます。

実践編のＰＡＲＴ２では、図を描く上で役に立つ「ピラミッド」「田の字」「矢バネ」「ループ」の４つの「型」を紹介します。プロも使っている、様々な「図の型」や「思考の切り口」を身につけることが目的です。

また、各ＰＡＲＴの最後に演習形式のおさらいを用意しました。実際にどうやって図を使って思考を深めていくのか、実戦形式で確認することができます。

「図で考える」習慣は、振り返ってみると、私の人生のけっこういろんな場面で役に立ってきました。

・打ち合わせの時、紙やホワイトボードに図を描くとすっきり議論が整理できた。
・レポートやプレゼンを作る時、工夫した図を入れると、けっこう高く評価された。
・悶々と難しい課題に悩んでいた時、紙の上で図を描いていると、良いアイデアが閃いた。

といった具合です。

今後皆さんが何らかの課題に直面し、「図で考えてみよう！」と思った時、本書が、思考の武器を提供することになればうれしい限りです。

それでは、よろしくお願いします。

武器としての図で考える習慣
「抽象化思考」のレッスン

目次

PART 1 基礎編

第1章 なぜ図を使うと考えが深まるのか

第2章 「概念図」を描いて考えてみよう

PART 2

実践編

第3章 使える型①ピラミッド

第4章 使える型②田の字

第5章 使える型③矢バネ

第6章

使える型④ループ

第7章

図で考える達人になる

序章

図で考えると仕事も人生もうまくいく

本書ではこれから「図を使って考える」ことについて紹介していきます。最初にまず、図を使って考えると、人生や仕事において、どんなことが可能になるか、また、なぜ今「図で考える」方法を身につけておいたほうがいいのか、そのことについて見ていくことにしましょう。

1 どうすれば「深く考える」ことができるのか？

みんな「考えろ」とは言うけれど……

職場でも学校でも、「考えろ」とよく言われます。

「この問題についてしっかり考えろ」
「どうすれば良いか、深く考えろ」
「もっと良いアイデアを考えろ」

しかし、肝心の「考え方」については、親も先生も上司も教えてくれません。みんな無意識か、自己流でやっていて、自然にできる人だけが身につけていく。そんな感じだと思

います。私自身、いろんな人に尋ねられて一番答えに窮する質問は、

「どうやったら『深く考える』ことができるのか？」

です。でも、その答えの1つに**「図で考える」**があるような気がするのです。

なぜ「図で考える」と「深く考える」ことになるのでしょうか。

図にすると、文章のようにあまりたくさんの情報を入れることができません。どうしても情報量が限られてしまいます。そうなると**図に描けるのは、大事なものであり、論理であり、本質になる**のではないでしょうか。

つまり、本当に理解すべき大切なことは結局図でしか表せない。あるいは図で表すのが最も手っ取り早い。なので意識して図で考えるようにすれば、深く考えられるようになる。そう思えるのです。

夫婦ゲンカも図で解決できる

この「図で考える力」はとても根本的な能力なので、**ビジネスのみならず日常のあらゆ**

る場面で役立ちます。たとえば、夫婦ゲンカも図で解決できます。

久しぶりの外食で何を食べるかで揉めたとしましょう。

夫「久しぶりの外食だからステーキを食べに行きたい」

妻「えー。ステーキは重たいから、和食がいい」

このままだと平行線。そして、こんな些細なことでもやがて大ゲンカになってしまいます（ました）。

しかし、夫はステーキでなくてもいいから「肉が食べたい」が本音で、妻は和食でなくとも「何かあっさりしたものが食べたい」というのが本音だったとすると、「肉——肉以外（たとえば魚）」という対比と、「重たい——あっさり」の2つの対立軸が浮かび上がってきます。

そこで図を描いてみるのです！

先ほどの2軸をタテ・ヨコに取ると4つの選択肢がハッキリします。そうすると、ステーキvs.和食の平行線ではなく、図の右下（肉×あっさり）に妥協点が見えてきませんか（図1）。

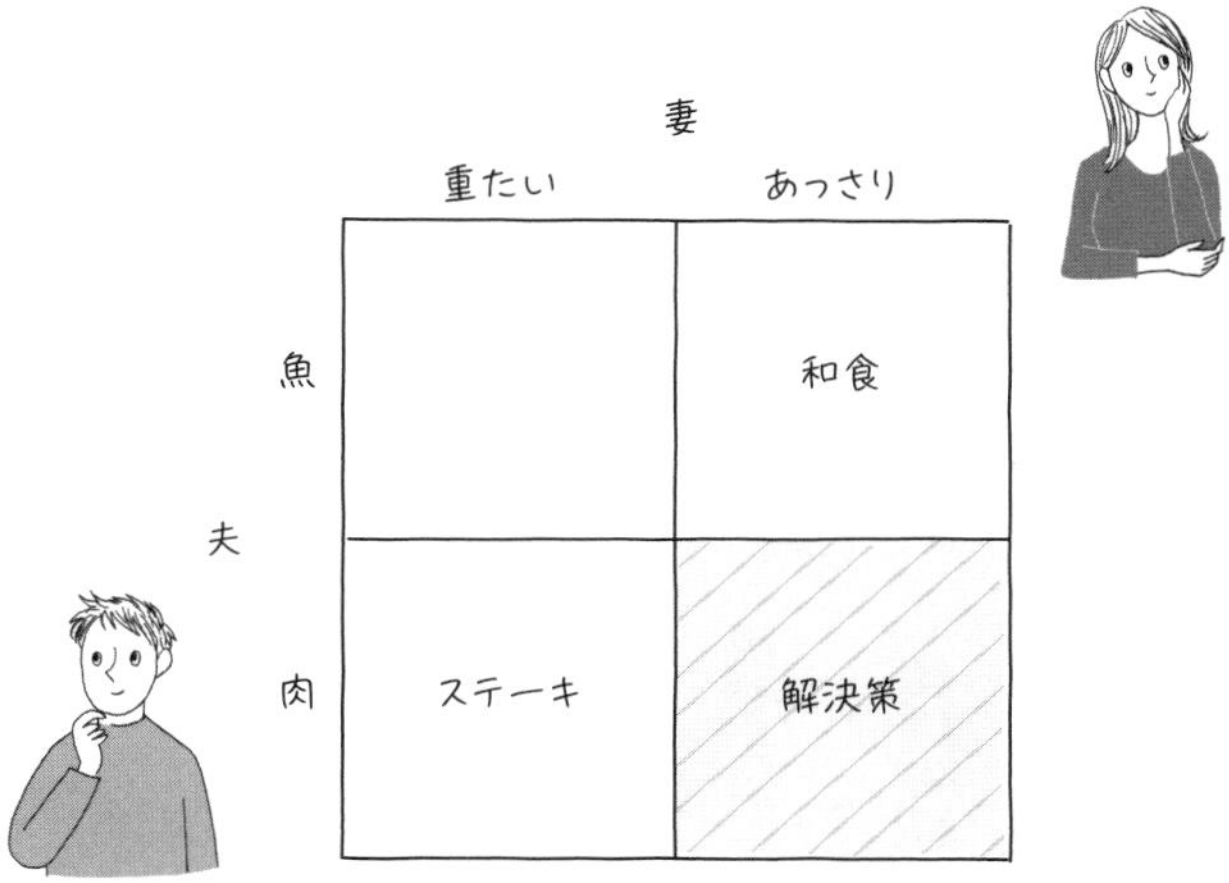

図1　図が二人の妥協点を教えてくれる

たとえば、肉は肉でも比較的あっさり食べられる豚のしゃぶしゃぶを食べに行く。あるいは、サラダバー付きのハンバーグ屋さんに行って、夫は妻の肉を半分もらい、妻はサラダバーを中心に食べるとか。そうすると夫婦ゲンカを回避。しかも、外食を楽しむことができます。ひょっとしたらそのハンバーグ屋さんには、豆腐ハンバーグのような体に優しいあっさりめのメニューがあるかもしれません。

　いかにＷｉｎ・Ｗｉｎの状況を粘り強く探り出すか。それが夫婦円満の秘訣だとすると、そんな時にも「図で考える」は威力を発揮します。

高学歴の人＝深く考える人というわけではない

本書でご紹介する「図で考える力」は、与えられた問題を解く力、受験を突破する力とは異なります。受験における論理は、与えられた問題に対して、既にある解答を頭にインプットし、記憶し、アウトプットすることです（極端に言えば）。これは本書で言うところの「深く考える」ではありません。

この本で伝えたい「考える」は、真っ白な紙の上に、自分の頭で発想し、ものごとを理解していくことです。解くべきお題を与えられ、答えへの道筋が既に分かっていることを試されるのとはまったく訳が違います。

真っ白な紙の上からスタートするのですから、何を考えるべきかも含めて考えなければなりません。これは、**「本当の問題は何か」を考える問題設定の課題であり、１００％正解のない問題に対して答えを出していくということ**でもあります。こんな能力はなかなか受験勉強では鍛えられません。

だから、高学歴の人と、「深く考えているな〜」と思う人の間の相関は必ずしも高くないのです。

2

これからますます必要になる抽象化思考

英語やプログラミング、ＭＢＡよりも先に身につけたいコア・スキル

私が就職した頃と違って、格段に情報が溢れる世の中になりました。経営学の世界でも、様々な理論や事例の本がすぐ手に入ります。こんな世の中だからこそ、うわべだけのスキルではなく、本物の「考える力」を身につけるべきで、その１つの手段が「図で考える」であるというのが本書の主張です。

この**「図で考える力」は思考のＯＳ**のようなものではないでしょうか（図2）。

英語やプログラミング、ＭＢＡとかで学ぶ知識より先に身につけるべきです。なぜなら、思考のＯＳがしっかりしているほど、英語やプログラミング、あるいはＭＢＡでの学びも、効果効率的でより深くなるからです。また、思考のＯＳなので非常に汎用性が高

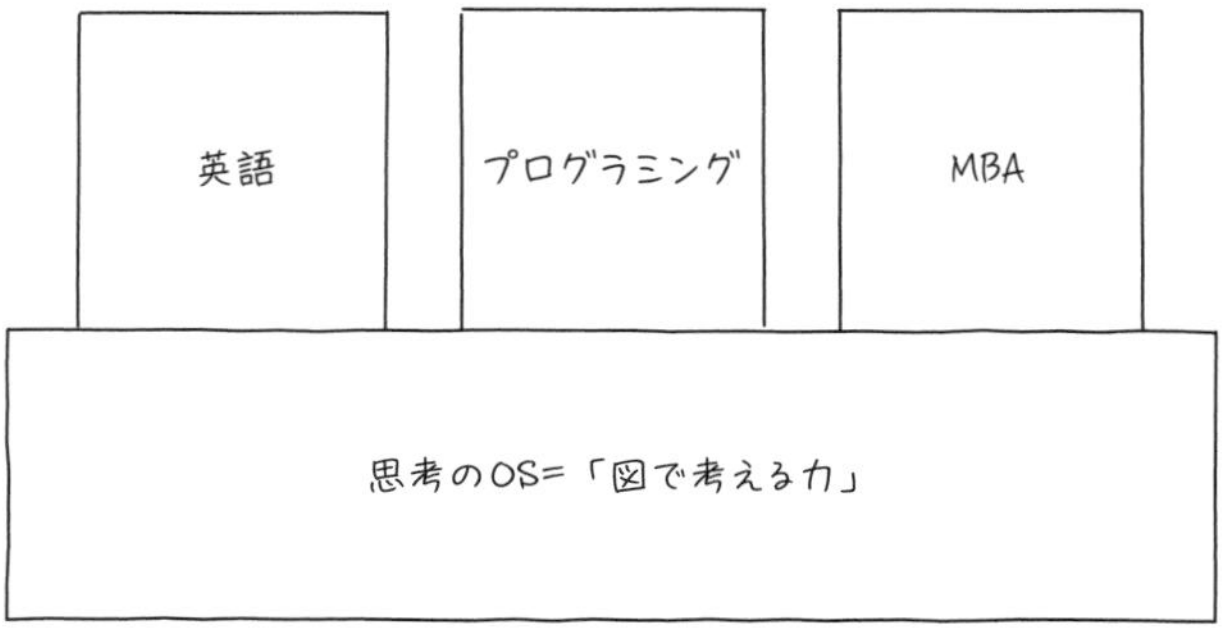

図2　「図で考える力」は土台となるコア・スキル

く、本当のコア・スキルになる可能性も高いと言えます。

　トライしない理由はありません。

ＡＩ時代にますます求められる構造や関係性を読み解く力

　ＡＩ時代がやってくると、この「図で考える力」はますます重要になるはずです。

　ＡＩは、あるものの組み合わせを試すこと、つまり数え上げることは得意です。しかし、ゼロから考えることは苦手です。おそらくＡＩに、「紙一枚の上に、何を考えるべきかも含めて考えて、何か描いてみて」と言っても何も描けないでしょう。しかし、人間にはそれができます。

図で考えることは、ＡＩにはない人間特有の頭の使い方に関係しています。それは**「ヒューリスティック」**です。ヒューリスティックとは、過去の経験や学んだことなどから、暗黙裡にポーンと正解に近い答えに飛ぶ能力です。つまりここでは、図を描くことによってハッと気付く、に例えられます。

図を描くことは「現実を抽象化」することでもあります（すべてを描けませんから）。

図を使ってものごとを抽象化し、その抽象化されたイメージから構造や関係性を読み解く。そこから解決のヒントにハッと気付く。このアプローチは人間にしかできないし、こういったアプローチが日常生活から世の中を変えるイノベーションまで、様々な場面で役立ってきたのです。

「図」を起点とした発想でＡＩ時代を生き延びよう

先ほど図を描くことは抽象化だと言いました。

それは、**現象の中から骨格を切り出し、現象の裏側にある構造を捉えること**でもあります。

先ほどの例で言うと、ステーキか魚か（Ｗｈａｔ）や、ステーキハウスで食べるか和食レストランで食べるか（Ｈｏｗ）、の奥にある「Ｗｈｙ」、つまり、なぜそうなのか？を根本から探り、答えを導くということです。なので図を描いて考えると、深く考えられるのです。

さらに人間は五感を使って現実を感じ、言葉も使いこなせます。つまり、空理空論にならないよう、常に現実（一次情報）に触れて、描いた図を批判的に見ることもできるし、図の中に、言葉（たとえばキーワード）を書き込んで思考を明瞭化することもできます。このように「図」を起点に、「現実」や「言葉」との間を行ったり来たりする。そして、紙の上で試行錯誤を繰り返す。そうすれば「考える力」は格段に高められるはずです。

こういったプロセスは、なかなかＡＩには向いていません。だから「図で考える力」は、これからの時代にますます求められる「人間ならではの力」のような気がするのです。

ＡＩには「知識」ではかないません。なので、ＡＩには「知恵」で勝つしかありません。それゆえＡＩ時代になっても、逆にＡＩ時代になるからこそ、「図で考える力」を鍛えることは得策だと言えるでしょう。

3

誰でも身につけられる。絵心はいらない

ポンチ絵を描けばいい！

うれしいことに、このような「図で考える力」を鍛えるのは決して難しくありません。

なぜなら、図で考えるために必要なものは、紙一枚とペン一本だけ。誰でもすぐにでも始められるからです。高い授業料もいらないし、お金もまったくかかりません。

絵心も不要です。なぜなら大まかな「ポンチ絵」でいいからです。逆に絵心がないほうがベターかもしれません。なぜならポンチ絵に細部は必要ないからです。

必要な道具：紙一枚とペン一本

「図で考える」ための準備は、本当に紙一枚とペン一本だけ。他には何も必要なし。

ただ、少しだけ紙とペンに拘ると、使う紙は、薄いマス目のはいった方眼紙がベターです。タテの線でも、ヨコの線でも、定規なしでキレイに引けるからです。ペンも黒のペンにプラスして、赤とか青のペンがあると良いでしょう。強調したいところや論理の違いなどを、色を使って表現でき、パッと見、図が分かりやすくなります。また、図で考える際には、何度も書いたり消したりするので、ホワイト（修正テープ）はあると便利です（鉛筆の場合は消しゴム）。

ホワイトボードがあればそれを使うのもありでしょう。ホワイトボードは大きくて見やすく、簡単に書いたり消したりできるのでとても便利です。また、ホワイトボードの前を動物園の熊のようにウロウロ歩きながら考えると、思考が活性化されてけっこういいアイデアが浮かぶこともあります。

パワーポイントがダメな理由

基本、紙とペンさえあればできることなのですが、「それならパワーポイントでもいいんじゃないか？」という声が聞こえてきそうです。でも、お勧めはやはり紙とペンです。実は**パワーポイントには思考の流れを阻害する要因が潜んでいる**んです。

パワポは、意識するしないにかかわらず、資料を完成させるための「作業」に焦点があたってしまいます。パワポ資料作りのためのパワポ作業になってしまう。あるいは、作ったパワポに縛られて思考が先に進まなくなってしまうことも間々あります。そうやって思考停止に陥っている人をこれまでたくさん見てきました。

本来、図を描く作業は、手で考える作業であり、自分自身との対話です。そして、考えを深め、整理するプロセスです。目の前の紙から意識がそれるのはダメで、図と思考をシームレスに、かつ瞬時に切り替えられる利便性があるべきです。

しかしながらパワポの場合、画面の上の様々なコマンドボタンと図の往復作業で思考が寸断され、図形やフォントの選択で迷い、思考が途切れがちになります。そして、資料を作ることについつい意識がいってしまう……。

結果的に、「考えること」と「作業すること」の逆転現象が起こり、本末転倒が生まれてしまうのです。

「やるか、やらないか」がすべて

そして、最後は「やるか、やらないか」です。普段から図を描きながら考えている人は少ないですよね。だから、やると差が生まれるんです。そして、できる人は図で考えていることが多い、というのが私の実感です。

図で考える力は、覚えた知識というより身につけた技術になります。一度体得してしまうと忘れることはありません。ちょうど、一度自転車に乗れるようになった人が一生自転車に乗れるように、一度体得すると一生使える力になるのです。

COLUMN

人類は「図」によって進歩してきた

～文字の発明／ショーヴェ洞窟の壁画

人類は、見たものや経験したことを脳内に蓄積し、想像力を使って現実にないものを生み出す力を獲得しました。そして、その力によって飛躍的な進歩を遂げました。宗教や貨幣、共同体を維持するルールも、こういった能力から生まれたものです。これを「認知革命」と呼びます。農業革命、科学革命に先立つ第一の革命です。

この革命で、大きな役割を担ったのは「文字」でした。この文字の起源も、見たものを抽象化した図にあります。象形文字はまさに自然を抽象化したもの。最古の文字であるメソポタミア文明のくさび形文字も、元々シュメール人が使っていた絵文字をシンプルにしたものです。文字も最初は絵であり、図だったのです。

もっと遡ると、人類最古の図はフランスのショーヴェ洞窟の壁画で、３万２千年前に描かれています（図３）。人類は、自然を切り取って「図」で表現し、自然を理解する力を高め、認知能力やコミュニケーション能力を高めていきました。

人類は図で、自然や社会の成り立ちや関係性を捉え、認識してイメージした。そこから

図3　ショーヴェ洞窟の壁画
画像提供：Minden Pictures／アフロ

進化が加速した。図で考えるということは、人間の能力の根幹かもしれません。

最近、ＳＮＳのコミュニケーションは、文字ではなく、感情や状況を表現する絵文字で成り立つようになってきました。人類のさらなる進化の始まりなのでしょうか……（笑）。

PART 1

基礎編

ＰＡＲＴ１では基礎編として「なぜ図を使うと考えが深まるのか」を整理した上で、一番基礎的な図である概念図（ポンチ絵）の描き方について見ていくことにしましょう。

このＰＡＲＴで「図とは何か」「なぜ図を描くべきなのか」を理解していただけると、納得した上で後に続く実践編を読み進めることができるでしょう。

また、概念図の描き方も紹介します。基本的に自由に描いていただいて構わないのですが、いくつかのポイントを押さえておくと、より効果的な図を描くことができるようになります。

そして、ＰＡＲＴの最後には演習も用意しました。第１章と第２章の内容の復習および実践のケーススタディとして参考にしてください。

第 1 章

なぜ図を使うと考えが深まるのか

この章では、「なぜ図を描くと頭が冴えるのか?」の理由について述べていきたいと思います。簡潔に言うと、抽象化された図が「ビッグ・ピクチャー」となり、「関係性」や「構造」が紙の上に「見える化」され、自分との対話が進むからです。

1 図とは何か？

考えるのに都合がいい「2次元」

そもそも図とは何でしょうか？

本書における一番シンプルな図の定義は、**「紙一枚（たとえばＡ４）に描かれる線や丸や四角と言葉で表現されるイメージ」**ということができます。この場合の言葉は、長い文章ではなくキーワードや簡単な見出し程度のものです（読むのではなく、目に飛び込んでくるくらいのもの）。ちょうど、序章で出てきた図1などはその典型例です。

その紙一枚に描かれた図は思考の全体像になります。それは、現実から抽象的に切り出された本質的に大事なものであり、頭（特に右脳）でいじることのできるイメージです。

なぜイメージしやすいのか。それは紙が「2次元」だからです。

人は多くのインプットを2次元の画面から得て、頭で処理します。テレビ、雑誌、手帳、スマホ、看板、チラシ……すべて2次元。おそらく皆さんが、何か考える際に頭の中に描くのも2次元のイメージではないでしょうか。3次元で自由自在に考えられる人はそうそういないと思います（3次元で考えていると思う人も、ほとんどが3次元の2次元投影イメージのはず?）。

話は少しズレますが、昔、こんな話を本で読んだことがあります（出典も忘れ、真偽も不確かですが……）。

猿に白黒の碁盤目模様を見せた直後に脳を分析すると、脳の中に碁盤目のパターン（おそらく電気的な）が現れるそうです。また別の実験では、生まれたての猫をタテ縞の部屋に入れて育てると、ヨコの線を認識することができなくなるそうです。この猫は2次元の概念を獲得できなかったのかもです。人間をはじめ動物の脳は、本来的に2次元処理に向いているのかもしれません。1次元では細過ぎるし、3次元だと複雑過ぎる。2次元が、考えるのにちょうど良いのでしょう。

図の種類（概念図・構成図・分析図）

それでは、図にはどのような種類があるのでしょうか。どのように分類されるのでしょうか。

私は、図を大きく3つに分けて考えています（図4）。

1つ目は**「概念図」**。最もシンプルなポンチ絵と言えるかもしれません。それこそ思いつくまま、一枚の紙の上に丸や四角や線を描いていく図です。落書きと言っていいかもしれません。まだ頭がモヤモヤしている時、新たな着想を得たり、問題の構造を見つけるため、試行錯誤しつつ描く自由演技の図。それが概念図です。

2つ目は**「構成図」**。これは、ＰＡＲＴ２の実践編で紹介するような「型」を活用しながら描く図です。なんとなく思考の切り口が見え隠れしている場合は、有効な「型」を当てはめてみることは効果効率的です。たとえば、外食での夫婦ゲンカ回避の時に出てきた図は「田の字」という「型」の1つです。「型」は問題の全体像を捉えるのに適しています。概念図が自由演技だとすると、これは規定演技的だと言えるでしょう。

本書で主に扱うのは、この2つの図です。基礎編では「概念図」、実践編では「構成図」

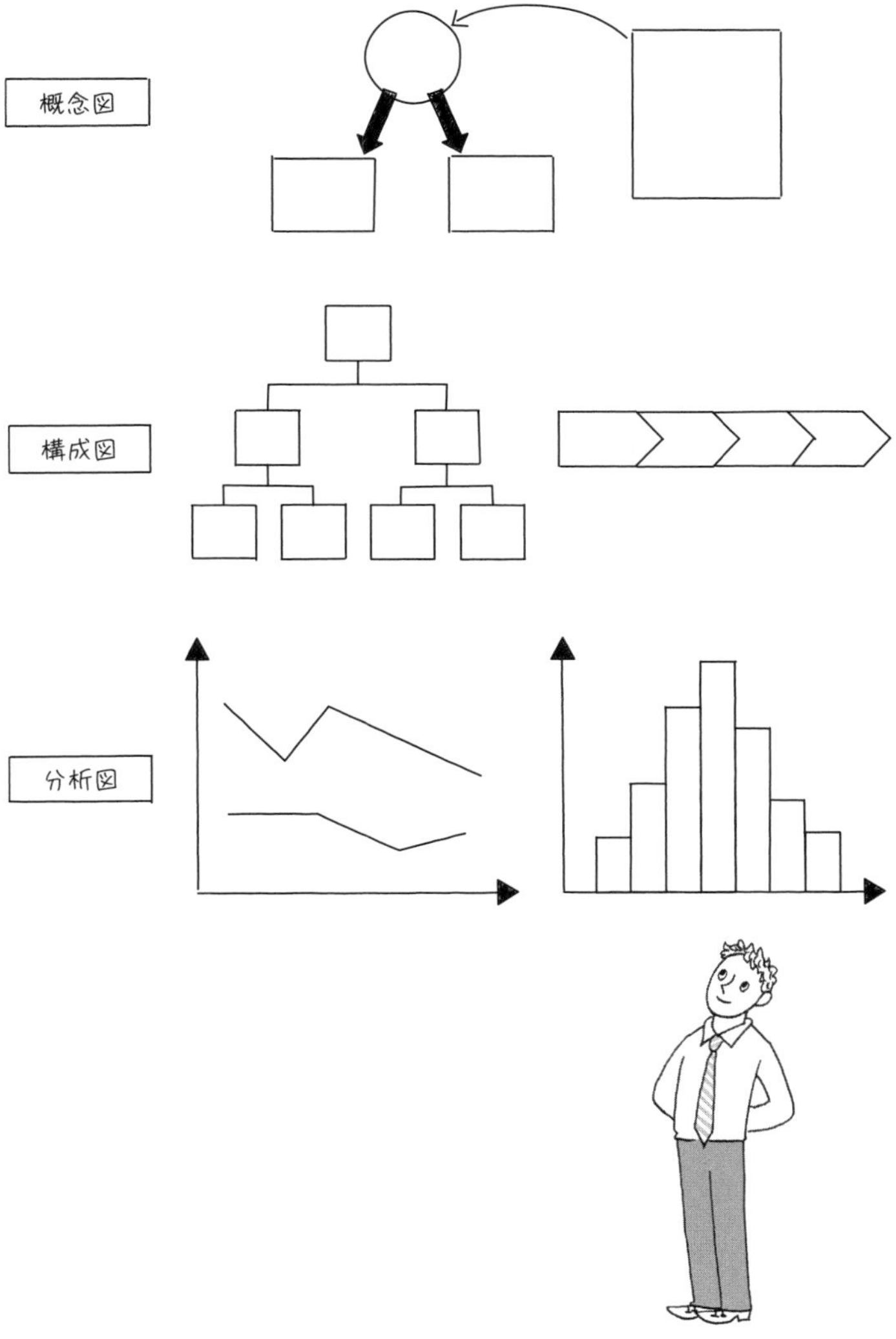

図4　3つの図

を取り上げます。

3つ目の図は**「分析図」**です。これは何か特定の対象を分けて明晰にするために描く図です（なので分析）。これは本書では扱いません。なぜなら本書の主眼は、ビッグ・ピクチャーを捉え、大事なもの、本質的なもの、構造や論理を炙り出すことにあるからです。

分析図は、数字をエクセルに「入力」するとエクセルが自動的に描いてくれます。これは「考える」ではありません。数字中心。数字の単なる「見える化」です。このような作業は、これからはＡＩに任せれば良いでしょう。それ故、分析図は分析手法の本に譲ることにします。

ただ、「概念図」「構成図」「分析図」はゼロイチで明確に線引きするのが実は困難です。概念図を描こうとしたらすぐに「型」が思い浮かぶこともあれば、「構成図」で整理しようとしても、そこからイメージが膨らみ、丸や四角の概念図を描き足すこともあるからです。また、分析図も時として本質を突く全体像になることがあります。なので、この分け方は一応、おおよその目安だと認識してください（それ故、本書にも分析図的なものも少しは出てきます……）。

2 余計な情報がそぎ落とされ「本質」が現れる

考えることと情報量の関係

では、なぜこれらの図を使うと考えが深まるのでしょうか。

まずは**情報の渦に溺れることがなくなる**からです。

そもそも紙一枚ですし、文章も基本使わないので情報量はかなり限られます。情報が多過ぎると、思考の低下を引き起こすものです。情報を整理するだけで手一杯になる。知識が「常識」になってそこから抜け出せなくなる。そして、柔軟な発想が奪われる。そんなことが往々にして起こります（いわゆる「専門バカ」）。

確かに最初のうちは、新しい情報を得るたびに問題の理解は深まっていくものです。新たな情報が新しい視点を提供し、思考を刺激してくれるからです。しかし、ある時点を境

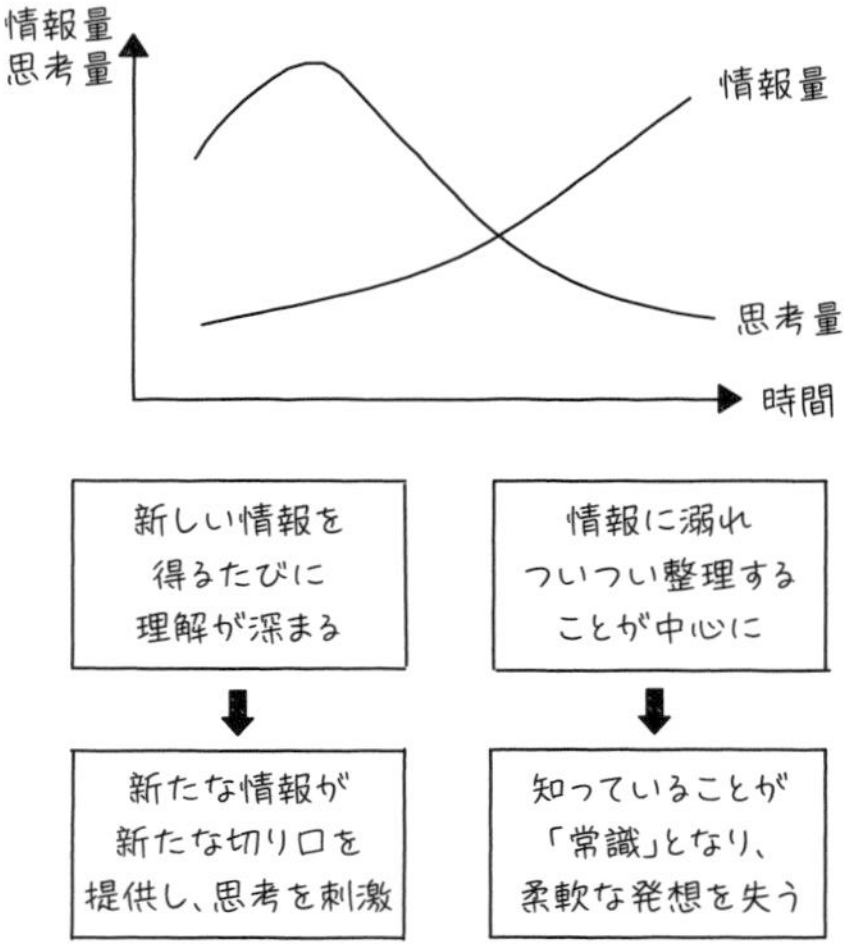

図5　考えることと情報量の関係

に情報量と思考量は反比例しはじめます（図5）。一枚の紙の上の適度な情報量。これが考えるのにちょうど良いのです。

航空写真より地図のほうが道に迷わない理由

そういうことなので、図にすると本当に大事なものが見えてきます。

枝葉末節が削られ、本当に大事なものだけが浮き彫りになるのです。

たとえば、航空写真。確かに現実であり、正確ですよね。でもそこから何かを読み取ることはとても難しいと言わざるを得ません。情報量が多過ぎるのです。

あなたが、あるお店に行きたい時、その

店の写った航空写真を渡されても困るはずです（笑）。航空写真では、店への道順も分かりません。グーグルの地図か、目印となる何かが書かれた案内図があってはじめてそのお店に辿り着けます。

理由は明白。地図や案内図には、**大事なことだけが書かれている**からです。だから、街の構造がすんなり頭に入ってきて、そのお店に行けるのです。

先ほど言ったように、情報は多ければ多いほど良いというものではありません。逆です。大切なことは、本当に大事なものだけがハッキリ見えている、ということなのです。

「図」は、大事なものをハッキリさせてくれます。

文章を図にするとポイントが洗練される

報告書や討議用資料でも、文章を図にして余計な記述を省くだけで「大事なポイント」がクリアになります。たとえば、次のような報告書があったとします。

「わが社の製品は、デザイン的には他社には劣っていないものの、顧客はデザインの良し悪しについてさほど拘りは持っていないようです。しかし、品質と価格は、重要な購買決定要因であり、他社の価格は３０００円であるのに対して、わが社の価格は……」

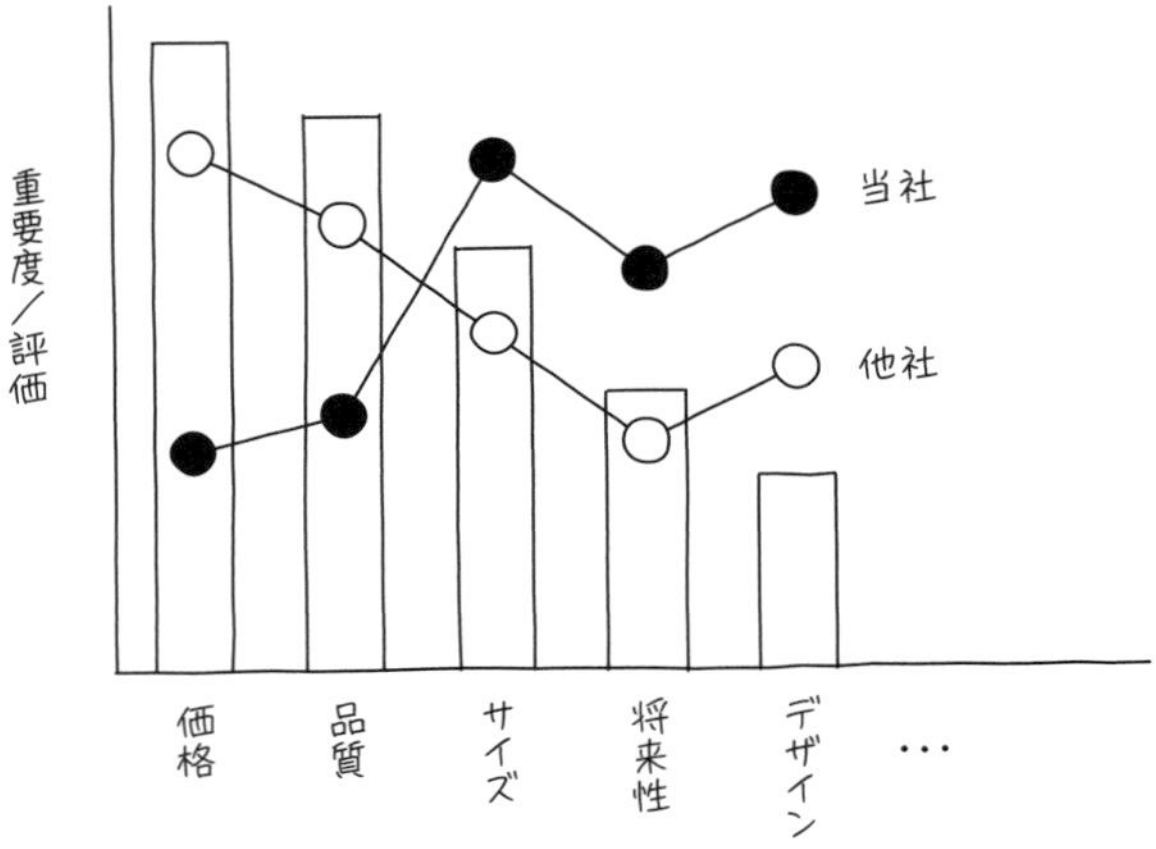

図6　図にするとポイントが明確に

読んでいてイライラしてきませんか。

この文章を図にしてみましょう。文章には「顧客の評価項目」「自社製品の特徴」「他社製品の特徴」の3つが含まれているので、ヨコ軸に顧客の評価項目、タテ軸にその重要度と各社の評価を取ってみるとどうでしょう（図6）。課題は一目瞭然。一瞬で把握できます。価格と品質が問題なのです。ちなみにこの図は、櫛《くし》（comb）に似ていることからコムチャートとか、コンビネーション・チャートとか呼ばれています（エクセルですぐ描けます。そういった意味ではこれは「分析図」ですね）。

このように文章を図にすることで、枝葉末節が削られ、重要なポイントが明らかになるのです。

3 思考が「見える化」される

考えることと「見える化」の関係

図を描くと、思考の「見える化」もできます。

思考の「見える化」は、思考のモレや矛盾、弱点を明らかにしてくれます。

だいたいの場合、頭で「分かった！」と思っても、その論理は「ゆるい」ことが多く、図にするとそのゆるさが白日のもとにさらされます。そして、えっ、これしか考えられてなかったのか……と自己嫌悪。思った以上に論理はタイトでないことが多いものです（図7）。

「見える化」のメリットは他にもあります。それは記録として残せることです。頭の中の記憶が消えても、図にしておくと、そこまで考えたことは消えません。そうすると、いつ

図7　図にすると思考が「見える化」される

でもその図を取り出し、続きから考え、思考のビルディングブロックを積み上げていくことができます。

その図が手元になくても、一旦、大事なことを図に「見える化」した分、イメージがハッキリするので、「三上」、つまり馬上（今で言うと車や電車の中？）、枕上《ちんじょう》（ベッドの中）、厠上《しじょう》（トイレ）でも考え続けることができます。

思考の熟成。反芻。定着。進化です。

三上は昔からヒラメキを得る場として知られているので、何か良いアイデアを思いつくチャンスも増大します。

箇条書きでは見えにくい関係性も「見える化」

図は思考を「見える化」するだけでなく、**ものごとの「関係性」をしっかりと見せてくれる**ので、そこから新たな気付きを得ることもできます。

次の年表を見てください。ペリー来航までにあった大きな出来事の抜粋です。なぜペリーは日本に来航したのでしょうか。

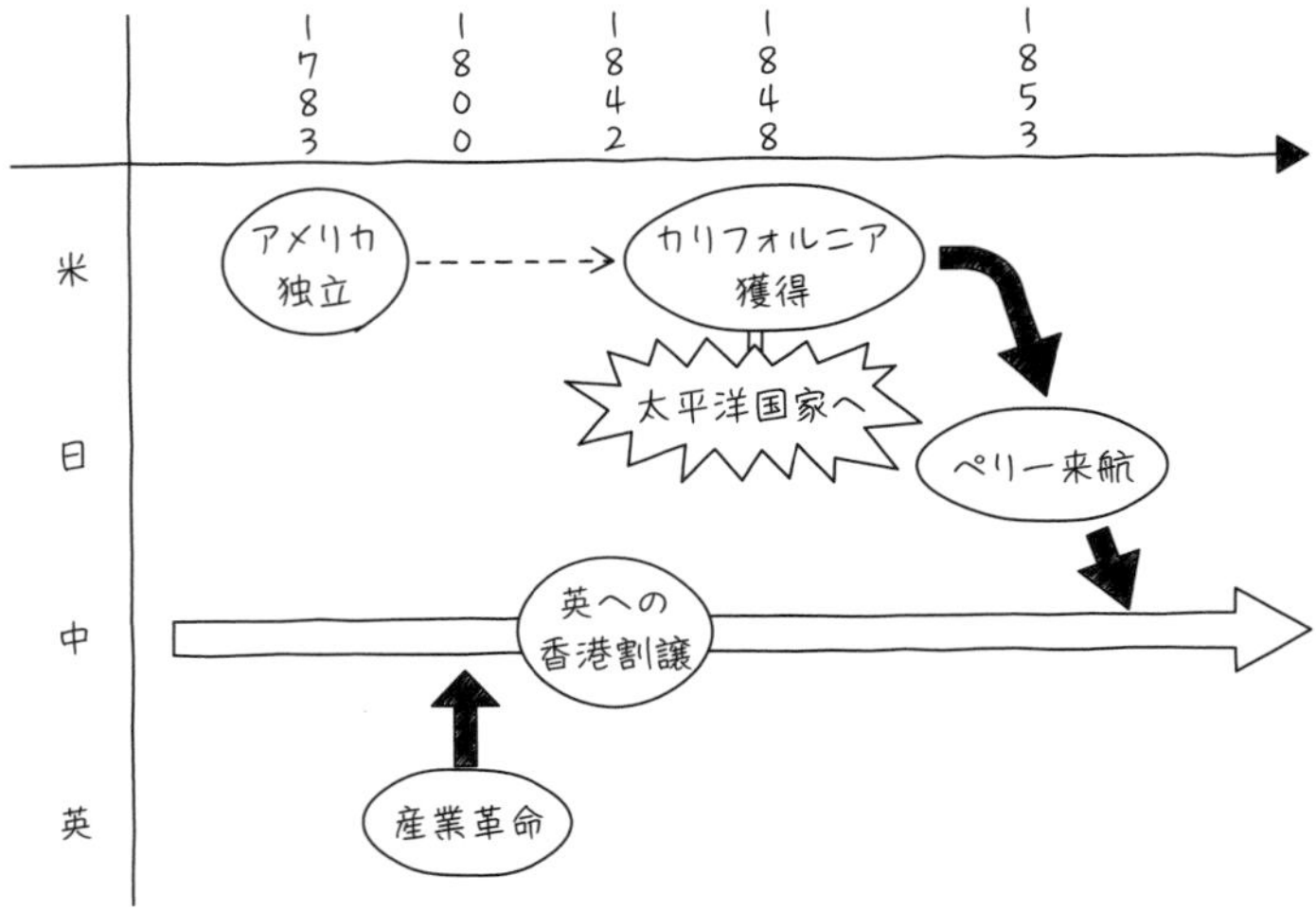

図8　図にすると関係性を把握しやすい

1783年　アメリカ独立戦争終結。アメリカ独立

1800年頃　イギリス産業革命

1842年　イギリスへの香港割譲（阿片戦争・南京条約）

1848年　アメリカが、スペインからカリフォルニア獲得（太平洋国家へ）

1853年　ペリー来航

これだけを読んでも、なかなかピンとは来ないかもしれませんが、これを「時間×国」の図にしてみたらどうでしょう（図8）。

産業革命をテコに拡大を続け、中国にまで手を伸ばした大英帝国。それに対して、太平洋国家となったアメリカが、大西洋回りではなく太平洋回りで巨大な中国に近づこうとする戦略がハッキリと見えてきます。日本は通過点であり、前哨基地にしか過ぎなかったのです。

このように図で「見える化」すると「関係性」が分かりやすくなり、大事なことに気付きやすくなると思いませんか。これは箇条書きにはないメリットです。

ちなみに当時（１８５０年頃）の各国の人口は、アメリカ：２３５０万人、イギリス：２２３０万人、日本：３２００万人、なんと中国は４億１０００万人だったそうです。

大事なポイントは３つ！

箇条書きに関して、もう一言。

よくデキるコンサルタント（ちょっと気取ったコンサルタント？）は、「それに関しては、大事なポイントが３つあります。１つ目は……」とビシッと決めることがあります。

時々思うのですが、その多くの場合、そのコンサルタントは箇条書きでは考えていないような気がするのです。おそらく、何かしらの「図」を頭の中に描いているのではないかと。たとえば、「御社にとって重要なことは次の３つのポイントです」の後に、

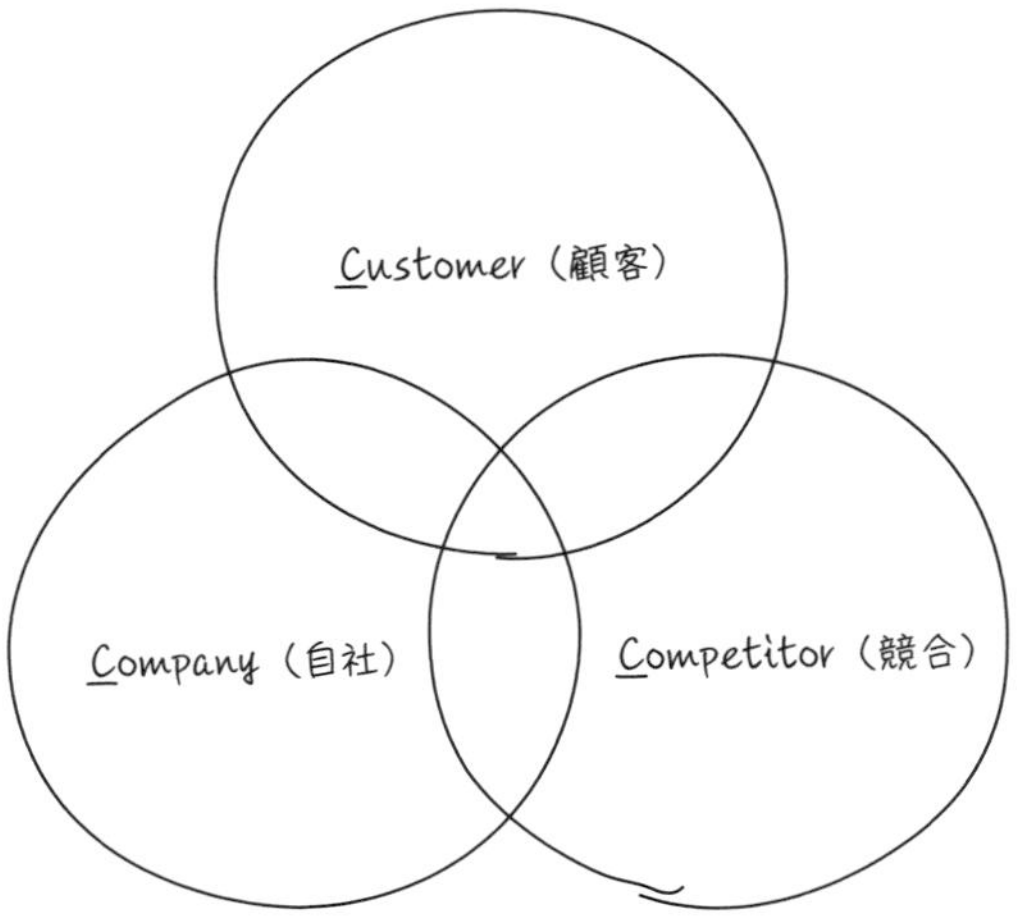

図9　3Cのフレームワーク

・1つ目は、○○のような顧客価値を生み出すこと
・2つ目は、そのために自社の××の強みを有効活用すること
・3つ目は、それを競合他社のターゲット層である都市部若年層にぶつけてみること

とか言ったとします。この場合、おそらくそのコンサルタントの頭の中には、経営学の有名なフレームワーク、**3C**があったはずです（図9）。

箇条書きだと、果たしてそれが大事な要素のすべてなのかどうかが判断つきません。ひょっとしたら大事なポイントがあと

2つあるかもしれない……。

でも「図」でビッグ・ピクチャーを押さえながら考えると、ヌケモレもなくなるし、逆に2つ目までを言ったあたりで、その図から3つ目の着想を思いついてセーフ、ということもあり得ます（もちろん、図9の3Cも立派な概念図です）。

あまりちゃんと考えていないコンサルタントは、「大事なことは3つ！」と言った後、よくよく聞くと、1つ目と3つ目は同じじゃん……ということもあるので要注意です（笑）。

4 「ビッグ・ピクチャー」を捉えられる

考えることとビッグ・ピクチャーとの関係

一枚の紙の上で考えることのもう1つのメリットは**「鳥の目」**になれること。

一枚の紙に大事なことを描こうとすると、おのずと視座が上がり、その紙一枚がヌケモレのない全体像、つまりビッグ・ピクチャーになるからです。

ちゃんと考えるためには、今考えていることに対して影響を及ぼすすべての要素を、視野を広げて大きく捉えることが重要です。もし視野が狭いと、その視野の外にある何かが影響し、「しまった！　想定外だった……」ということにもなりかねません。基本は、**「考える範囲」**＝**「影響が及ぶ範囲」**です（図10）。

「ビッグ・ピクチャー」は、影響がある範囲を切り取る境界線で定義されるべきです。そ

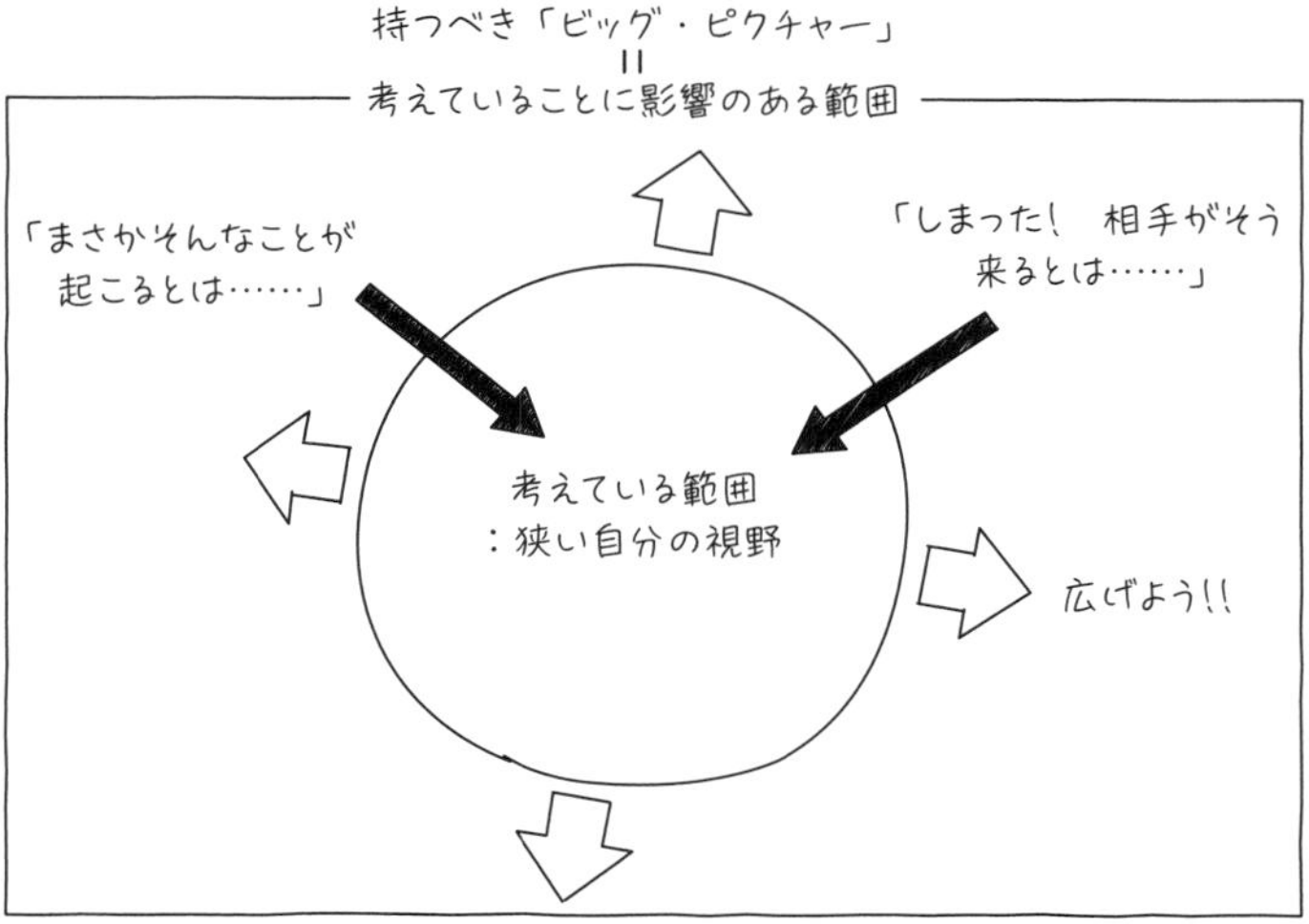

図10　図でビッグ・ピクチャーを捉える

して、ビッグ・ピクチャーを持てると、答えの精度は上がり、「しまった！」の数を減らせるのです。

考えている範囲で答えは変わる！

考えている範囲が「広い」のと「狭い」のとでは、答えが１８０度変わることもあります。

たとえば、今、皆さんが仕事に対する不満を持っているとしましょう。任されるのは余計な仕事ばかりで、あまり価値が大きくないと思える仕事ばかり。時間の浪費なので、何とかそこから逃げることばかり考えていたとします。

ひょっとしたら、これは「今」「やら

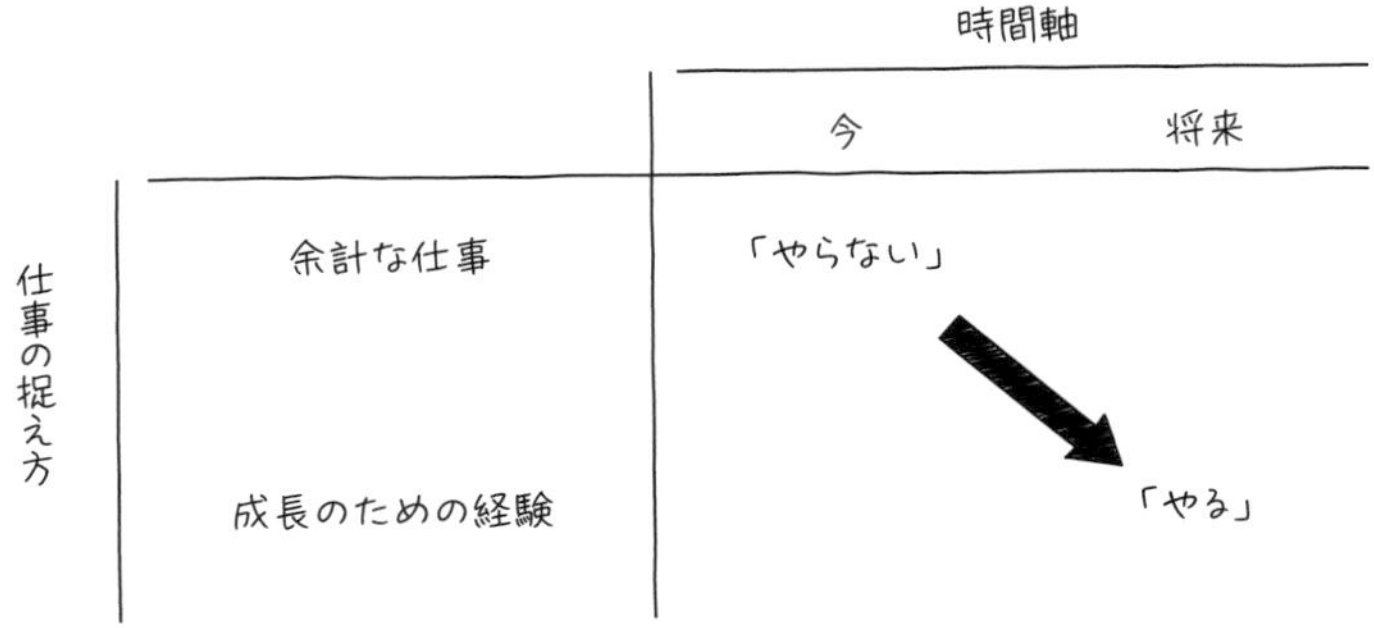

図11　思考の範囲を広げると結論も変わる

され仕事」と捉えているから、「やらない」が答えなのかもしれません。

しかし、これを「未来」「成長のための経験」と大きく捉えると、答えは「やる」になる可能性も生まれてきます（もちろん、すべてとは言いませんが……）（図11）。

私は戦略コンサルタント時代、採用した若手によくこう言っていました。「3年間は、どんな仕事でも前向きに一生懸命取り組んでください」と。そうすると、「3年後、見える景色はまったく違ってくるはず」と。

何が価値ある苦労かそうでないかを判断できない段階で、仕事の選り好みをしていたら、つくはずの実力もつかなくなってしまいます。つまらない仕事だ。それは周りが悪いんだ、と言って「他責」にすれば、問題はもはや自分のもとを離れ、解決放棄になる。そして、成長の機会をなくしてしまうことになります。

視野を「今」「仕事」と捉えるのではなく、「将来」「経験」と大きく捉えると、答えは「やらない」から「やる」へと、１８０度変わるかもしれないのです。

問題設定を狭く捉え、間違ってしまうと、どうやっても正解に辿り着くことはできません。答えは、「問題設定の範囲（ビッグ・ピクチャー）」によって左右されるということです。

いろいろなものが影響を及ぼし合っている世界では、やはり、**大きく考えるほうが良い**と思います（少なくともスタート時点では）。

ビジネスの鳥瞰図「ビジネスモデルキャンバス」

ビジネスにおいてもビッグ・ピクチャーを持つことはもちろん有効です。

私は大学院でビジネスモデル・イノベーションという科目を教えていますが、ビジネスモデルと言うと、必ずと言っていいほどオスターワルダーとピニョールによる**「ビジネスモデルキャンバス」**が登場します（図12）。このビジネスモデルキャンバスは、企業の価値創造活動の全体像、ビッグ・ピクチャーです。

この図の真ん中には、顧客への「価値提案」があり、その左側は、その価値作りに必要

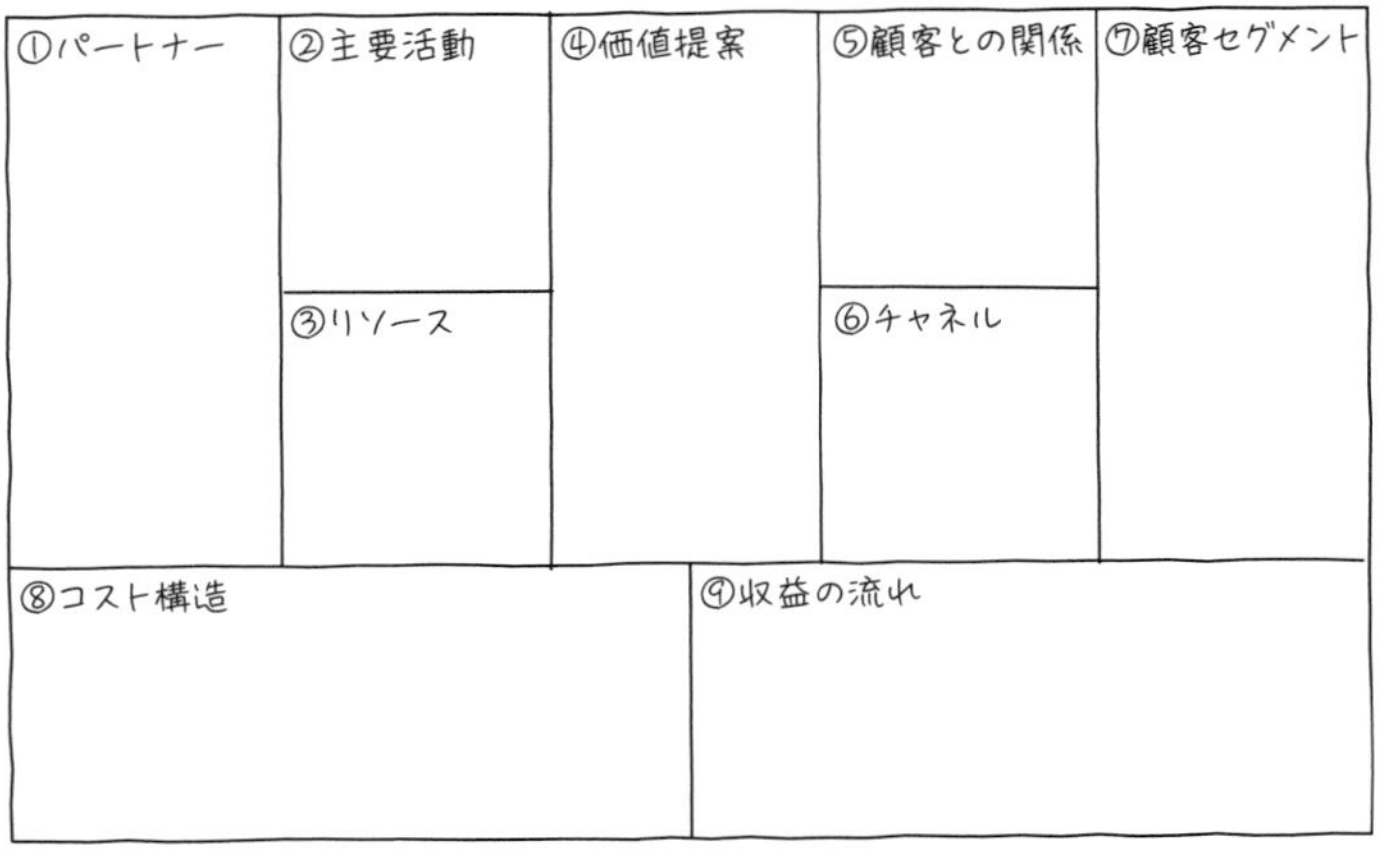

図12　ビジネスモデルキャンバス

なリソース（資源と能力）。右側には価値を提供する相手である顧客が書かれています。下半分は「儲ける仕組み（利益の方程式）」です。おおよそ、新しいビジネスを考える際に必要なことすべてが簡潔に網羅されているのです。

なので、この枠組みを使って紙一枚の上で新しい事業を考えようとすると、どうやっても鳥の目にならざるを得ない状況が生まれます。

ビジネスモデルキャンバスは、目の前のことだけに囚われる「視野狭窄」を防いでくれて、より優れたアイデアを導き出すのに役立ちます。

トヨタのＡ３はビッグ・ピクチャー

このような観点では、トヨタのＡ３文化は「鳥の目」養成文化だと言えるのではないでしょうか。

トヨタの中では、Ａ３用紙一枚で背景から問題設定、分析から解決策・提言までを簡潔にまとめることが要求されてきました。

純粋な一枚の図とは異なり、複数の図の合わせ技ですが、トヨタのＡ３資料はビッグ・ピクチャーであり、エッセンスの塊です。そんなＡ３資料を作成しようとすることは「鳥の目」を滋養し、「図で考える」ことの良い訓練になるはずです。

5

「新しいアイデア」も図から生まれる

シュンペーターの〈新結合〉

図は、新しい着想を得る上でも役に立ちます。

著名な経済学者のシュンペーターはかつて、イノベーションは既に存在しているものの新しい組み合わせ〈新結合〉によってもたらされると指摘しました。

確かに2つの要素の組み合わせで生まれたものは数えきれないほどあります。シャンプー（洗う）×リンス（ダメージケア）でリンス・イン・シャンプー。カメラ（本体）とフィルム（消耗品）で使い捨てカメラ。印刷機能部品×インク（消耗品）でカートリッジ。ロボット（機械）×ウェア（機能）でウェアラブルロボットスーツ。飛行機×ヘリコプターでオスプレイ……。スマホに至っては、いったい幾つのものが結合しているのやら。

時々、大学のゼミ生と、新規事業や新製品創出の議論をするのですが、そんな時も、異なるものの組み合わせで、いろいろなアイデアが出てきます（既に存在するものや、検討されているものも含めてですが）、たとえば、

・日本的デザインと消臭などの高機能を兼ね備えた伝統工芸高級靴下（デザイン×機能性）（図13）
・海上輸送中に、３Ｄプリンターで製品を作ってしまう工場船（輸送×製造）（図14）
・カメラで撮影した家の外を、室内の壁一面に投影し壁が消えてしまう家（撮影×投影）
・乗れば乗るほど健康になる車（移動×診断・治療）

つまり、新しいアイデアを捻り出す際に、一枚の紙のタテとヨコに何らかの軸を取り、その掛け算のマス目を睨んで「何か新しいものはないか？」と考えてみるのです。

アイデア創出に行き詰まったら、ぜひ図（マトリックス）で考えてみてください。

日用品＼付加価値	デザイン	機能性	安全性・・・
靴下	消臭機能付伝統工芸靴下		
帽子		育毛剤付ハット	夜道で光るLED付ハット
服		着れば着るほどリラックスするハーブの香りの服	

図13　組み合わせからアイデアを考える①

企業のバリューチェーン（主）＼企業のバリューチェーン（副）	研究開発	製造	輸送	販売
研究開発	✕			ユーザーイノベーションによる製品開発
製造		✕	3Dプリンターで製品を作る工場船	
輸送		いつでも運べるポータブル工場	✕	
販売		受注生産（マス・カスタマイゼーション）		✕

図14　組み合わせからアイデアを考える②

図なしで組み合わせを考えるのは難しい

実は、これを「図なし」で考えるのはとても困難です。

2つの異なる要素をタテ・ヨコに取ると、パッと紙を見ながら考えられるし、空いているマスもすぐ目につきます。しかし、これを箇条書きにすると大変なことになる。タテ・ヨコの要素が5つあるだけで、5×5＝25行の箇条書き。どこをどう見て何を発想していいのか分からなくなってしまいます。

もし、3つ以上の切り口を組み合わせて発想しようとするなら、紙に、それらの要素をバラバラと描いて眺めたほうが、箇条書きにするよりはるかにましです。たとえば、3つの異なる切り口に5つずつ要素があるとすると、箇条書きの場合、5×5×5で125行……。それより、図15のように、バラバラと要素を書き出し、概念図にして、グッと睨み、直感的に様々な組み合わせをイメージしつつ考えたほうが、アイデアが浮かぶというものです。

図は、文章だけでは捉えられないものをより分かりやすく、直感的に見せてくれます。それゆえ、本質的な理解が深まり、新しい着想を得るのに役立つのです。

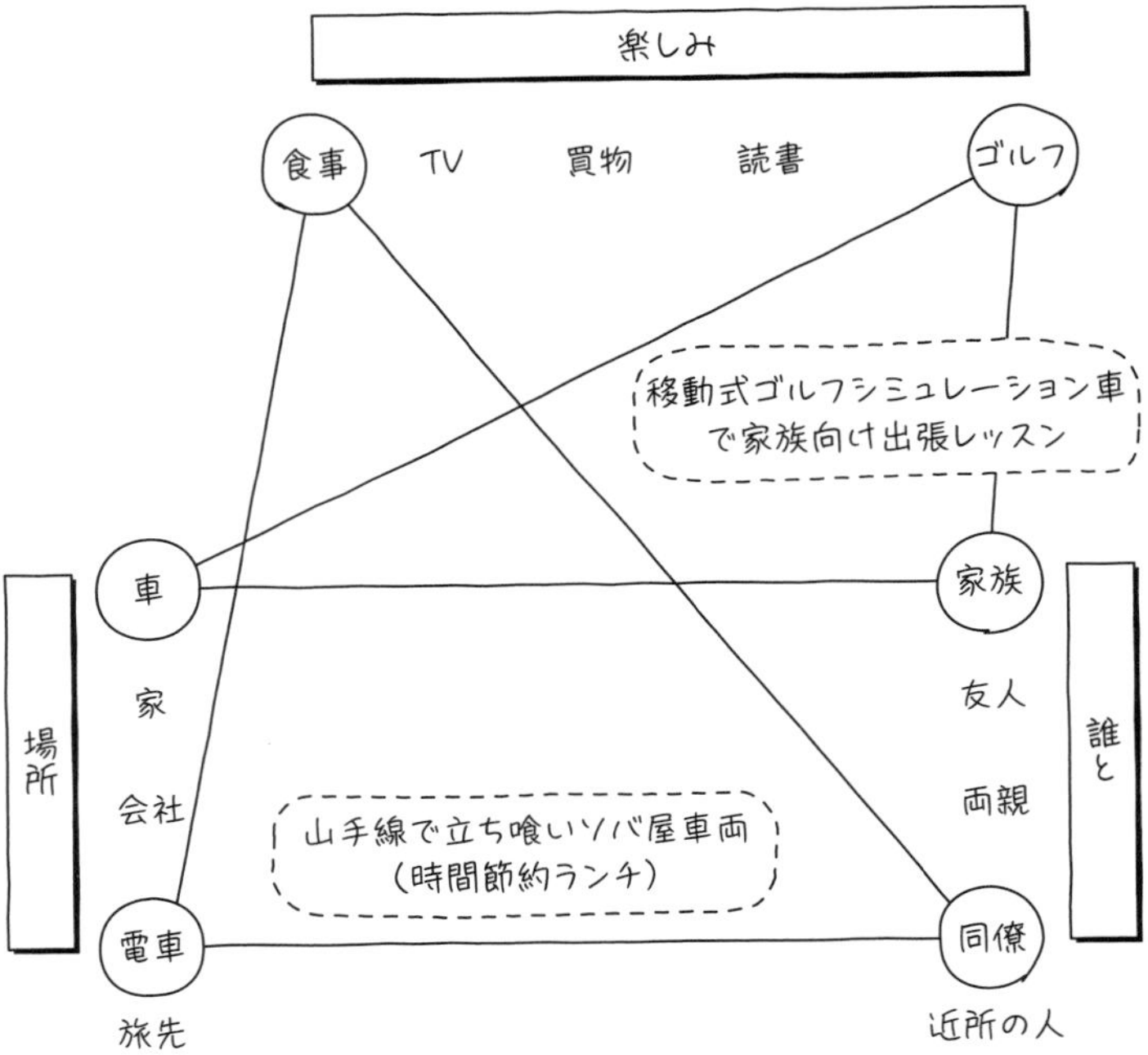

図15　図にするとアイデアが浮かびやすい

COLUMN

シンプル・イズ・ベスト

情報の枝葉末節を取り除く。大事なもの、概念、構造、関係性を「見える化」する。そうすると理解が深まり、思考がハッキリします。航空写真と地図の例もそうでした。いらない情報が多過ぎると、大事なものが逆に見えなくなってしまいます。「見え過ぎ化」「見えない化」です。

ビジネスでも同じことが言えます。経営にとって重要な情報だけがちょうど飛行機のコックピットのようにしっかり見えること。これが大切です。

事業毎の売上や利益、コスト構造、顧客や市場情報、あるいは競合情報などが見やすく整理された簡潔な資料を、マネジメント・コックピット、あるいはマネジメント・ダッシュボードと呼んだりします。

今、こういった資料のほとんどはパワーポイントです。しかし、将来的には、ハリウッド映画のターミーネーターやアイアンマンのように、図とか線とか文字とかが視野の中に現れる拡張現実（ＡＲ：Augmented Reality）の形態になるのかもしれません（図16）。

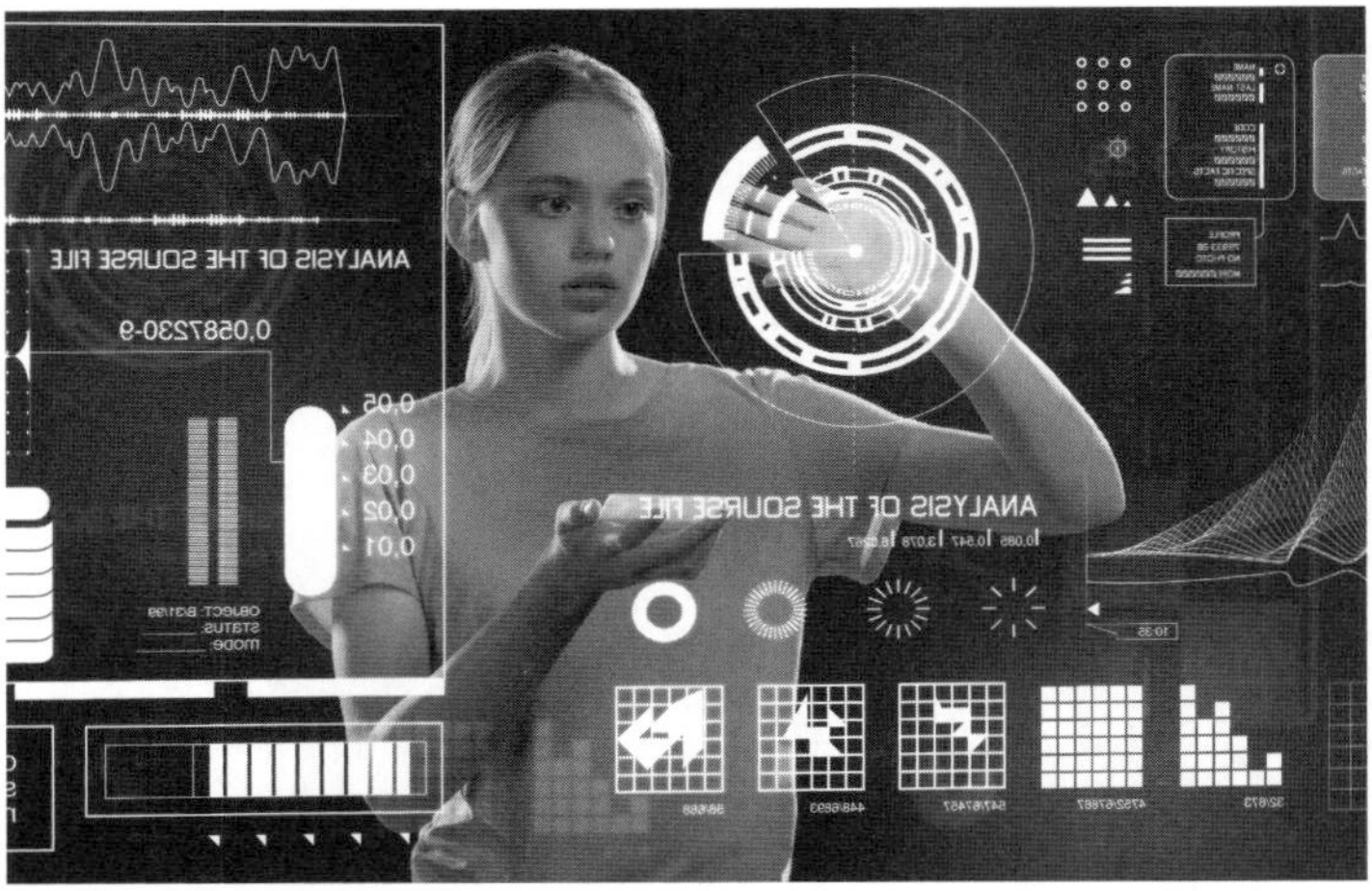

図16　拡張現実
画像提供：Shutterstock

工場やオフィスに行くと、目の前に必要な経営情報が空中に現れる。顧客訪問をすると今度は顧客情報が空中に浮かんで見えてきたりする。

そんな世界がもうすぐ来るかもしれません。世の中はどこまで進歩するのでしょうか……。

ただ人間の脳の仕組みや働きが変わらない限り、その図は、直感的で分かりやすいものでなくてはなりません。

シンプル・イズ・ベストです。

第 2 章

「概念図」を描いて考えてみよう

ここからは実際に、図を描く方法をご紹介します。覚えておくと便利な図のパターンは後ほど「使える型」として解説しますので、ここではまず自由に描く絵としての「概念図」について説明しましょう。自由に描くと言っても、いくつか押さえておくべきコツがあります。

1 概念図は「図で考える」ことの基礎

基礎であっても基本ではない

では、図を描き始めましょう。

最初にチャレンジするのは「概念図」です。

図とは「紙一枚（たとえばＡ４）に描かれる線や丸や四角と言葉で表現されるイメージ」でした。概念図は、その最も「基礎的」なものになります。

ここで、「基礎」と呼んで、「基本」と呼んでいないのには訳があります。

基本には、簡単なこと、最初に学ぶべきこと、というニュアンスがあります。

それに対し、基礎には、「それをよりどころとしてものごとを成り立たせるもの」「全重量を支える土台」といった意味があり、根本をなすものを指しています。つまり、必ずしも簡単なわけではないのです（困ったことに）。

ただし、基礎を固めると、後ほど紹介する「型」も使いやすくなります。逆に、「型」を使うことで、基礎も作られていきます（鶏と卵）。なので、難しいのですが概念図を描くことに挑戦していきましょう。

「おでん」に秘められたパワー

概念図は、俗に「ポンチ絵」と呼ばれたりします。まさに、頭のいい人がホワイトボードに描く図です。議論を整理し、本質を突き、頭をスッキリさせてくれる図です。

私が、最初に「ポンチ絵」に出合ったのは、まだ私が駆け出しのコンサルタントの頃のこと。ホワイトボードに図を描いて議論を前に進めることが得意なベテランコンサルタントがいました。その人の描いていた図がポンチ絵でした。

みんなはそのポンチ絵のことを「おでん」と呼んでいました。その形がおでんに似ていたのです（図17）。□が現状。○が目標。△が道筋です（実際は△はほとんど使わず□か○でしたが……）。

みんながそれぞれに思ったことを述べる。ベテランコンサルタントは、その意見をこの

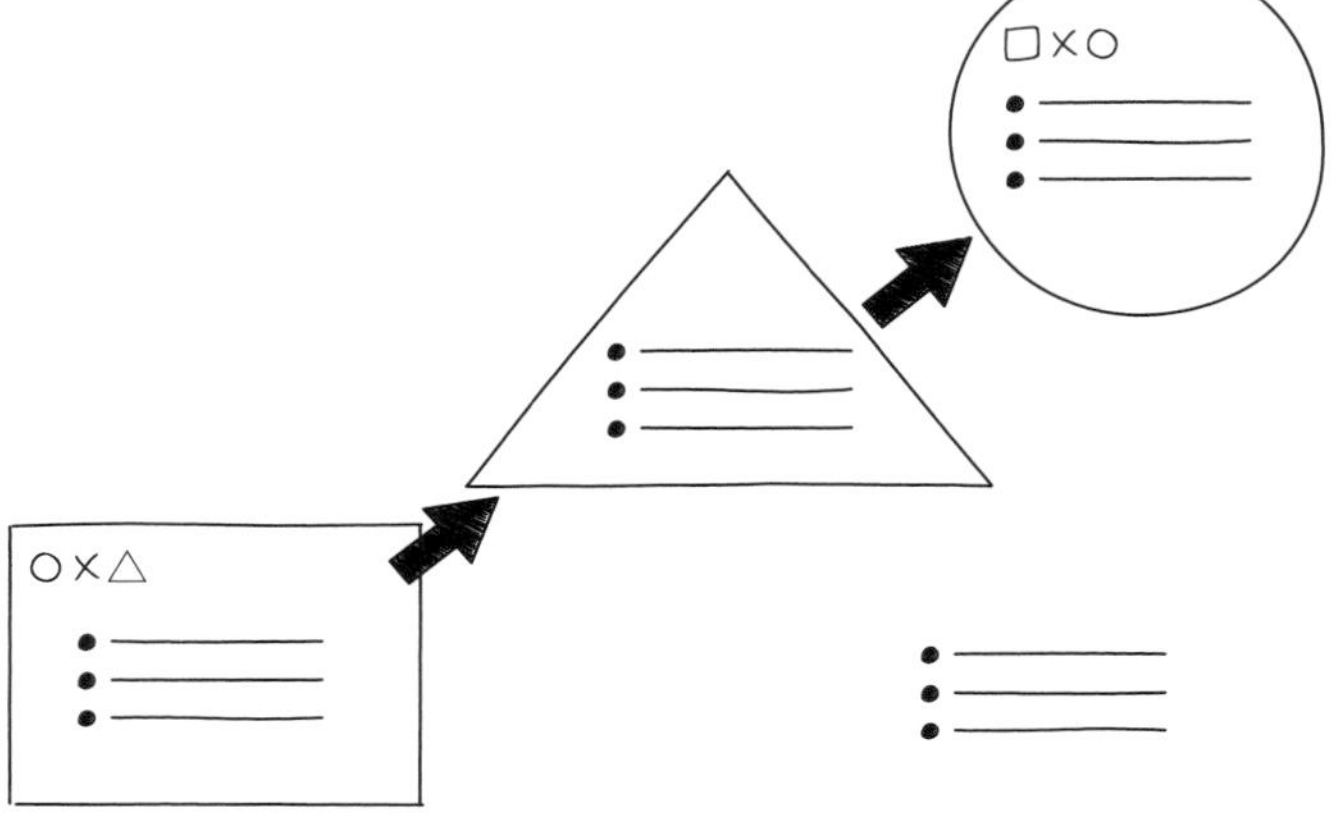

図17　「おでん」の概念図①

「おでん」の中に書き込んでいく。するとなぜかその議論がうまく噛み合い、この「おでん」の中に収まっていく。そして、気付くと問題解決の道筋が見えてくる……。そんな不思議な感覚でした。

なぜ、こうもうまく議論が噛み合っていくのか？　その理由は、**この「おでん」は、現状からあるべき姿に至るまでの「ビッグ・ピクチャー」**だったからです。

全体像だから、どんな議論でもうまく吸収できる。関係性もハッキリ分かる。そんな感じです。

ちなみに、ヨコ軸は時間、タテ軸はものごとのレベル感です（図18）。

「おでん」がビッグ・ピクチャーだったからこそ、つまり、各論や細部に囚われる若手コ

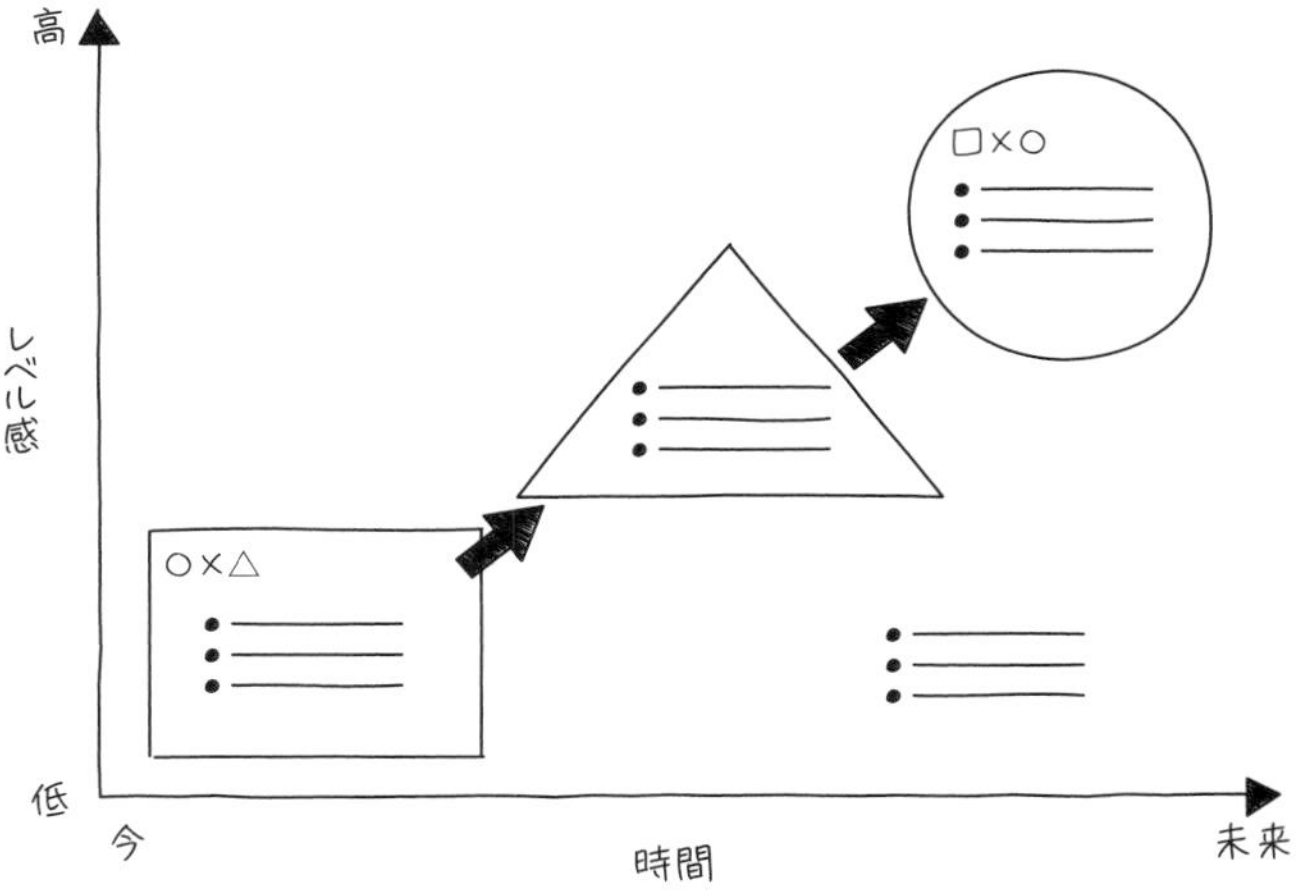

図18　「おでん」の概念図②

ンサルタントが見失う全体像だったからこそ、この「おでん」には大きな意味があったのです。

ではここから、概念図を描く際に気を付けるべき点を整理しておきます。そのポイントは、5つほどの至ってシンプルなものです。

2

概念図の基本①
複雑な図形は使わない

四角と丸でほぼ大丈夫

まず図を描く際の基本図形ですが、四角と丸で十分です。

システムのフローチャートを描く際には、データは四角、データベースは円柱、意思決定はひし形……と分けて描きますが、「図で考える」ためには、そんなにたくさんの分類は必要ないと思います。

まず、その分類をいちいち考えながら図を描くのは面倒。そんなことに意識を払っていると、せっかくの思考の流れが分断されてしまいます。だから四角と丸で十分なのです。また、四角と丸は描きやすいですし。

では、四角と丸はどう使い分ければいいのでしょうか。実は私自身あまり厳密に区分は

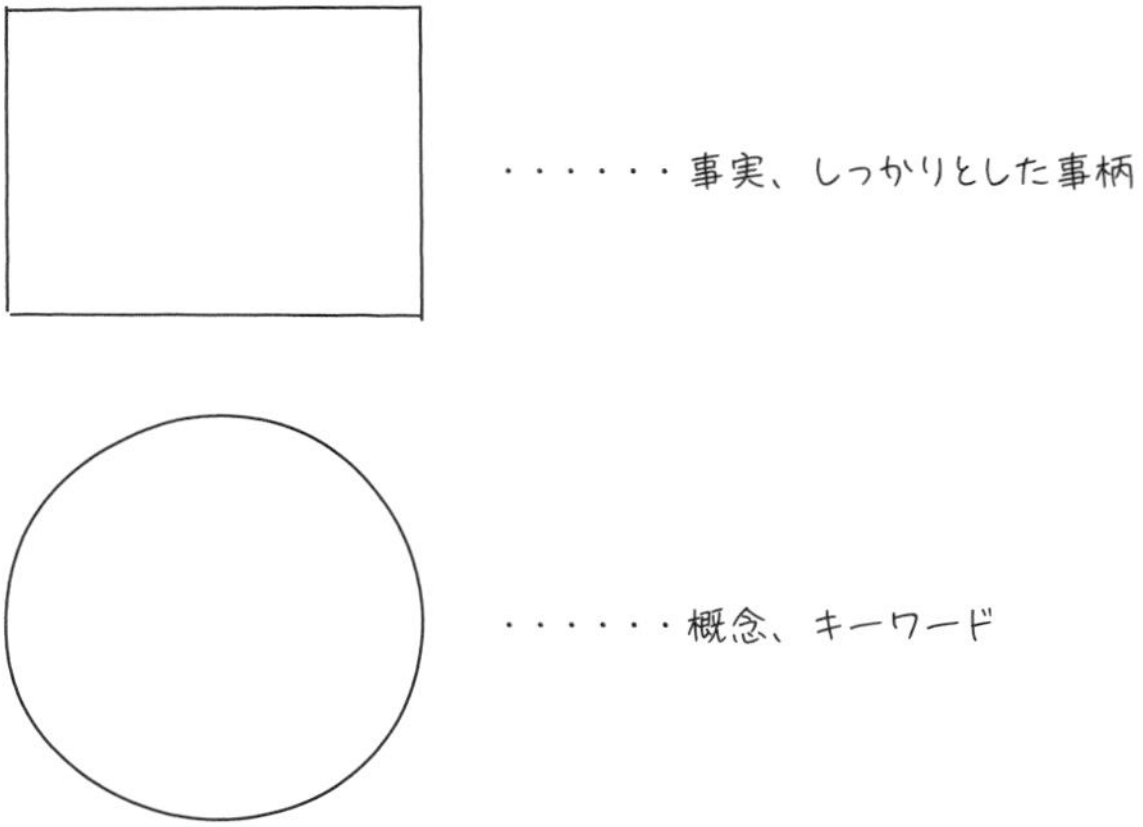

図19　四角と丸

していません。その時の気分で四角の枠を描いたり、丸を描いたりします。

　でも大まかに言うと、**四角は事実（ファクト）などのしっかりと分かっている事柄などを書く**時に使い、**丸は、どちらかというと、概念やキーワードを書く**際に使っています（図19）。

流れが分かる「矢バネ」

　もう1つ重要な図形を挙げるとすると、それは「矢バネ」です。

　矢バネを3～5つ並べて描くと、大きな流れを分かりやすく把握できます。矢バネは、**流れを構成する「意味ある塊」**というわけです。

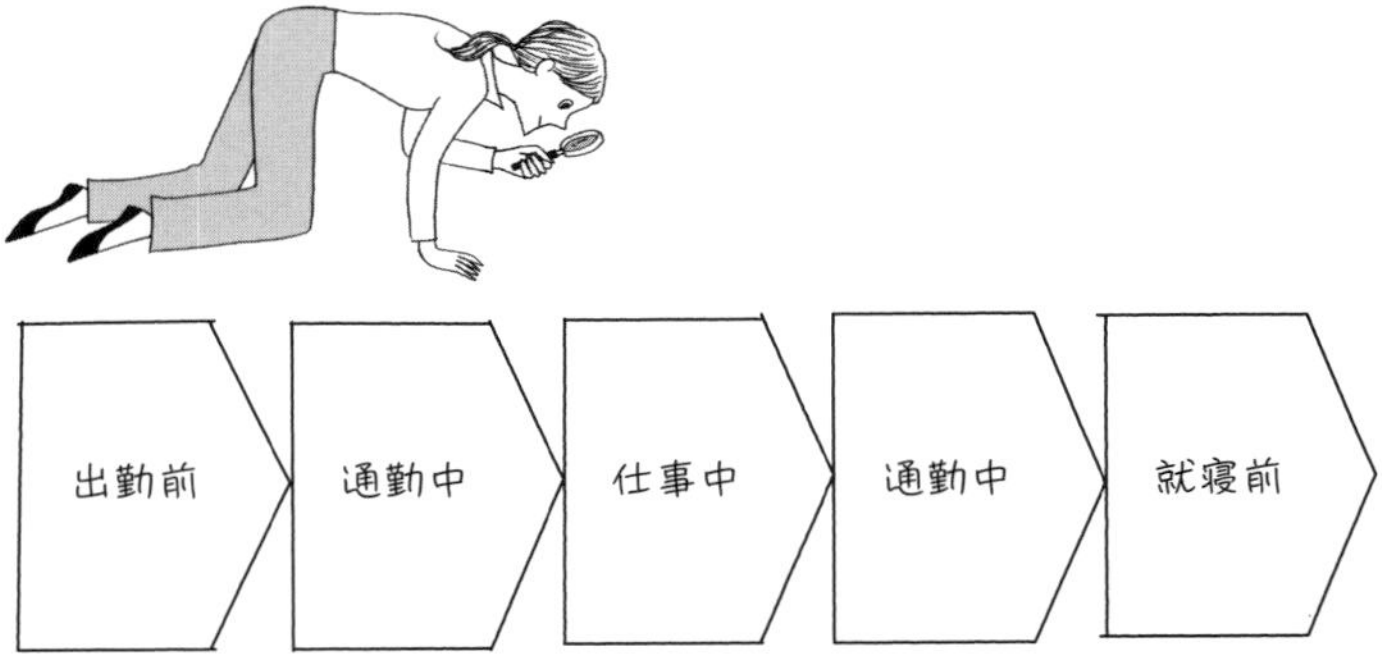

図20　矢バネ①

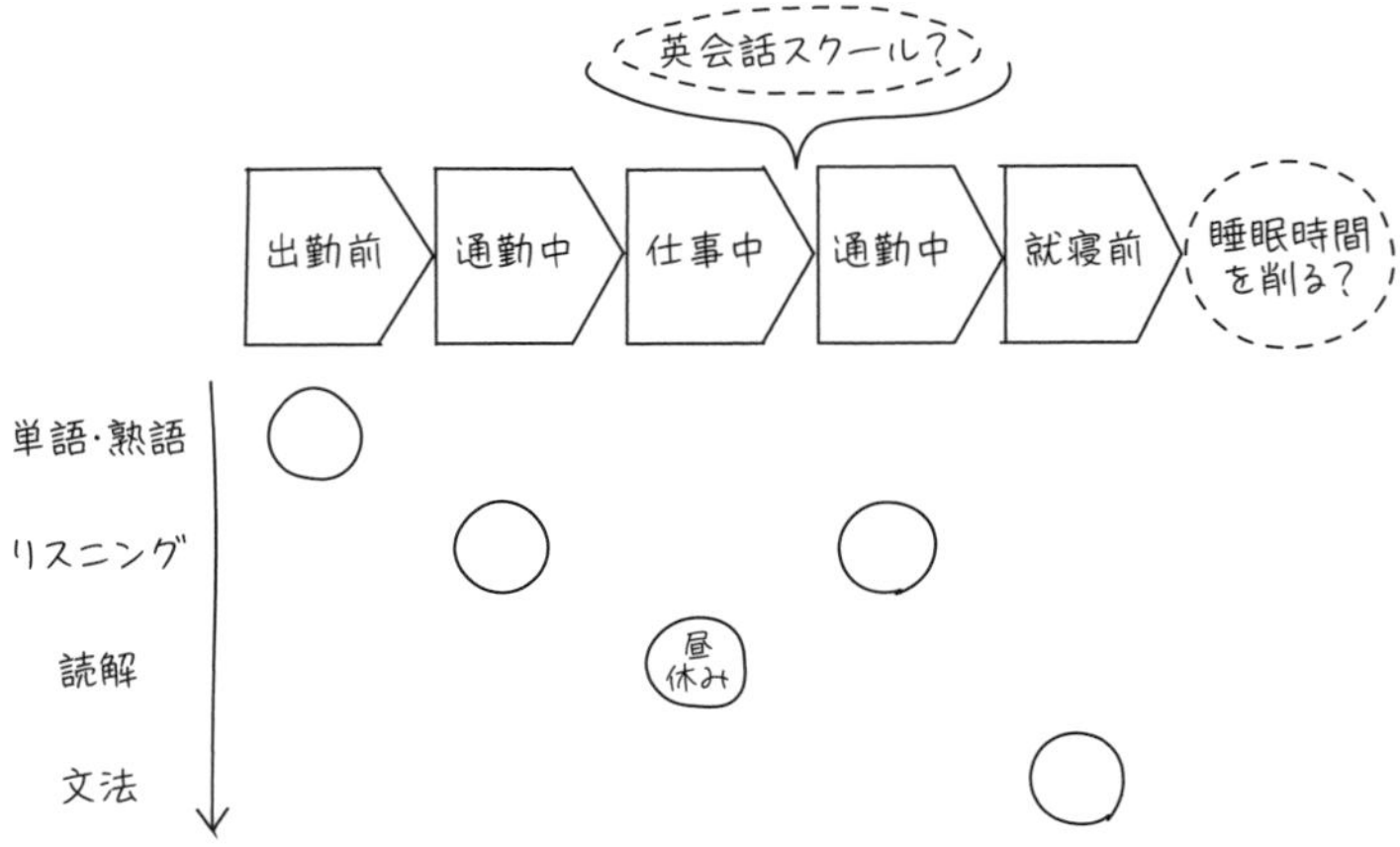

図21　矢バネ②

たとえば、忙しい毎日の中で、なんとか英語の勉強時間を捻り出したいとしましょう。そんな時は、朝起きてから寝るまでの行動の矢バネにしてみるのです（図20）。そうすると、どこから時間を捻出し、状況に応じてどんな勉強をすべきか……と考える土台ができあがります。

そして、単語・熟語、リスニング、読解、文法など必要な項目をタテに並べます。そして、今一度図をグッと眺めてみると、図21のようなアクション・プランがハッキリとするかもしれません。

3

概念図の基本②　文字は少なめ、短め

イメージで理解するために文章を減らす

次に、文字は少なめがいいです。

極力、文章は避けたいです。あったとしても、できれば、体言止めで抑えるくらいが望ましいと思います。なぜなら、「図で考える」とは、文字も含めてイメージで理解しようとする試みだからです。できるだけ「右脳的に」です。ここでは文章を読んで理解する思考プロセスは最小限にとどめたいものです。

ちなみに、久しぶりにイケアでソファーベッドを買ってびっくりしたことがありました。ソファーベッドの組み立て指示書にまったく文字がなかったのです……。見事に図だけで説明していました。図は世界共通の思考パターンだと、本当に感心しました。

キーワードは積極活用する

ただ、言葉はすごく効率的な「記号」であることも確かです。言葉には言葉のパワーがあります。特に本質をえぐり出すようなキーワードが見つかった時の威力は絶大です。思考がうまく結晶化されるし、コミュニケーションも円滑化します。それ故、キーワードを使う場合は、言葉の選択をできるだけ考え抜くべきです。

たとえば、一時期、「現場力」や「見える化」という経営上のキーワードが流行りました。もともとトヨタの経営現場から生まれてきた言葉ですが、「現場」に「力」をくっつけたことで、現場に内在する能力がハッキリと意識されるようになりました。「見える」に「化」をつけることによって、見えないものを見えるようにしていくプロセスに光があたりました。これがキーワードの持つパワーだと思います。

4

概念図の基本③「線」を使って関係性を理解する

線が持つ3つの役割

3つ目は「線」の活用です。線には**「つなぐ」「囲む」「分ける」**役割があります（図22）。

「分ける」と「囲む」は本質的に同じですが、書き出したものをグルーピングし、意味のある塊を炙り出してくれます。一段、抽象度が上がり、木を見ただけでは見えなかった森の特徴が見えてきます。

また「つなぐ」は、大事な関係性の見える化です。相関や因果が、つなぐことでより明確になります。

つまり線を使うことで、構造や因果がハッキリとしてくるのです。

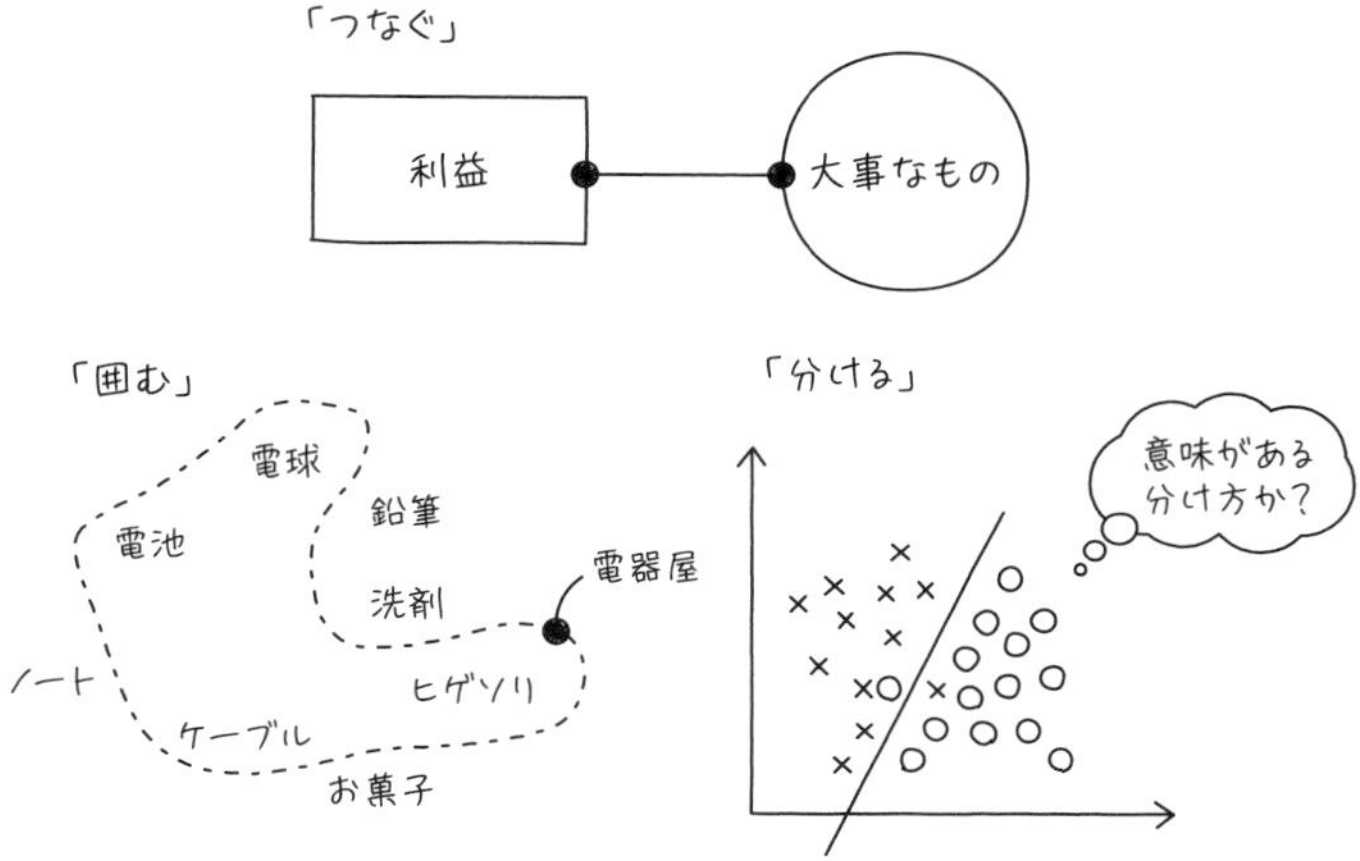

図22　線の役割「つなぐ」「囲む」「分ける」

太字と矢印の役割

私は、**関係性の強さを「線の太さ」で表現**するようにしています。図を描いている時、「この関係性が重要だ！」と思うと、ペンを何度も往復させ、その線を太くするのです。手を往復させている間にも、その関係性の重要性を頭に定着させていきます。それが次の思考につながったりします。

また、線の変形バージョンとして**「矢印」**があります。単なる相関関係ではなく「因果」や「時間の流れ」がある場合には、「矢印」を使うほうがいいでしょう。矢印を辿ることで、論理の流れやストーリーも浮かび上がってきます。

5

概念図の基本④ 大事なところを強調する

思考のメリハリをつける

4つ目は「強調」です。

先ほどの線を太くするのも強調の1つですが、大事な要素を強調することで、思考にメリハリを加えられます。

この時に、赤や青の色を使うのは効果的です。たくさんの種類の色はいらないですし、どの色をどんな意味に使おう、と明確に決めなくていいと思います。

ただ、同じ一枚の紙の中では、同じ目的には同じ色を使うほうが分かりやすいとは思います。たとえば、大事なことは赤。まだまだ考え抜かないといけない要素は青とか、といった具合にです。

強調の3つの方法

私がよく使う強調の方法は3つあります。

まずは、大事そうな部分を**太く囲んで目立たせる**こと。

2つ目は、**☆マークをつける**ことです。「おおよそ考えていることを紙の上に表現できたな～」と思える頃、☆のマークを大事そうなところに描き足すのです。時には、重要性に応じて☆の数を変えることもあります。

3つ目は、☆の代わりに**①、②、③……のように、順番も意識して番号をつける**ことです。これは話の流れを意識する時にも役立ちます。

私の場合、これらを無意識のうちに併用してしまうので、図23のように図がにぎやかになってしまうことがあります。でも一回描いた図はあまり描き換えることはありません。なぜなら、その紙の「イメージ」が自分の思考と重なり合って、頭の中に納まってしまうからです。

私は、普段の生活の中でもけっこうぼーっと考え事をするほうなのですが、やっていることは、頭の中の図のイメージを思考の土台にして熟成させているという感じです。お風

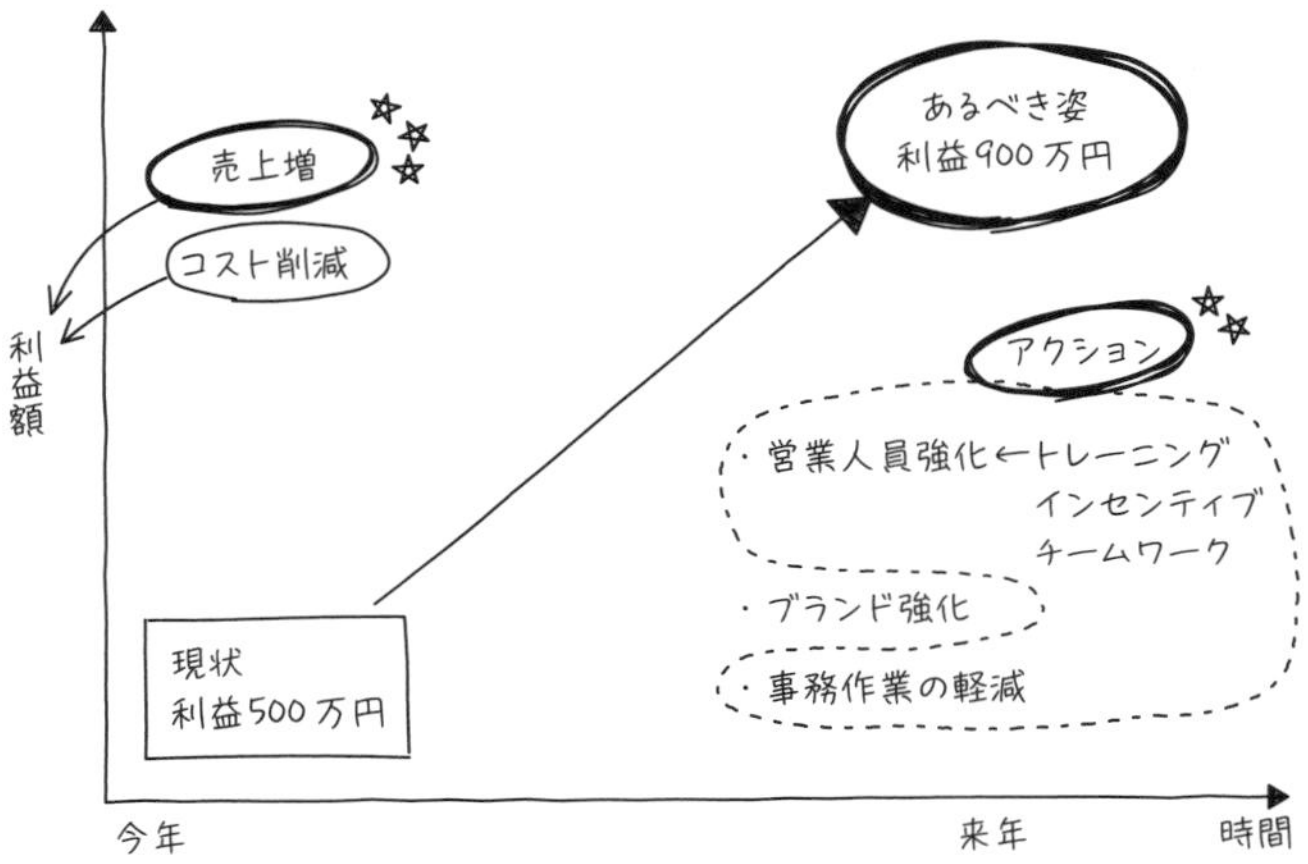

図23　図のイメージを思考の土台に

呂やトイレとかで、「あの紙の右下あたりが大事そうだったな……」「そういえば左上にあの項目をプラスしなきゃ」という具合に（前述の「三上」ですね）。

　図のイメージを土台にして、意識・無意識を問わず思考を発展させる。実は、これが図で考えることの本質のような気もしています。

6

概念図の基本⑤
周りに余白を残しながら描いていく

用紙の端から描き始めない

最後は、図を描き始める際、紙のどこから描き始めるべきか、です。

その答えは、**「上下、左右に多少の余白を残して描く」**です。なぜなら最初はビッグ・ピクチャー（全体像）を見通せていないことも多いので、最初の図の枠組みだけですべてをうまく捉えることが難しいからです。意識的に余白を残し、周囲をあけておくほうがベターなのです。ほとんどの場合、そのスペースは後で必ず必要になります。

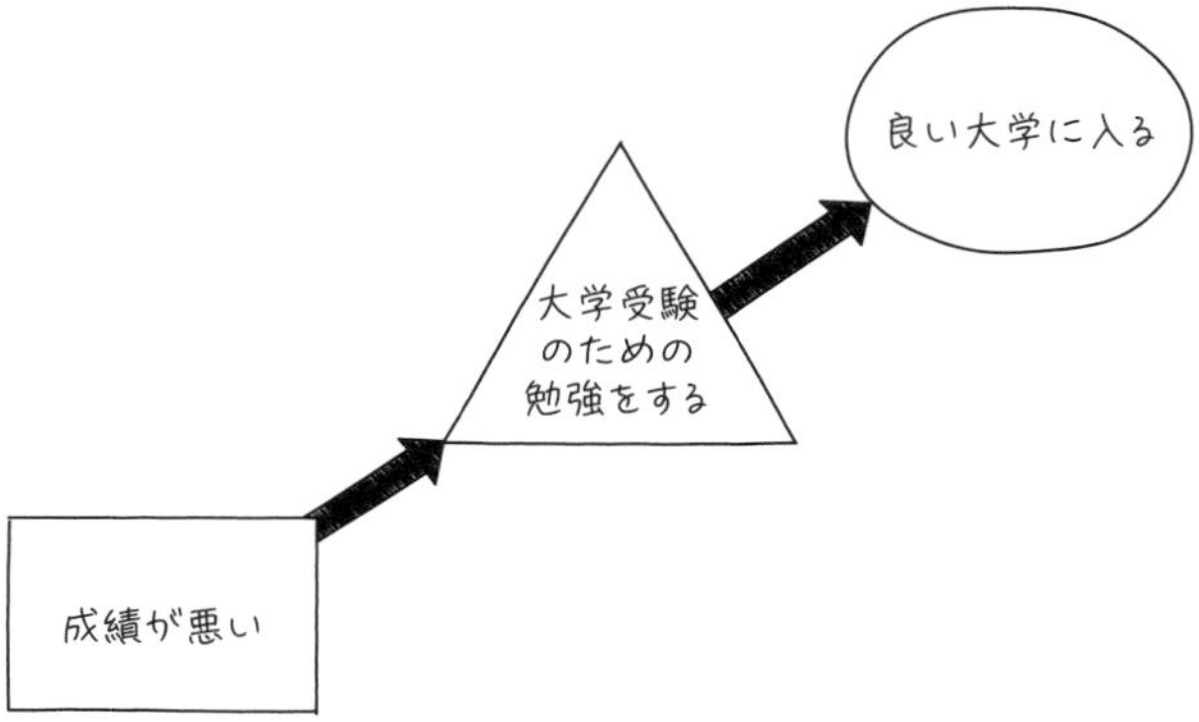

図24　おでん図①

答えは余白にある

また、余白は新たな気付きのヒントにもなります。

余白を見るということは、何か抜けていないかと、**図を「健全に疑ってみる」**ことにつながり、新たな切り口や新たな要素を強制的に思いつくためのきっかけになるからです。余白が発想を刺激する。その余白に新たな着想が書かれていく。これは、余白が発想を広げることを支援し、新たな着想が図を豊かにしていくという好循環です。

たとえば、「おでん」を例にとってみましょう。子供が小学校の高学年になって、将来を考え始めた時、描く「おでん」は図24のようにな

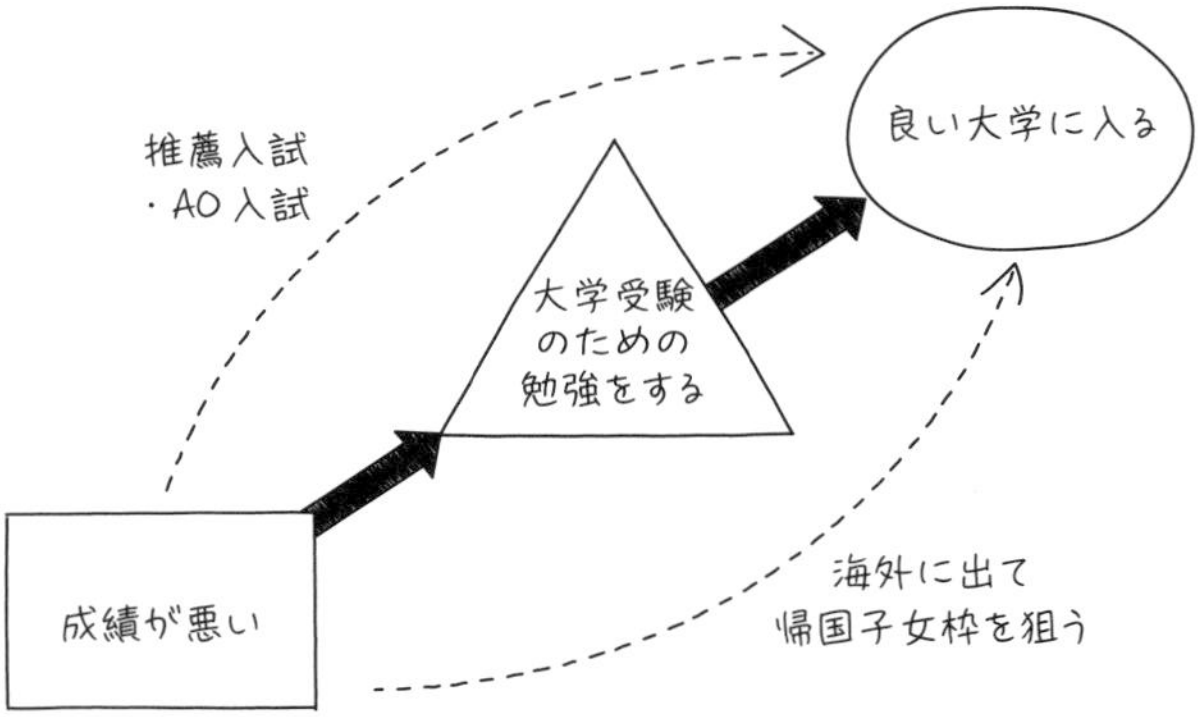

図25　おでん図②

るかもしれません（あくまでたとえばですが……）。

　そこで、余白を睨むのです。「良い大学に入る」ために、ただひたすら「大学受験のための勉強をする」しかないのかと……。様々な視点で何かを無理やり思いつこうと努力すると、推薦入試やＡＯ入試、あるいは海外に出て帰国子女枠を狙うという違った山の登り方が見えてくるかもしれません（図25）。

　概念図は自由演技です。ビッグ・ピクチャーやタテ・ヨコを意識しながら、自由に、シンプルに、思考の形を整えていく。右脳と手をフル活用する思考の技法なのです。

COLUMN

図で考えれば国語も算数も同じ？

図を使うと、一見まったく違うものでも、その根幹に横たわっている本質的な論理が同じだと見抜くこともできます。

簡単な例を紹介しましょう。

題材は小学校3年生の教科書です。

以前の国語の教科書に、「ひらけていく海」という文章が掲載されていました。その論旨は、海は生活の役に立つ大事なもの、そして、大事なものだから海は守らなければならない、といったものでした。

この文章は、よくよく考えると算数でならう三段論法そのものでした。つまり、海→大事なもの、大事なもの→守るべき、ならば、海→守るべき、という構造だったのです。3ページにわたる長い文章でしたが、筆者が言いたかったことは、A→B、B→C、よってA→Cという記号でも表せるシンプルな論理だったのです。

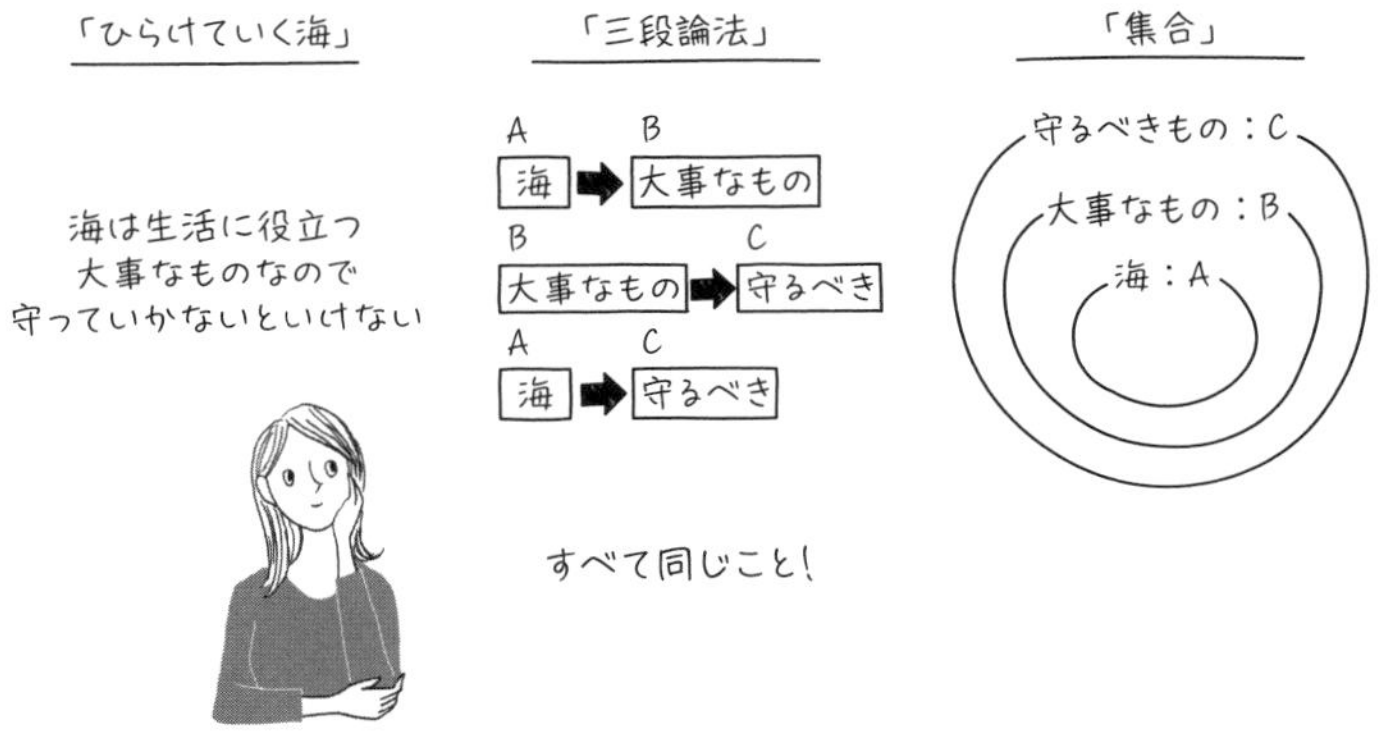

図26　「ひらけていく海」を「集合」で表すと……

海（A）→大事なもの（B）、大事なもの（B）→守るべき（C）、海（A）→守るべき（C）

なんかピンと来るようで来ない？　ですよね。

でも、これを図にすると、すんなりと理解できます。

ここで用いる図は、集合を表す○（円）です（集合……、苦手……と思うかもしれませんが、難しい話は出てきません。ご安心を）。

集合で言うと（まさに言葉にしにくいのですが）、海は大事なものの集合に含まれていて、大事なものは守るべきものに含まれている。なので、海は当然のことながら守るべきものの中に含まれる。こういう包含関係になります。言葉で言うより、図26の右端の概念図を見てもらえば、直感的に分かると思います。

これは何を意味しているのでしょうか。

実は、国語の「論理構造」と、数学の「三段論法」、そして「集合関係」の根本はまったく一緒だったということです。すべて同じ論理構造。同じ関係性。本質は同じだったのです。

国語も算数も図も表裏一体。裏を返すと、図的に考えることができれば、国語も算数もできるようになる、ということだと思います。私はこれが、図本来のパワーだと確信しています。

基礎編の演習

図で考える「キャリアプラン」前編

図と共に考え始める

これまで紹介してきた概念図の描き方を使って、キャリアプランを策定するプロセスを辿ってみましょう。次のような状況を考えてみます。

> 今、あなたは日本のとあるメーカーに勤める30代の技術者。男性・既婚・子供一人、です。仕事に大きな不満があるわけではないのですが、社会に出ていろんな世界に触れるにつれ、より大きな舞台、たとえばグローバルなビジネスシーンでリーダーとして活躍したいという思いが強くなってきました。あなたは今後どのようなキャリアパスを選んでいくべきなのでしょうか。

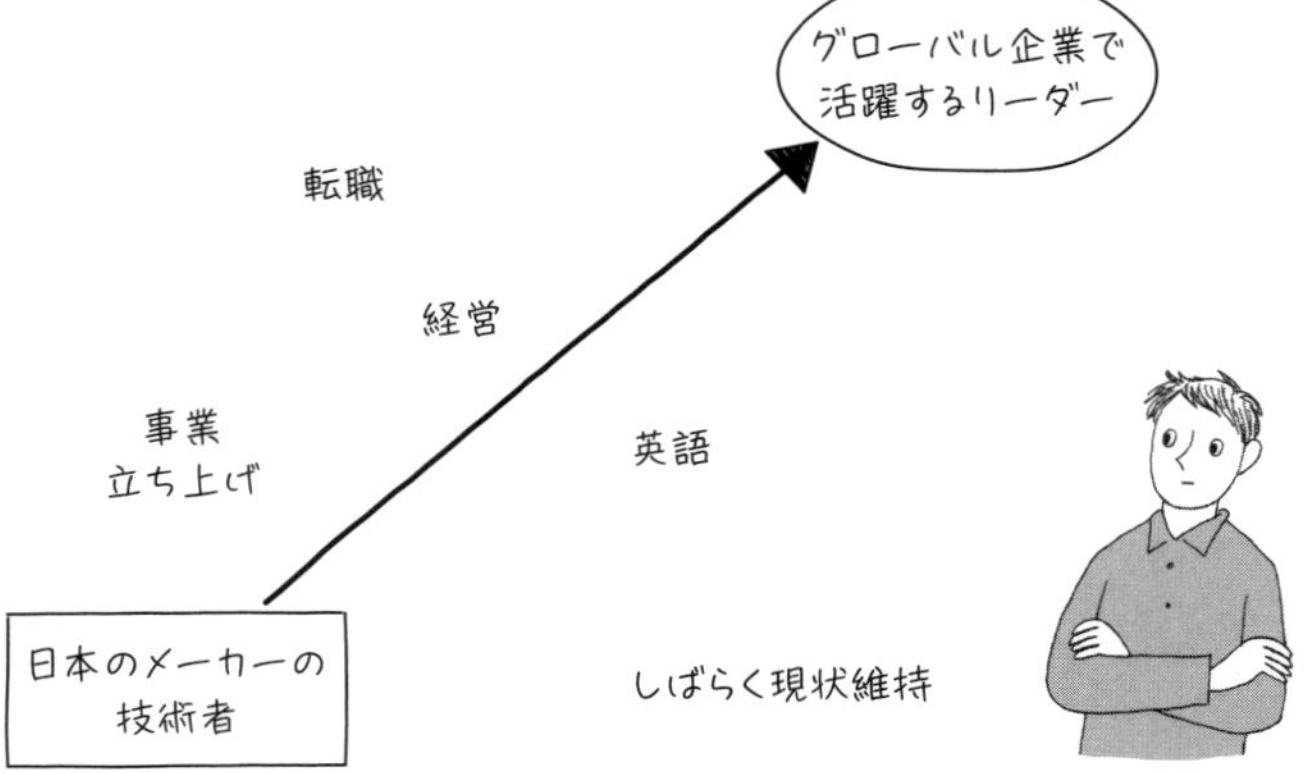

図27　図で考えるキャリアプラン①

この課題の大きな建て付けは、「現状↓ありたい姿」。なので「おでん」が適していそうです。

ということは、ヨコ軸を時間。タテ軸をキャリアのレベル感にするのが自然だと気付くでしょう。右上が「グローバル企業で活躍するリーダー」、左下が「日本のメーカーの技術者」です。

このギャップを埋めようと「余白」を睨むと、幾つかの考えが浮かんできませんか。

グローバルだから外資系企業に転職？

将来のために事業立ち上げ経験を持つ？

もっと卑近なところでは英会話を習う、経営に関する勉強をする、いやいやしばらくは今の職場で頑張って後で考える、などです（図27）。

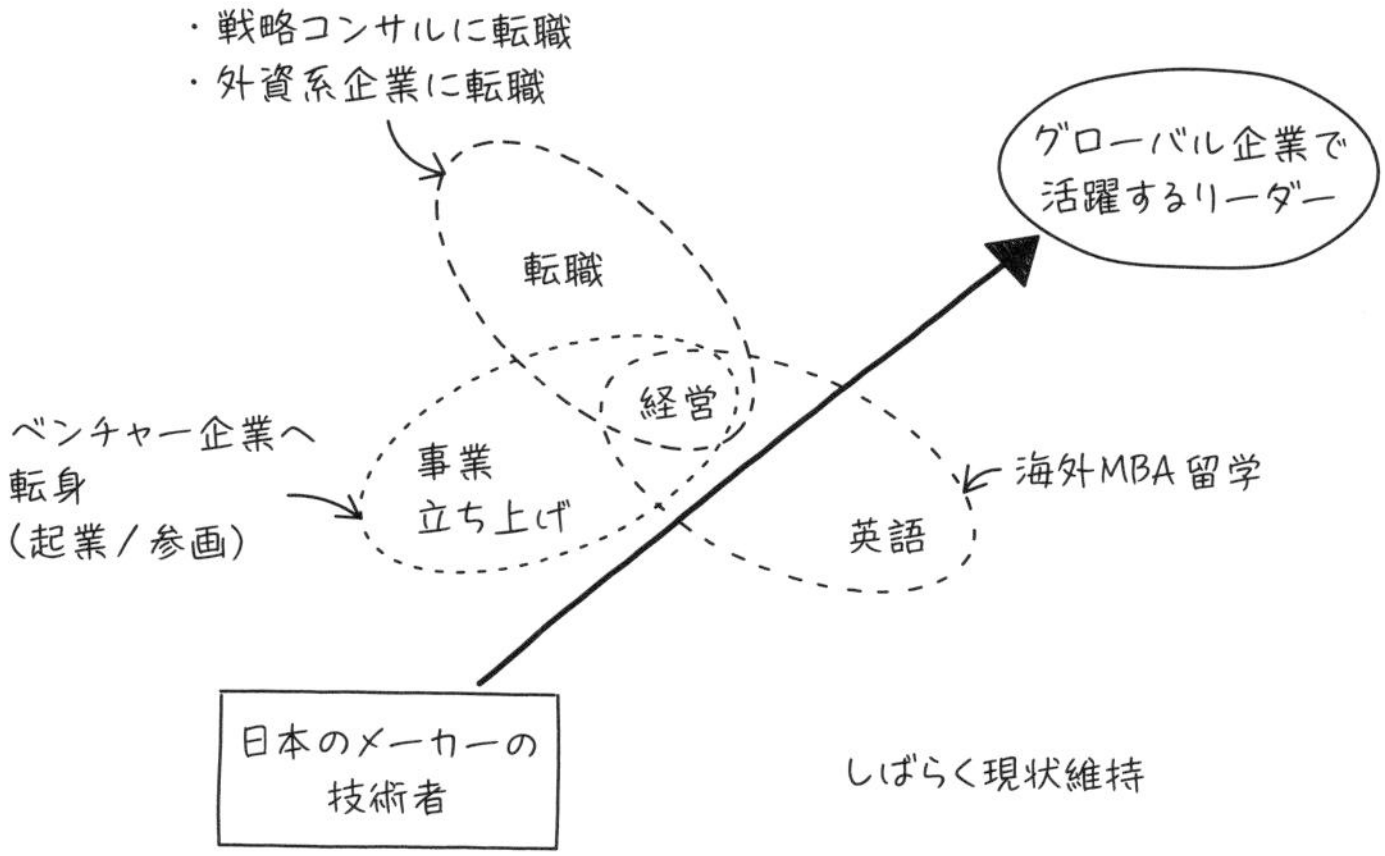

図28　図で考えるキャリアプラン②

これらを眺めて、関連しそうなものを点線で「囲んで」みると、新たなアイデアが湧いてきます。

たとえば、経営と英語を「囲む」と、海外にＭＢＡ留学するという具体的な選択肢も思い浮かびます。経営と転職を囲むと外資系企業のみならず戦略コンサルティング会社への転職、あるいは、事業立ち上げと経営を囲んでみるとベンチャー企業へ転身、という選択肢も見えてきます（図28）。

このように最初に「ポンチ絵」を描き、それを眺めて、文字を「囲む」など手を動かしていくと、問題解決に向けた第一歩を踏み出せます。

「鳥の目」になる・「余白」を見つめる

次に、このポンチ絵を一歩引いて眺めてみます。

つまり視座を高め「鳥の目」になる。俯瞰的に、全体的に、大きく、「余白」も見てみるのです。そうすると、「視野狭窄」に陥っていたことに気付くかもしれません。

先ほどのポンチ絵は、よくよく考えると、すべて自分だけの話です。でも、自分の人生は家族の人生とも深く関わっています。自分のことだけを考えるのでは不十分。家族との「関係性」も大きな要素だと改めて認識できるのではないでしょうか。

家族は、あなたの成功を心から望んでいるでしょう。でも、それはそれ。家族はあなたと一緒に過ごす時間も大事だと考えているはずです（そうでなければスミマセン……）。一緒に過ごす時間や収入面も当然大事になります。海外にＭＢＡを取りに行くとなると、家族との海外生活というかけがえのない時間を持てるかもしれませんが、その間収入はなくなり金銭面が大変になります。

一方、戦略コンサルやベンチャー企業だと、一般の事業会社に比べてリスクは増大します。収入面のアップサイドは見込めますが、家族との時間は取りにくくなるかもしれませ

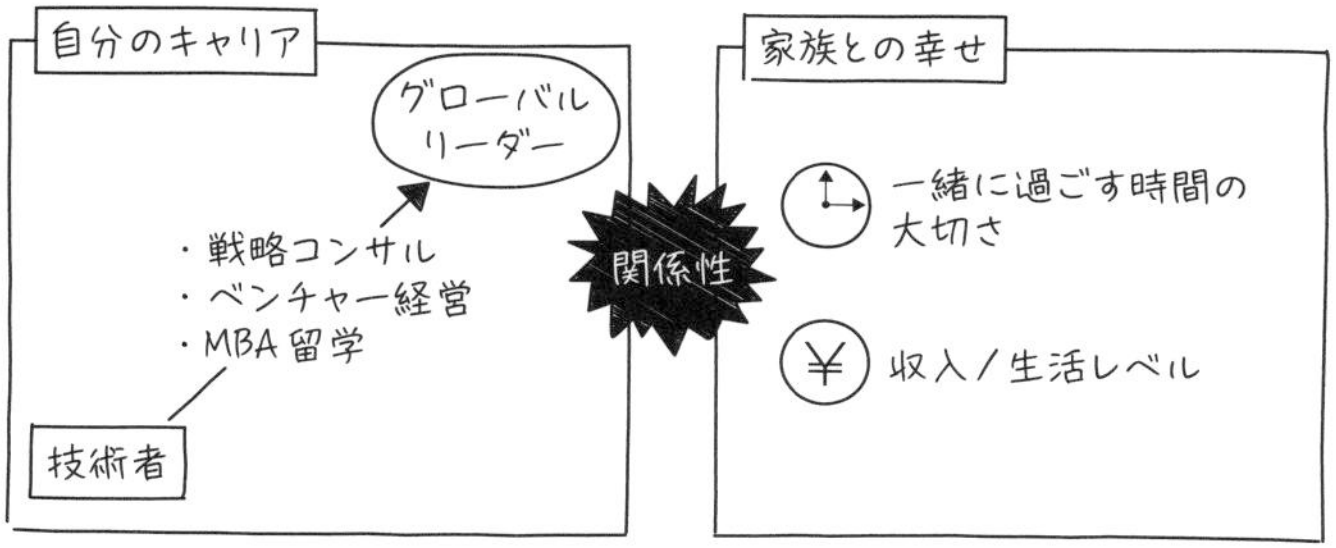

図29　図で考えるキャリアプラン③

ん。

このように考え、自分のキャリアだけでなく、新たにハッキリと意識できた、家族との幸せも含む、より大きな全体像を図にすると、図29のようになります。

ちなみにここでは、現状維持は「消極的過ぎる」、外資系企業への転職は「まだ業種や勤務地を決めきれない」という理由で、選択肢から外しました。

グルーピングして「キーワード」を張り付ける

図29のような図を眺めていると、そこから新たな発想が湧いてきませんか？

よーく考えると、自分が2つの大きな対立

軸の中でものごとを考えていることに気付くのではないでしょうか。

それは、「結果」と「プロセス」です。自分が最終的に何になりたいかという「結果」と、そこに至るまでの時間の使い方・過ごし方という「プロセス」です。

家族と自分との「関係性」を持ち出すことで、「結果」と「プロセス」という質の異なる2つの大切なものの存在がハッキリと見えるようになりました。そして、そのどちらを優先すべきなのかという、より本質的な問いが浮き彫りになったのです。「あなたが何を優先するのか」によって決断は大きく変わってしまいます。

人生においても、経営においても、何をするのか（Ｗｈａｔ）、どうするのか（Ｈｏｗ）は大事です。しかし、なぜ（Ｗｈｙ）そうするのかはもっと大切です（外食で何を食べるかの時よりもはるかに……）。Ｗｈｙ（なぜそうなのか）が明確でなければ、判断基準も定まらず、正しい意思決定もできないし、人も組織も、そして自分自身も本気にはなれません。

今回の事例では、結果とプロセスという「キーワード」を張り付けることで、それがより明確に意識できるようになりました（図30）。ちなみにキーワードは「強調」しています。

では次にどう考えを深めていくか？

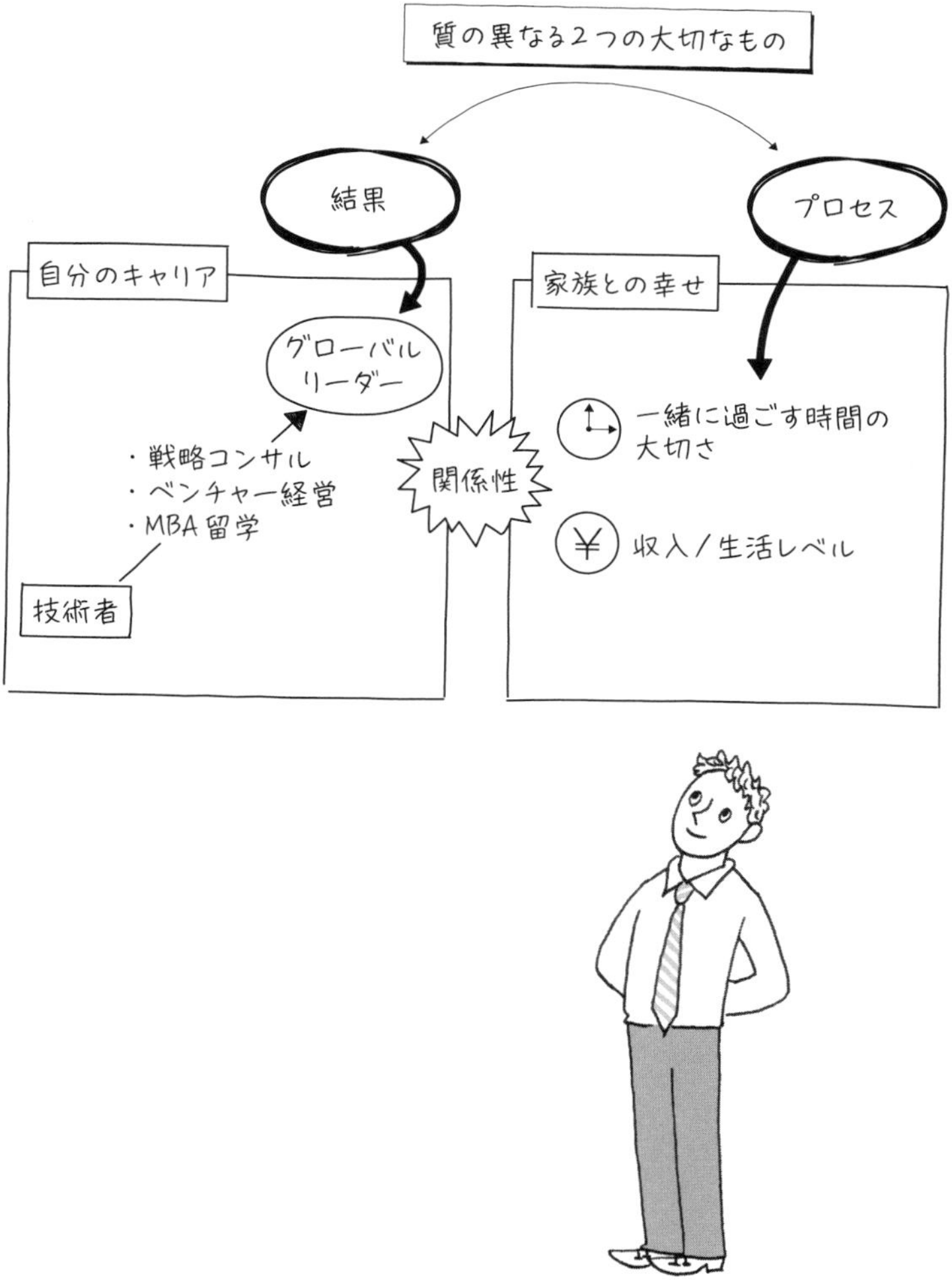

図30　図で考えるキャリアプラン④

でも、ここで一旦キャリアプランの話は中断しましょう。ＰＡＲＴ２実践編の議論をした後、その内容も踏まえ、この話の続きをしたいと思います。

PART 2

実践編

コンサルタントが入社一年目でマスターする「ピラミッド」と「田の字」

ここからは実践編として、２つ目の図である「構成図」に話を移しましょう。「図で考える」は、そもそも、ものごとの全体や関係性を俯瞰し、その論理や構造をイメージとして捉える試みでした。「構成図」ではその際に「型」を活用します。つまり、せっかくなので先人が創った「型」を使って、効果効率的に考えを深めるアプローチを採用してみようということです。

実践編では大きく４つの「型」を紹介します。これらの型こそ、私がこれまで頭のいい人から学んできた、図で考えるための「武器」と言えます。

まず、最初の２つの型は、

①論理構造を捉える**「ピラミッド」**
②全体を捉える**「田の字」**

理系の大学院を修了後、ビジネスの世界に入りいろんなことを学んだのですが、この「ピラミッド」と「田の字」こそ、最初に就職した戦略コンサルティング会社で真っ先に学んだ「型」でした。一年目に叩き込まれ、ＯＪＴで身につけていきました。

１つ目の「ピラミッド」は、ものごとを分けることで、問題の論理構造の全体を把握する、ロジカル・シンキングのアプローチを図にしたものです。幅広く問題解決に威力を発揮します。

２つ目は、外食での夫婦ゲンカを回避する時に出てきたあの「田の字」です（図１）。タテ軸を２つ（肉と魚）に、ヨコ軸を２つ（あっさりと重たい）に分けるとできあがる図です。図１の場合は、外食の選択肢の全体像でした。田の字は、ビッグ・ピクチャーを捉えるのに適しています。

少し難易度が上がる、ダイナミック発想の「矢バネ」と「ループ」

残り２つの型は、

③流れ・動きを捉える**「矢バネ」**

④ダイナミズムを読み解く**「ループ」**

この2つは、どちらかと言うと、ダイナミック（動態的）な特徴を捉えようとする「型」です。ピラミッドや田の字では捉えにくい論理を捉えることができます。

たとえば、世の中のほとんどのものは、何かをインプットして、処理して、アウトプットしていく「システム」です。「矢バネ」は、そのような動きを理解するのにとても適しています。また、ものごとは時間と共に進んでいきます。なので、矢バネは、時間の流れに沿った動きを捉えるのにも適しています（図20～21の英語の勉強時間の捻出のように）。

4つ目の「ループ」は「循環」のダイナミズムです。「循環」も世の中の動きの非常に重要な側面です。分かりやすい例で言うと、「米国の関税強化」→「中国の関税強化」→「米国の関税強化」→……、といった貿易戦争は、この「循環」です（図31）。これは、他の3つの型では捉えにくい、現象の裏に潜む構造や因果を捉えるのに適しています。

「ピラミッド」「田の字」「矢バネ」「ループ」（図32）、これらの型は、「さあ図で考えよう！」と思った時に、非常に強力な武器になります。この4つの「型」について、第3章から第6章にかけて、じっくり説明していくことにしましょう。

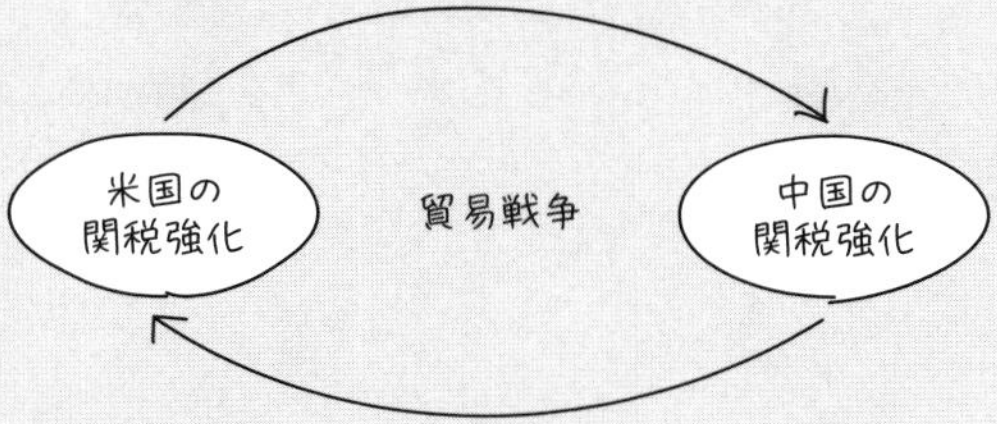

図31　循環を捉える「ループ」

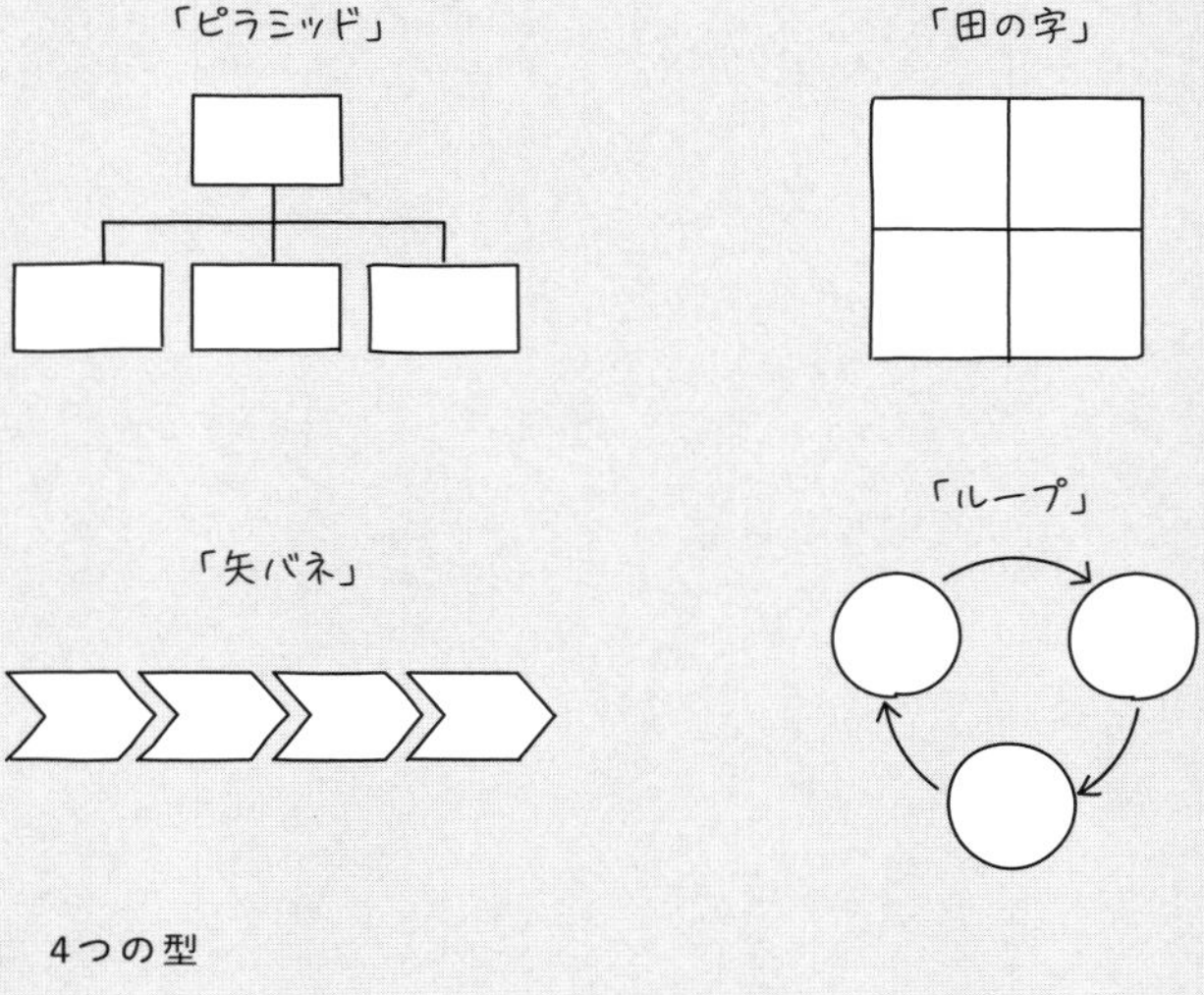

図32　4つの型

第 3 章

使える型①
ピラミッド

「ピラミッド」という呼び名は、論理の構造を図で表した時に、その形がピラミッドに似ているところから来ています(横向きに描くことも多いので、横に寝たピラミッドになることも多いのですが……)。

この「ピラミッド」は、「MECE」と共に、ロジカル・シンキングの基本中の基本の重要な考え方です。

1 「ピラミッド」の持つパワー

近代科学の基礎を作ったピラミッド

ピラミッドで考えるということは、複雑なものを具体的な要素に分解することで、それを理解しようとするアプローチです。

分解する時には**MECE（モレなくダブりなく：Mutually Exclusive Collectively Exhaustive）**に分けることが大事になります。なぜなら、モレやダブりがあると「正しい理解や答え」に辿り着くのが難しくなるからです。

実は、このピラミッドの手法は、近代科学の原点でもあります。

たとえば、水を理解するために、水を水素と酸素に分解する。その水素と酸素を理解すれば、水を理解することができるというわけです。さらに、水素を理解するためには、水素を原子核と電子に分解して……といった具合です。

人類は、分解することで現象を解明し、理論を構築してきました。それらの知識を体系立てて整備・蓄積することで、そこからさらに先に進む力を得てきたのです。これは**「要素還元主義」**と呼ばれる近代科学の強力な手法です。

「ピラミッド」はまさに、この要素還元主義の考え方を図にしたものと言えます。

「正しい答え」に辿り着くためのロジックツリー

30年前、コンサルタントになった時、このピラミッドの型を徹底的に叩き込まれました。それは、ロジックツリーとかイシューツリーとか、いろいろな呼ばれ方をしていました。厳密にはこの2つには大きな違いがあるのですが、ここでは省略します（興味のある方は『ビジュアル　ロジカル・シンキング』平井孝志・渡部高士（日本経済新聞出版社）をご参照ください！）。

たとえば、コラムで触れた「ひらけていく海」（図26参照）。これをピラミッドで表すと、どのような形になるでしょうか。おそらく図33のような感じだと思います。

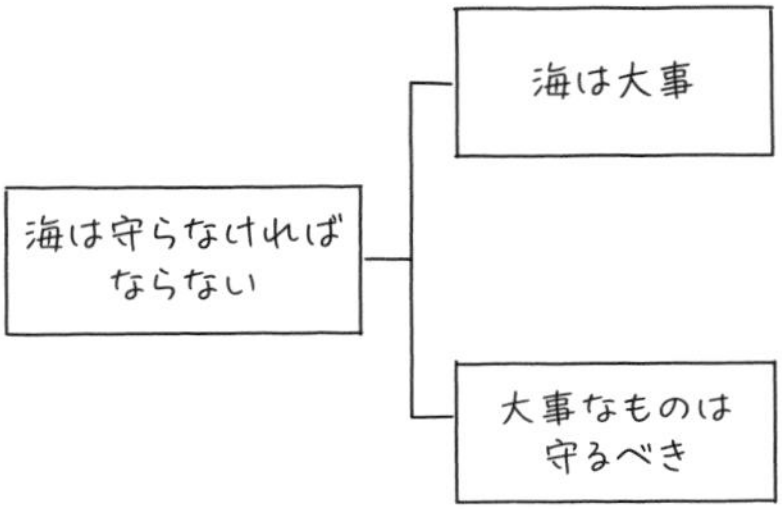

図33　「ひらけていく海」をピラミッドで表す①

もしあなたがコンサルタントで、クライアント（この場合は、日本政府とか？）に「海を守れ」と言いたいとすると、「海が大事である」、「大事なものは守らなければならない」を立証すれば良いことが、このピラミッドから分かります。この2つに納得してくれれば、「海を守れ」に納得してくれるはずなのです。

逆の表現をすると、「海を守れ」という仮説に納得してもらいたいなら、ピラミッドで分解された「海が大事である」と「大事なものは守らなければならない」について調べ、分析すれば良いことがおのずと明らかになります（図34）。**このピラミッドによって、余計な仕事はせず、効果効率的に「正しい答えや理解」に辿り着けるようになる**のです。

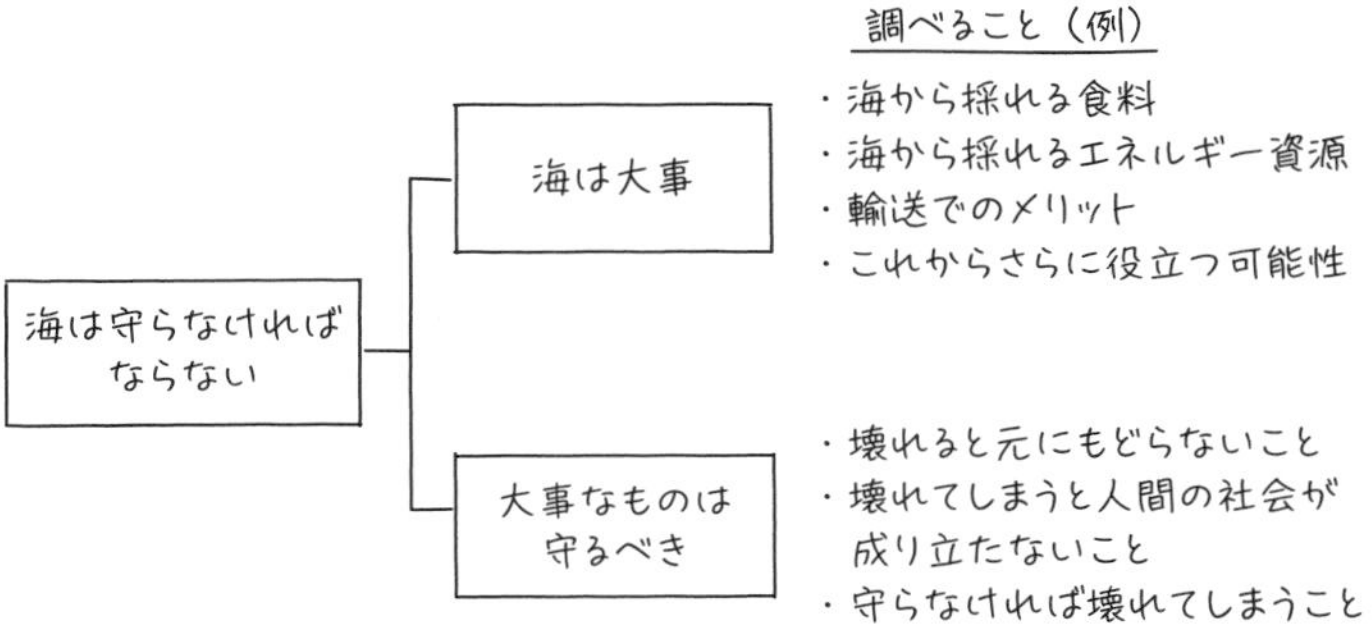

図34　「ひらけていく海」をピラミッドで表す②

図34は、課題の全体像であり、やるべきことの全体像です。そんな**ビッグ・ピクチャーが明確になる**のが、ピラミッドのパワーです。

実は、この「ひらけていく海」は、私が新卒でベイン・アンド・カンパニーに入社した時のトレーニング・マテリアルでした。後正武さんという当時の東京支社長にロジックを叩き込んでもらった際の題材です（後さん、どうもありがとうございました）。

ただ、戦略コンサルタントになろうと思って外資系戦略コンサルティング会社に入社し、最初に小学校3年生の教科書を読まされた時にはびっくりしたものです（笑）。

2 論理の幅を広げる「ピラミッド」の使い方

まずは「箱」を3つ描いてみる

では、このようなピラミッドを使って深く考えるためにはどうすれば良いのでしょうか。答えは至ってシンプルです。まず紙の上に、ピラミッドの「箱」を描いてみることです。一番上に1個、そしてその下に3から5個程度の四角い箱を描くのです（図35）。

一番上の箱の中には、今考えなければいけないテーマを書きます。そして、下の箱にはそのテーマに関する大事な要素を書き出します。最初に箱を描いてしまうのがここでのミソです。なぜなら箱を描くことで、それを埋めなければならず、思考が強制的に多面的になるからです。当然同じことを別の箱に繰り返し書くことはできません。これは明らかにMECE違反（ダブり）。それ故、思考が多面的になるというわけです。

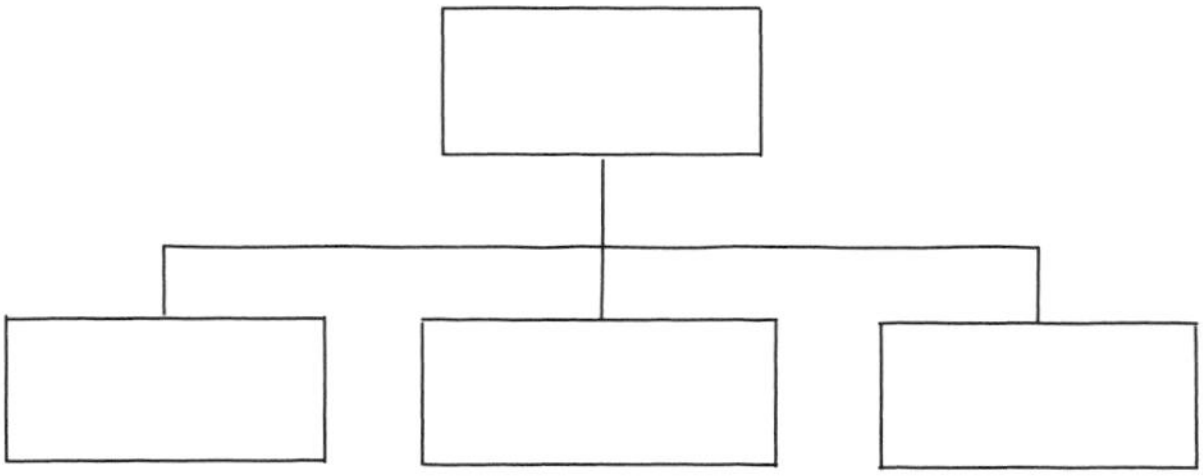

図35　ピラミッドの基本

もちろん、2段目、3段目と箱を重ねていくこともありです。しかし、あまり多段階にすると細かくなり過ぎて分かりにくくなるので2段くらいがちょうど良いと思います（この章の例では分かりやすく1段にしてます）。

たとえば、あなたが新規事業開発の責任者で、今、ある新規事業候補Aがあったとします。Goサインを出すか出さないか？　そんな時、「ピラミッド」は意思決定の精度を上げるのに役立ちます。

まず、箱を3つ描いて、考えるべき要素を書き出します。その際、経営学に登場する様々なフレームワークも「考える視点」として使えます。ここでは箱が3つだし、事業の評価なので、3C（Customer=顧客、Company=会社、Competitor=競合）がフィットしそうかな、と考えると、

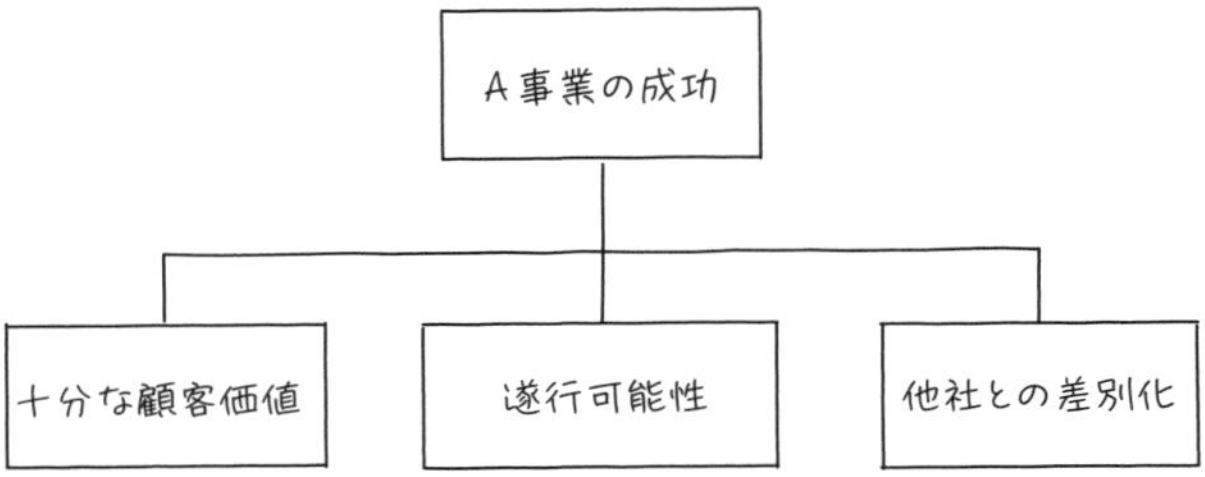

図36　ピラミッドで事業の成功を考える①

- A事業は十分な顧客価値を生み出しているか（Customer）
- 当社の資源・能力でA事業を遂行可能か（Company）
- 競合他社に対して中長期的に差別化を維持できるか（Competitor）

などを思いつきます（図36）。もし3つともYesなら、新規事業はGoでしょう。

必要に応じて「箱」を追加する

しかし、さらに慎重を期すなら、思考の幅を広げたほうがベターです。

そんな時は箱を追加します。箱を追加することで強制的に悶々とアイデアを捻り出す努力をするのです。そこで、箱を5つ足してみましょう。視野を広げようと頑張ると、次のような要素を思いついたりしないでしょうか。

・Ａ事業は、当社の目指すべき方向性と一致しているか
・Ａ事業を行うことは、自社の競争優位の強化に役立つか
・当社の他事業とのシナジーはあるか
・Ａ事業がうまくいかなかった場合の撤退コストは大きくないか
・自社の組織風土は、Ａ事業運営に適しているか

これらの視点は、Ａ事業の中で閉じたものではなく、全社レベルでの視点です（目指す姿、競争優位、シナジー、ポートフォリオ、組織風土など）。ほら、思考の幅が違ってきませんか（図37）。

箱を追加してなんとかアイデアを捻り出す努力をする。そうすることで視野が広がる。考えが深くなる。そして、「正しい答え」に近づくのです。

ちなみにですが、多くの優良企業は、図37の右端の組織文化とのミスマッチによって新規事業に失敗してしまいます。たとえば、デンソーというトヨタ系列の優良自動車部品

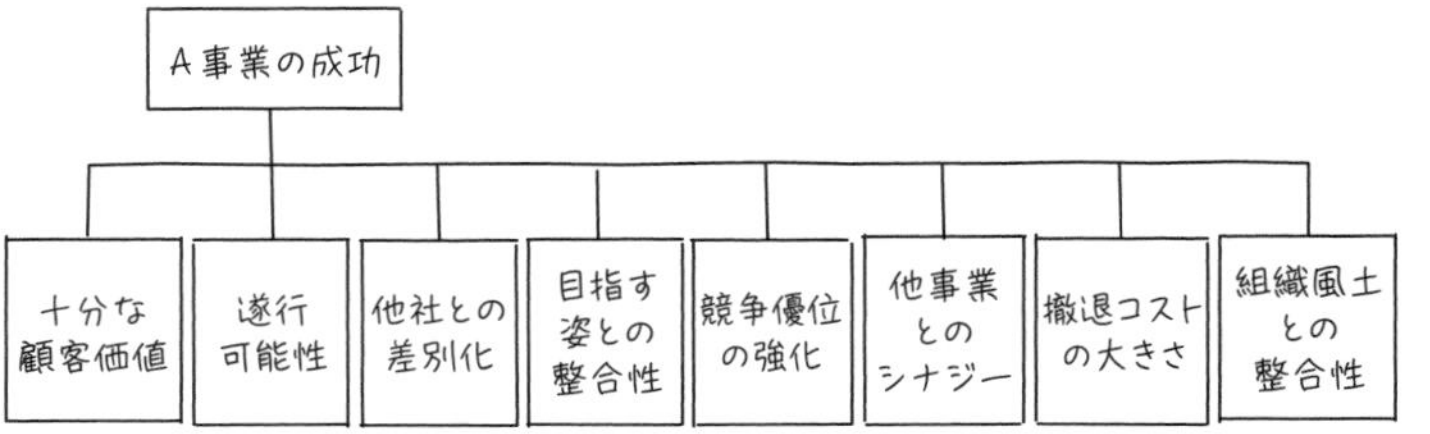

図37　ピラミッドで事業の成功を考える②

メーカーは、携帯電話の事業を手掛けましたが、撤退しました。自動車部品事業と、ニーズの移り変わりが早いＢｔｏＣの携帯電話事業では、開発サイクルも異なり、必要となる組織文化も違ったのです。あるいは、日用雑貨品メーカーの花王も以前フロッピーディスク事業（今ではほとんど見なくなりましたが、ＰＣ用の記録媒体です）を手掛けましたが、これも失敗してしまいました。

この２つの事例では、箱を追加することではじめて見えてきたポイントが、実際に企業の事業を左右していたのです。

「ひねくれた目」で、「視野狭窄」を防ぐ

ではどうしたら箱の要素を捻り出すことができるのでしょうか。

まず1つには、フレームワークを「考える視点」として活用することです。3Cでも、4P（これはマーケティングの「Product＝製品」「Price＝価格」「Promotion＝販促」「Place＝流通」というフレームワーク）でもなんでも、頭の引き出しにしまってある知識をフル活用するのです。これら**フレームワークは思考の切り口としてとても役立ちます。**

でもあまり頭の引き出しの多くない人や、うまくフレームワークが当てはまらないような場合にはどうすればいいのでしょうか。

私が実践している方法は、「ひねくれた目」で見ることです。ものごとを**「健全に疑う」**のです。

私は常づね、部下や学生の作った資料（特に図表）をひねくれた目で見るようにしています。

なぜなら人は「視野狭窄」に陥りやすいからです。「視野狭窄」とは、今、見えていることだけに囚われて、新たな視点・視座・視野を持てず、発想が広がっていかない状況です。そんな時、「ひねくれた目」はその状況を打破するのにうってつけです。部下や学生が陥っている視野狭窄を打破することは、上司や先生の大事な役割の1つです。

「ひねくれた目」を言葉で表現するのはなかなか難しいのですが、私は、彼らのものの捉え方を、90度横から、上から、下から、あるいは裏から眺めてみることを意識するようにしています。やり過ぎると嫌われるのですが、けっこう新たな気付きや考えるヒントが生まれます。

90度横、上、下、裏

たとえば、「ある製品の省エネ性能を大きく向上させれば、ヒットするはずです。開発を急ぎましょう」という意見があったと仮定します。何が90度で、何が上下で……と問われると「なんとなくイメージ……」としか答えようがなく、かつ、図にすると3次元になるので分かりにくいのですが（図38）、次のような議論も可能ではないでしょうか。

・**90度右横**【競争相手の視点】←横から奪いに来るイメージ
省エネ性能は、数値で表すことができ、分かりやすいので、結局、他社も追随して、みんなで過当競争に陥るだけにならないだろうか

・**90度左横**【営業能力の視点】←それに対抗する力のイメージ
もし省エネ性能が顧客にアピーリングだとしても、当社の営業は、その特徴を顧客に十分伝えるだけの力を持っているだろうか

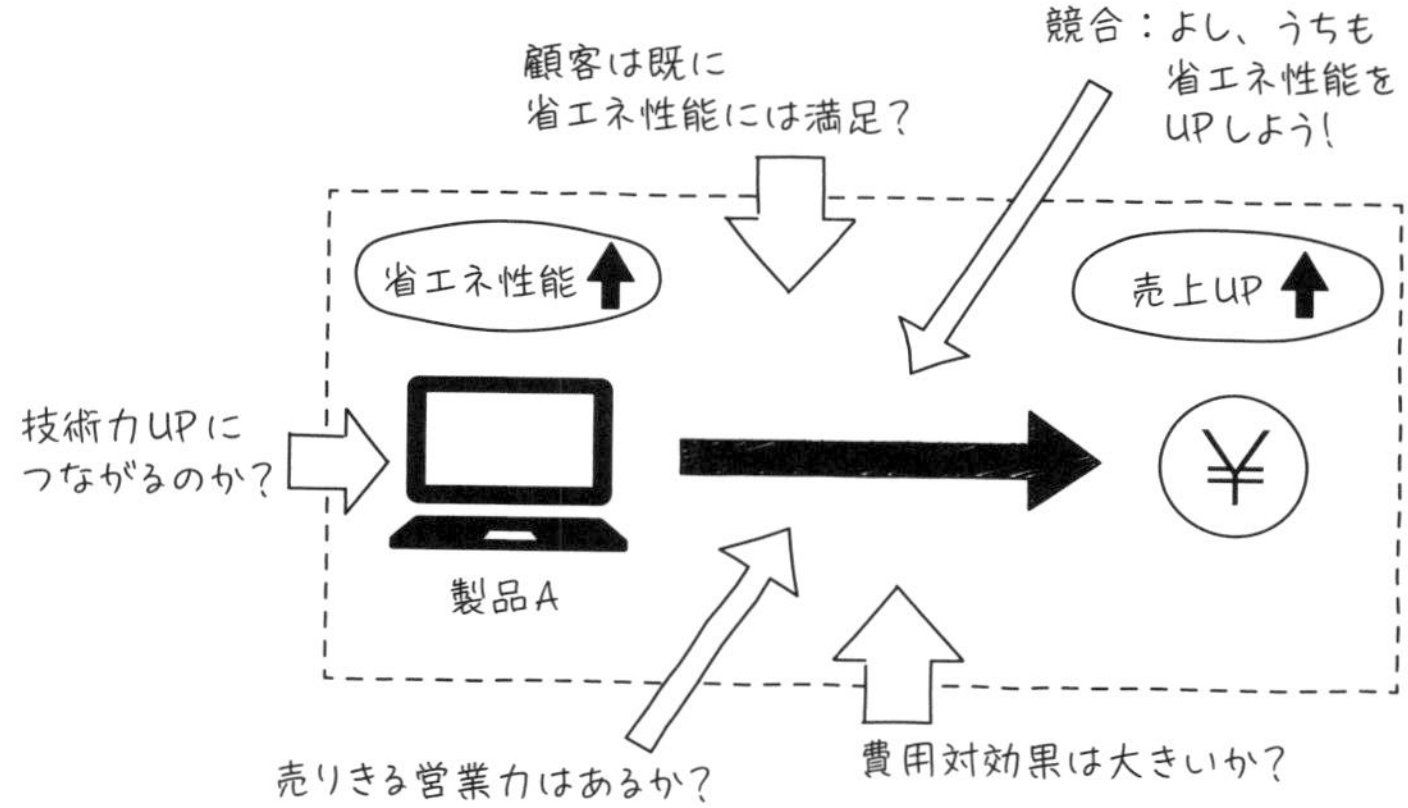

図38　90度横、上、下、裏から考える

・**上**【顧客の視点】↑顧客の上から目線
顧客は省エネ性能には十分満足していて、ただ単に、良いものを作りたいという企業（研究開発部門）の自己満足に過ぎないということはないだろうか

・**下**【利益の視点】↑下にお金を吐き出すスロットマシーンのイメージ
省エネ性能の向上のための費用対効果は十分大きいだろうか

・**裏**【研究開発能力の視点】↑裏から省エネを支えるイメージ
この省エネ性能の向上を行うことが、自社の技術力の活用・強化にも役立つだろうか

このように上下左右・裏といった「ひねく

れた目」で新たな視点を捻り出し、箱の中に埋め込んでいくと、幅の広い視野を獲得できるはずです。

それでも思いつかなければ「グルーピング」して抽象化

それでも思いつかない時はどうすればいいのか。

確かな方法は、「グルーピング（囲むこと）」してみることです。

思いついたことをとりあえず何でも書き出して、関連しそうなものを「囲む」のです。

「囲む」ことの効用は抽象化の促進にあります。抽象化の促進とは、個々の要素の一段上のレベルで、意味ある塊を見つけることです。当然、その塊1つひとつが、ピラミッドの箱を構成する候補になります。

「囲む」ことによって、一見、こんがらがって見える課題が整理され、問題解決に向けて動き出すことも可能になります。

日常生活の課題に適用してみましょう。

今、私の家は散らかっていて何とかしたいのですが、なかなか片づけが進みません。

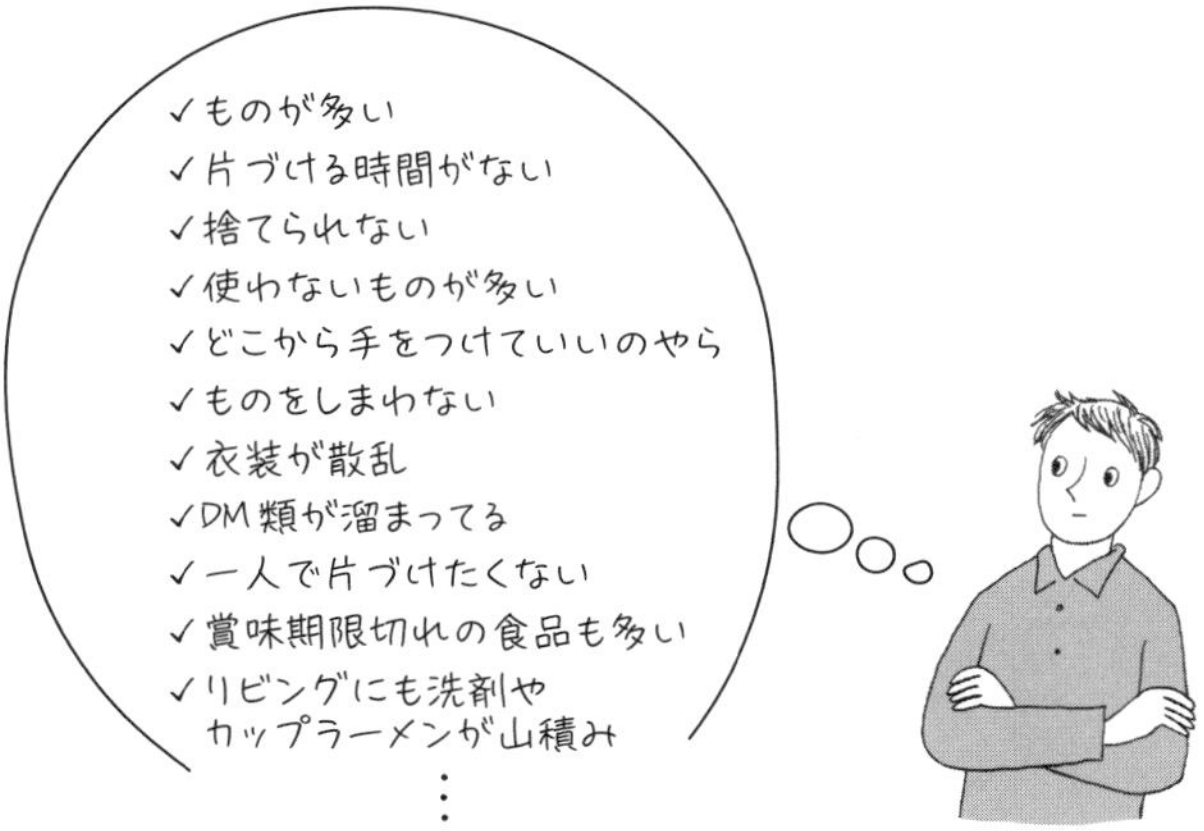

図39　グルーピング①まず列挙する

そこでまず関連する要素を思いつくままに書き出してみるのです。ものが多い。片づける時間がない。捨てるのがもったいない。使わなくなったものが山積み。どこから手をつけていいか分からない。あるべき所にものをしまわない。衣服が散らかっている。ＤＭ類が大量に溜まっている、などなど（図39）。

そして、じっと睨んで、関連しそうなものを囲んでみるのです。そうすると、カテゴリー分けができそうに思えてきます。そして、そこに「キーワード」を張り付けます。おそらく、Ｗｈａｔ、Ｈｏｗ、Ｗｈｙあたりでしょうか（図40）。

Ｗｈａｔ＝とにかく不要なものが多い

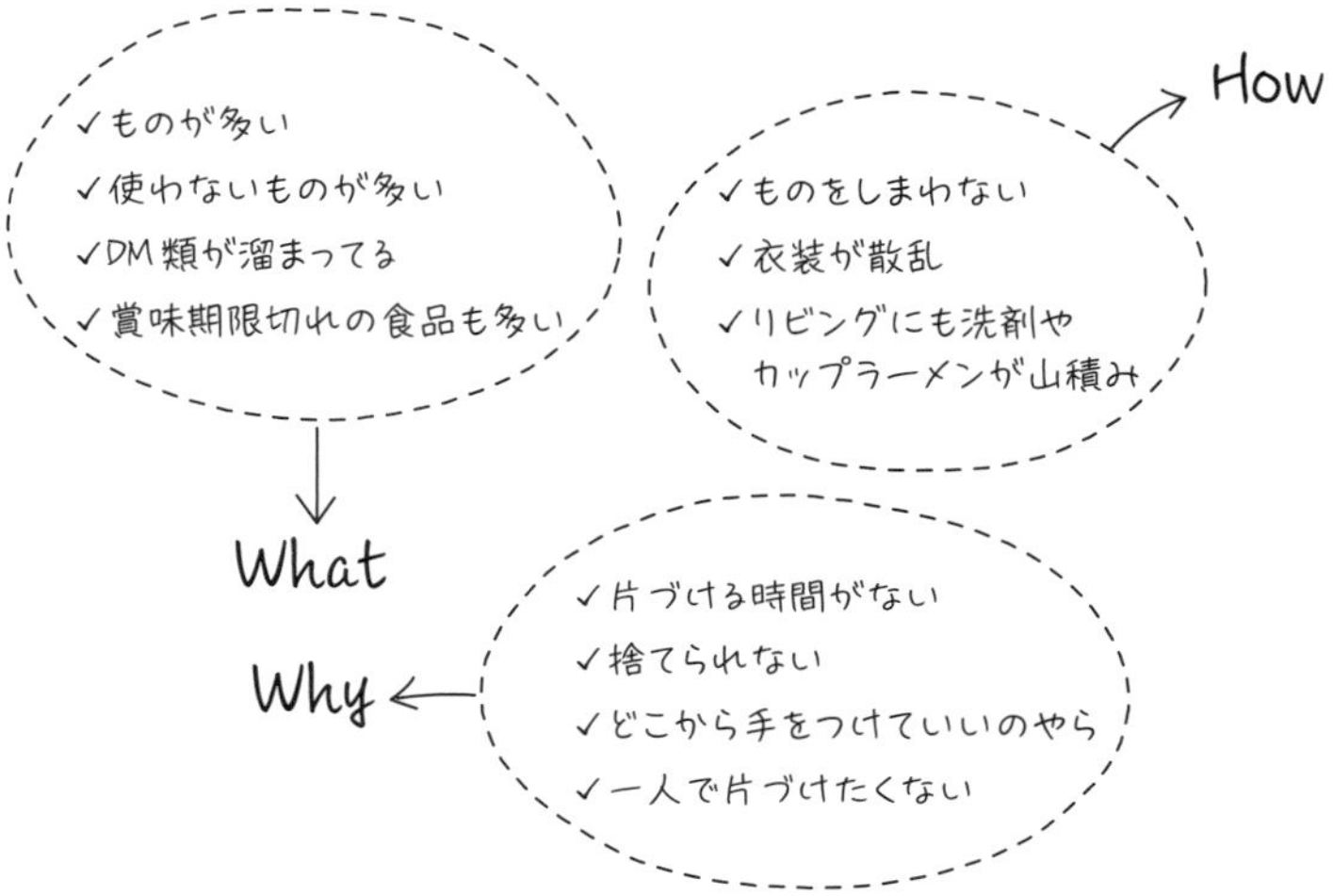

図40　グルーピング②囲んでキーワードをつける

Ｈｏｗ＝それらが片づけられずに散らかっている
Ｗｈｙ＝片づけるきっかけ／手掛かりがない

片づかない家に対峙する端緒が見えてきました。もちろん、着目すべきはＷｈｙです。

ものが減らない限りあるべき所にあるべきものを片づけることも難しい。時間がない中、一気呵成に片づけることも現実的には不可能。そして、「どうすれば片づけを始められるか？」を考えていても始まらない。つまり、きっかけ／手掛かりをどうしよう……とか言っていないで、小さなこと・できることからとにかく始めるしかないことに気付きます。

Ｗｈｙが言い訳だということがハッキリした以上、「考える前に手を動かせ」です。まずは家族みんなで、手当たり次第、絶対にいらないものから少しずつ捨てて、ものを減らしていく。そうしないとＷｈａｔとＨｏｗは永遠に解決しないということです。

思いついたことを書き出して、グルーピングする。そこから思考は前に進みます。我が家の家の片づけについて言うと、計画的に整理整頓していくアプローチは難しく、気になったところから手当たり次第にものを減らす、そんなアドホックな手段が有効だったのです。

ということで、最近、少しずつものを捨て始めています……。

3

論理を深める「ピラミッド」の使い方

「〝なぜ〟を5回繰り返す（5Why）」で思考を「強制深化」

ここまでは、どちらかと言うとピラミッドを使って視点の幅を広げ、全体像を把握することで正しい理解や答えに辿り着く方法に力点を置いて説明してきました。

ここからは、論理を深める方向の議論をしたいと思います。

ピラミッドは、単にMECEに分けて論理構造を明確にするだけでなく、ものごとの「真因」を突きとめる上でも有効です。ここが怪しいと思うところに「なぜなぜ」を繰り返し、深掘りしていくアプローチです。俗に言う「なぜを5回繰り返す（5Why）」。どうして「なぜを5回繰り返す」ことが有効なのでしょうか。

その理由は、「なぜ」を繰り返すということは、必ずそれまでと違った切り口を用いることを強いられ、視点が多面的になるからです。たとえば、「営業力がない」、なぜなら「営業力がないから」では、まったく説明になっていませんよね。単なる裏返しです。意味があるピラミッドにしていくためには、どうやっても違う切り口を持ち込まざるを得ないのです。**5回のなぜは、5つの異なる切り口を持ち込むことと同義**なのです。

そこで、「営業力がない」、なぜなら「顧客のことをよく知らないから」を出発点としてみましょう。そうすると説明力が生じていることが分かります。その理由は、「営業」の切り口が、一段下がって、「顧客」の切り口になったからです。

そこでさらに2回目のなぜ、3回目のなぜを繰り返します。なぜ顧客のことをよく知らないのか？　それは、「顧客のことを知って売上を増やしてもあまり給与が変わらないから」かもしれません。インセンティブがないのです。ここで「人事」の切り口になりました。では、なぜ成功報酬のようなインセンティブがないのでしょうか？　ひょっとしたら、その会社では製造・開発が強く、営業が軽視されているからかもしれません。そうすると、今度は「組織風土」の切り口です（図41）。

こうやって「なぜ」を繰り返し、異なる視点を持ち込むと、営業力のない本当の理由（真因）がだんだんと明らかになっていきます。この場合だと、営業力を強化するために

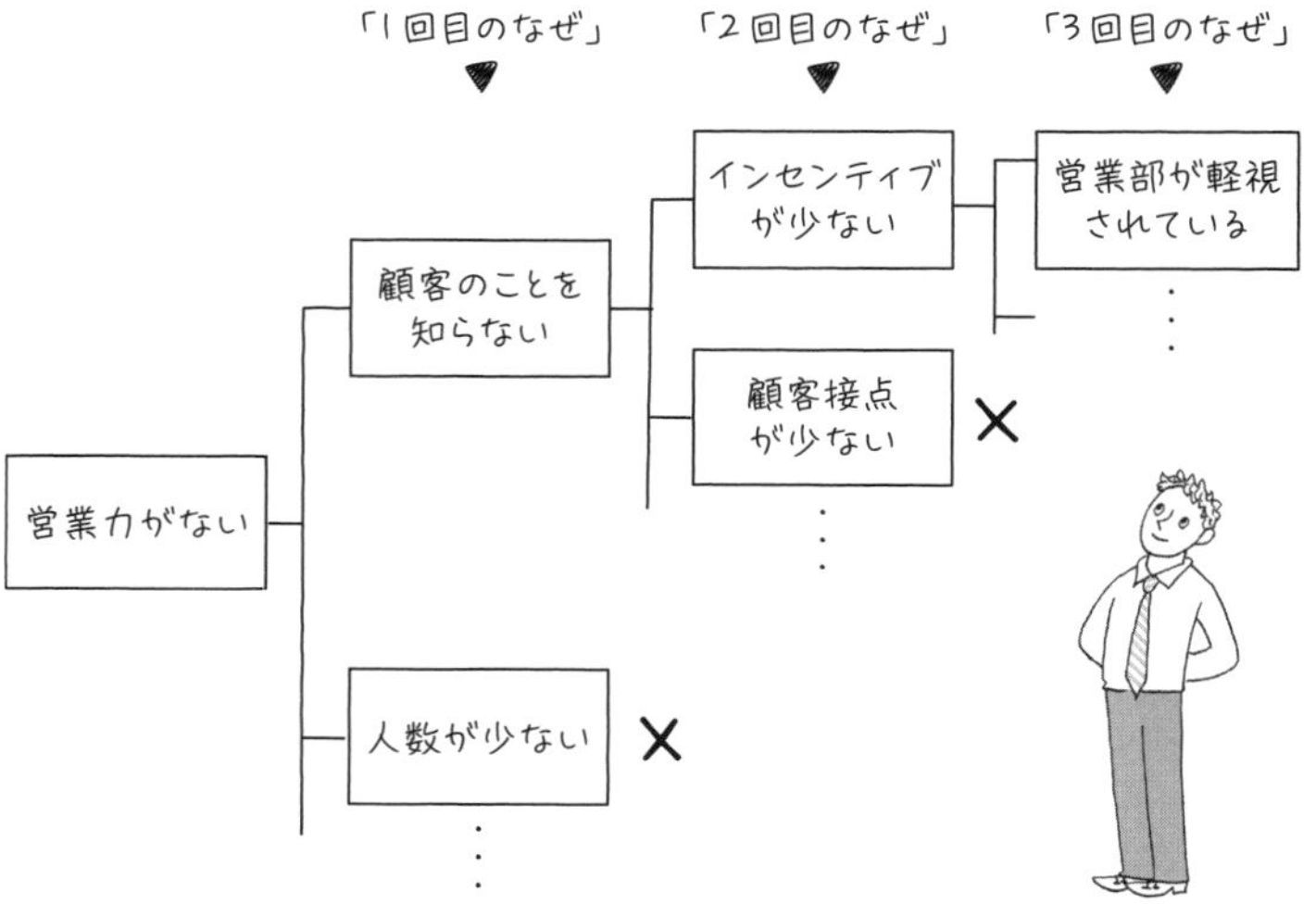

図41　ピラミッドで論理を深める

は、全社的な風土改革をしなければならないことが分かります。「営業」の話が「組織風土」の話になったからです。本当の答えが、問題発生の場所から離れていることはよくあることです。**原因と結果は、時間的・空間的に隣接しているとは限らない**、のです。

なぜを5回繰り返すと、少なくとも異なる視点が5つは持ち込まれます。それが、問題と離れた場所にある真因に私たちを近づけてくれるのです。

化学メーカーA社が新規事業立ち上げに失敗した本当の理由

ある化学メーカーA社での話です。

Ａ社は、技術的な強みを活かして、得意なＢ素材以外（新素材Ｃ）への多角化をしようとしていました。しかしなかなかうまくいきません。情報収集を行いながら「なぜなぜ」の議論を繰り返すと、意外な真因が見えてきました。

「顧客が新素材Ｃを買ってくれない」
↑「顧客はＡ社から素材Ｃについて話を聞くつもりがない」
↑「顧客はＡ社に、得意素材Ｂ以外は期待していない」
↑「顧客にとってＡ社は重要な素材Ｂの供給者である」
↑「Ａ社にはしっかりと得意素材Ｂの品質向上と価格低下に注力して欲しい」
↑「素材Ｂ以外に力を分散してもらいたくない」

つまり、Ａ社の中で、技術のシナジーや顧客のシナジーがあるからと言って、新素材Ｃを一生懸命売ろうとすればするほど、逆効果だったのです。これは売り手志向の弊害そのものでした。

ここではシナジーは忘れて（少なくとも営業活動においては）、非効率だとしても、違う子会社を立ち上げ、違うブランド、違う営業組織で一から新素材Ｃを売り込むほうが正解だったのです。

ピラミッドを見る目：「Why So?」「So What?」「True?」

ピラミッドは、このように原因と結果の関係を辿り、「真因」を追求していくことに役立ちます。その際、ピラミッドを見る目は以下の3つです。

Why So?＝なぜそうなのか？
So What?＝だから何なの？
True?＝本当か？

この3つの問いかけで**「健全に疑う」と、ピラミッドが活きてきます**（図42）。

私も経営コンサルタント時代、ジュニアな時にはSo What?とWhy So?を浴びせ続けられましたし、シニアな立場になってからはSo What?とWhy So?を浴びせ続けたものです（もちろん、自分でも考えていましたが……）。でもそうすることでピラ

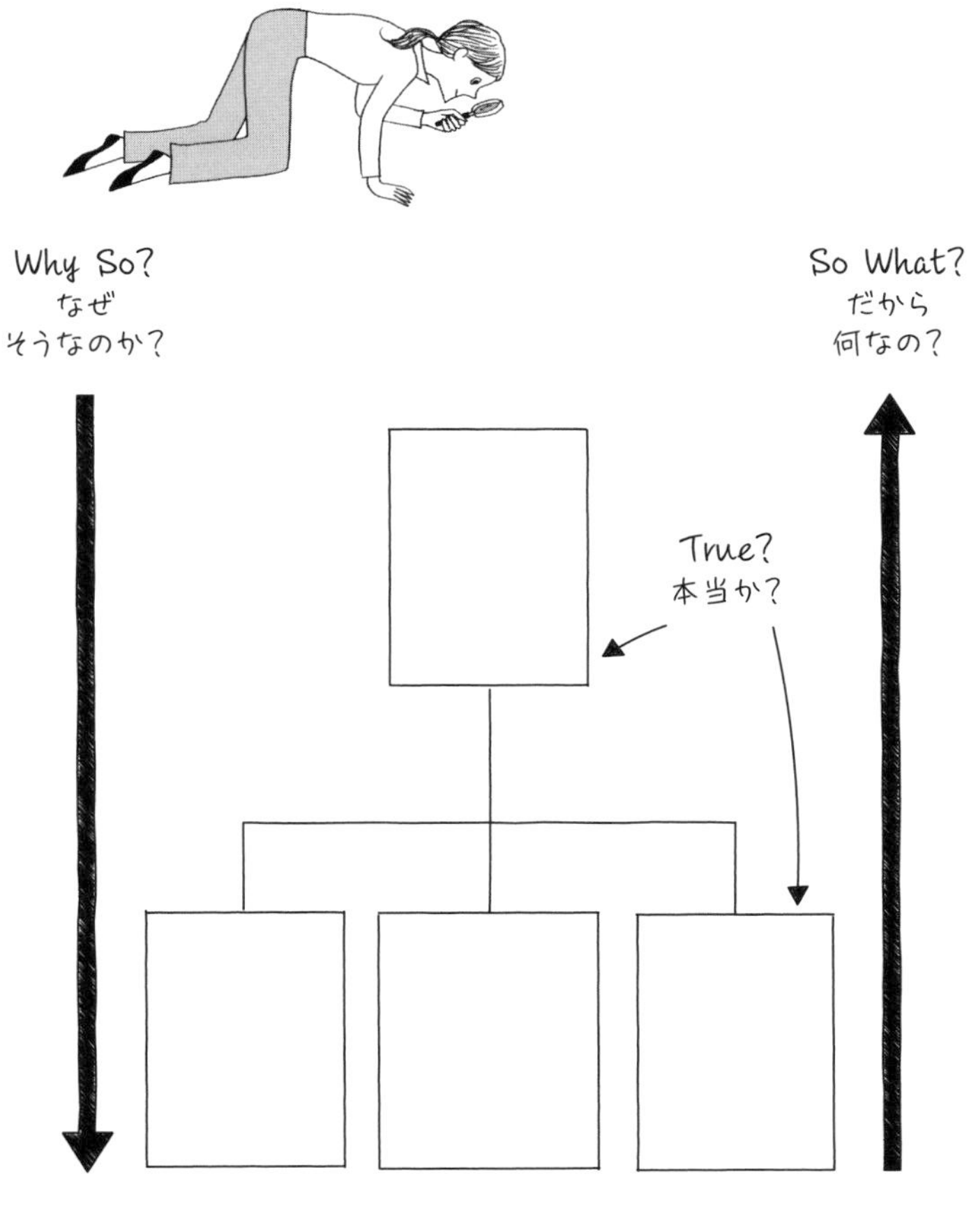

図42　ピラミッドを見る「3つの目」

ミッドの精度は上がっていきました。

また、Ｔｒｕｅ？という問いかけもとても大切です。この質問は「机上の空論」を見破ります。「本当か？　ならば例を挙げてみろ」と言われて、**具体例を思いつけなかったら、それは空理空論の証**です。地に足の着いた議論をするためには、具体例を話せることが必須です。

原因と結果を取り違える？？

ここで一点、注意しておきたいことがあります。

皆さん「そんなバカな」と言うと思いますが、人は意外と、原因と結果を間違え、逆にしてしまうことが多いのです。本当に原因と結果を間違えたりするのでしょうか……？

たとえばセブン‐イレブンを例にとって考えてみましょう。セブン‐イレブンはコンビニ業界で長年にわたって高い日販を誇ってきました。ざっくり言うと業績が良いのです。その理由の1つとして、プライベイトブランド商品（ＰＢ）が優れているから、という理由を挙げる人がいます。確かにセブン‐イレブンのプライベイトブランド商品はおいしい。

ただ、よくよく考えると、これには疑問が残ります。なぜなら、セブン‐イレブンの創業

時にはプライベイトブランドはなかったからです。だとすると、

「プライベイトブランド商品が優れている→業績が良い」

は実は、

「業績が良い→優れたプライベイトブランドが創れる」

ということかもしれません。業績が良いから、食品メーカーが良いプライベイトブランドを提供してくれている可能性も大です。

あるいはもっと身近な例で考えると、「勉強が嫌いだから、成績が悪い」。これも逆の可能性もあります。「成績が悪いから、勉強が嫌い」、なのかもしれません。もし後者なら、成績を上げるために「勉強を好きになれ」と言っても無駄。因果が逆だから。それよりも、何かの科目、何かの小テストで、一度、良い成績を取らせるようお膳立てをして、気分を良くさせると、勉強が好きになり、成績が上がる好循環が生まれるかもしれません。

このように、**原因と結果は意外と自明ではなく、分かりにくいもの**です。原因と結果は、その時間的な順序を考えたり、原因と結果を入れ替えてみたり、慎重に吟味すべきなのです。

4 視野を拡大する「ピラミッド」の使い方

ピラミッドは思考の枠の拡大もできる

「論理を広げる」、「論理を深める」効用以外に、ピラミッドは直接的に「視野を広げてくれる」こともあります。

ピラミッドでは、1つのことを2つ以上の要素に分けます。なので、ピラミッドの下に行けば行くほど具体性が増します。ただ面白いことに、具体性が増すことは、必ずしも細かくなることを意味しません。大きく、具体的になることもあるのです。

図43の2つのピラミッドを見てください。どちらも、売上高を分解したものです。

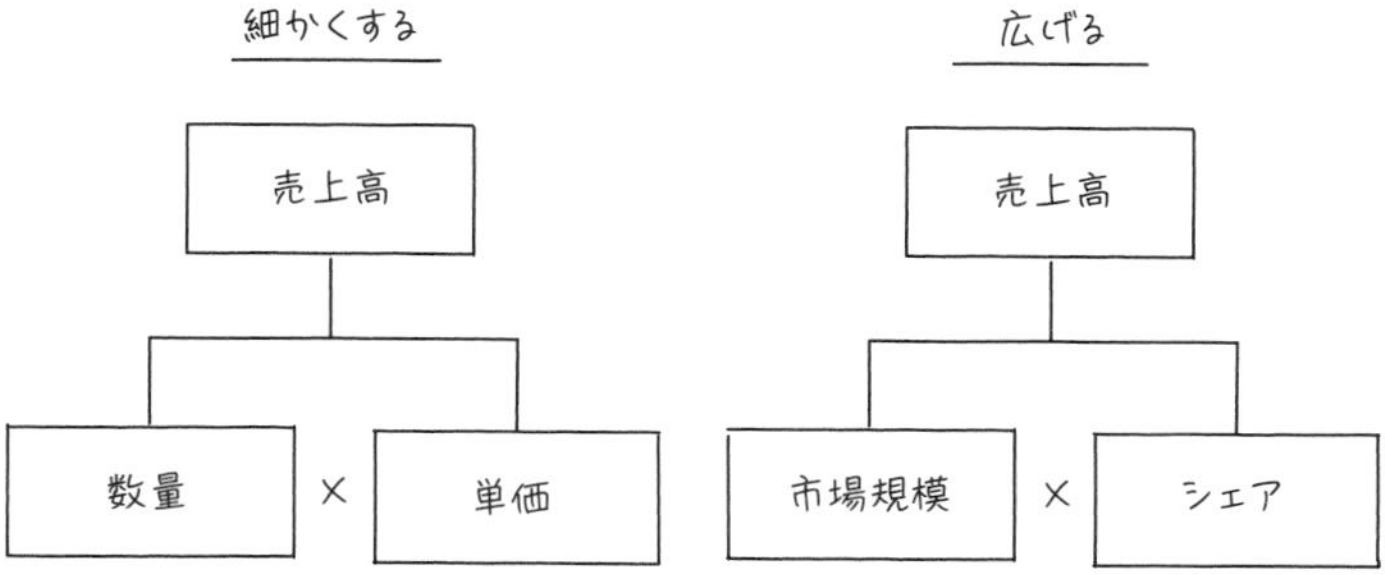

図43　ピラミッドで視野を拡大する

左は、売上高を数量×単価に分解し、細かくなっています。右は、具体性は増すものの、視野は広がっていることに気付くでしょうか。自社の売上高より市場規模は大きく、捉えている範囲が拡大しています。

つまり、ピラミッドを考える際には、「細かく」だけでなく、「広げる」という方向性も意識するほうが得策だということです。

ここから紹介する事例は、ＭＢＡ留学生の修士論文での話です。

その留学生のテーマは、自分が勤めていた中国企業の日本市場再参入のための戦略立案でした。その中国企業はかつて日本市場に進出するも、赤字続きで一度撤退していました。

当然、かつて行った打ち手が不十分で撤退した

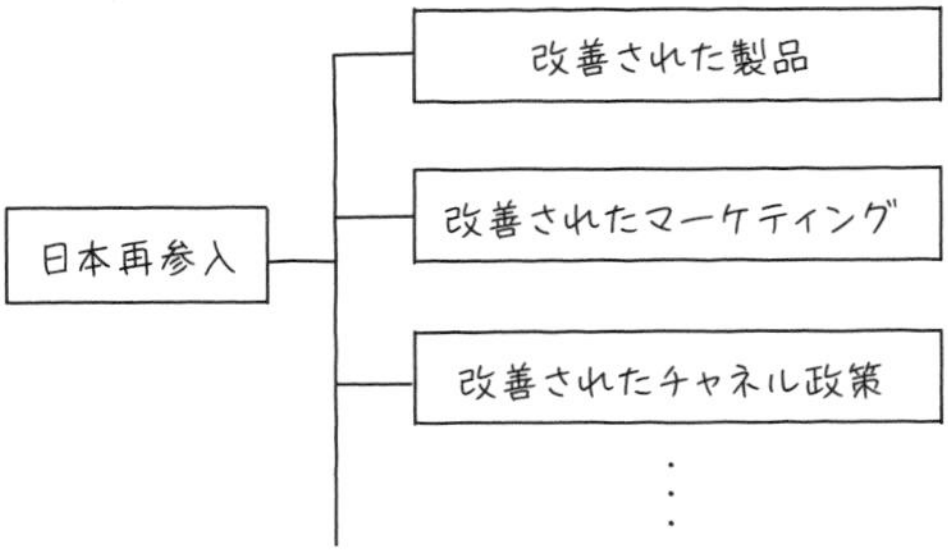

図44　中国企業の日本再参入①

可能性も大です。その学生は、過去の失敗要因を洗い出し、それらを克服することで日本再参入を果たすプランを作ろうとしていました。

考えていたピラミッドは、おおよそ図44のような感じです。

しかし、失敗の真因は、日本市場の構造的な難しさにあるかもしれません。そうだとすると、失敗要因の洗い出しだしでは、再参入の勝算はありません。

このような場合は、「細かくする」ではなく、「広げる」方向にピラミッドを活用してみるのも有効です。行き詰まったこの学生は、視野を東南アジアに広げ、次のような戦略オプションを導き出しました。

それは、東南アジアも含めて事業領域を捉

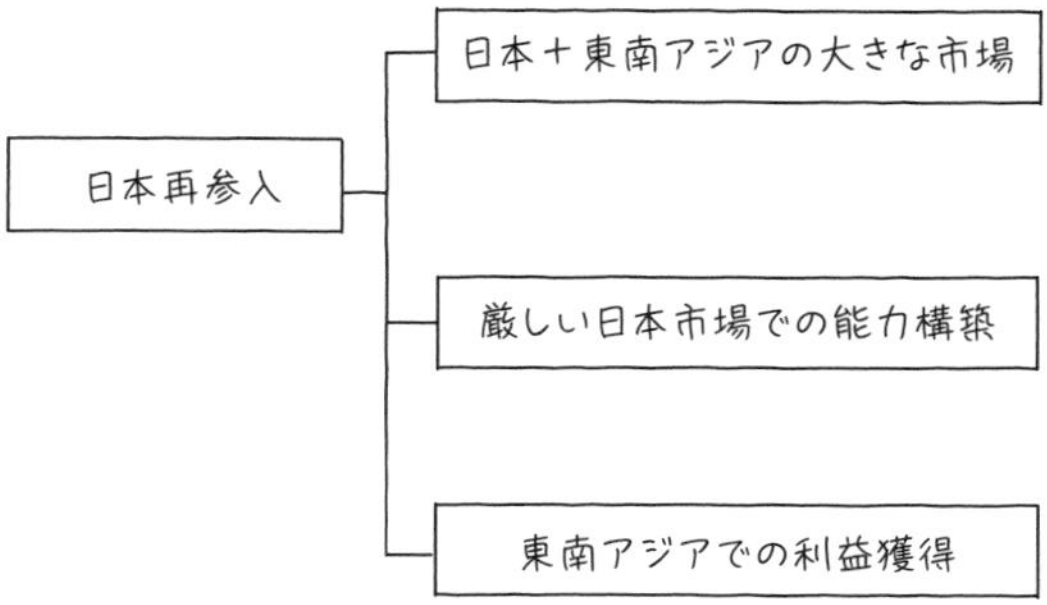

図45　中国企業の日本再参入②

え、日本という厳しい市場での経験を、東南アジア進出に向けた能力構築に活かすという発想です。日本だけで赤字・黒字を議論するのではなく、日本＋東南アジアで市場を捉え、その中での日本・東南アジアの位置づけを変えることでブレイクスルーを目指したのです（図45）（実際、幾つかの外資系企業は同じような発想を持っています。もちろん、単なるどんぶり勘定には要注意ですが……）。

このようにピラミッドで考える際には、細分化だけに囚われず、**現在の問題の「枠」を広げ、問題そのものを「いじる」ことも大事**になります。そうすることで本当の答えが見えてくる可能性も高まります。

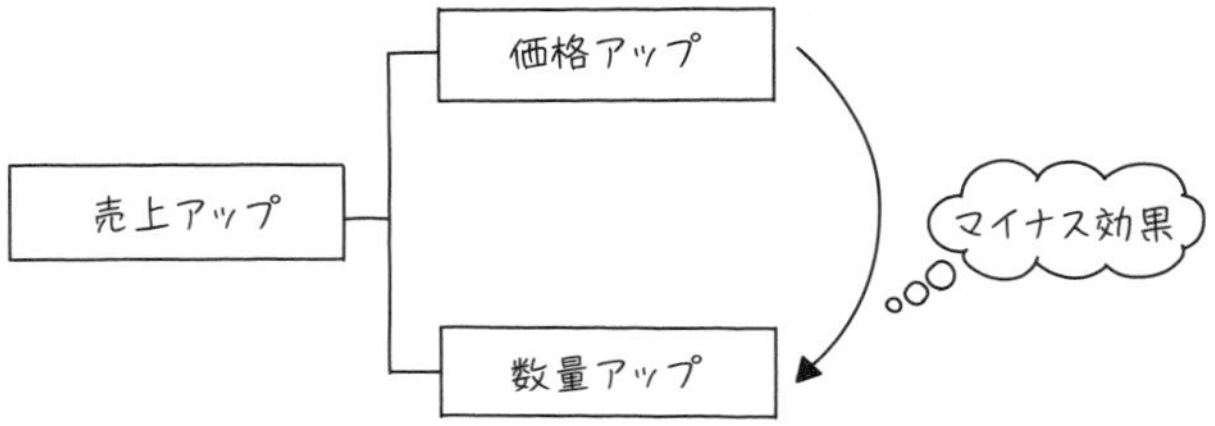

図46　横の因果関係に注意する

抜け落ちる横の因果に要注意

このようにとてもパワフルなピラミッドなのですが、実は大きな死角があります。それは、横に並んだ箱の間の因果関係が抜け落ちることです。

非常に簡単な例で考えてみましょう。たとえば、「売上を上げる」は、「価格を上げる」「数量を増やす」の2つに分解できます。もちろん、この2つとも実行できればベストです。

しかし、価格と数量は基本的に反比例。価格を上げるとふつう数量は下がります（図46）。だとすると、このピラミッドをそのまま実現するのは本来は難しいはずなのです。

「いや、そんなことに気付かない人はいない」と言う人がいるかもしれません。しかし実際のところ、企業が発表する中期経営計画の中には、同じような因果の抜けや、論理の不整合がたくさんあるイケイケどんどんのバラ色計画が数多く存在しています……。

このような因果の抜けは、4つ目の型「ループ」を併用することで防ぐことができます。「ループ」については、第6章で議論します。

COLUMN

「囲む」ことで分析力を高める

「囲んで」抽象化を上げるという図の使い方は、分析力を高める上でも役立ちます。
たとえば、次のような「囲み」をコンサル時代にはよくやったものです。

①「囲んで」構造理解

ヨコ軸に売上高の大きさ、タテ軸に利益率を取り、業界内の企業をプロットした図を作成し、グルーピングする。そんな図をよく描いたのですが、その図からは、業界のおおよその競争ダイナミズムが読み取れたものです（図47）。シンプルな図なのですが、個別企業だけを見ていては分からない、業界の大きな構造を理解するのにとても役立ちました。

タテ軸とヨコ軸には他の切り口を持ってくることもできます。たとえば、「事業の垂直統合度合い」と「製品種類の多さ」。同じように企業を囲んでみると、また別の視点での

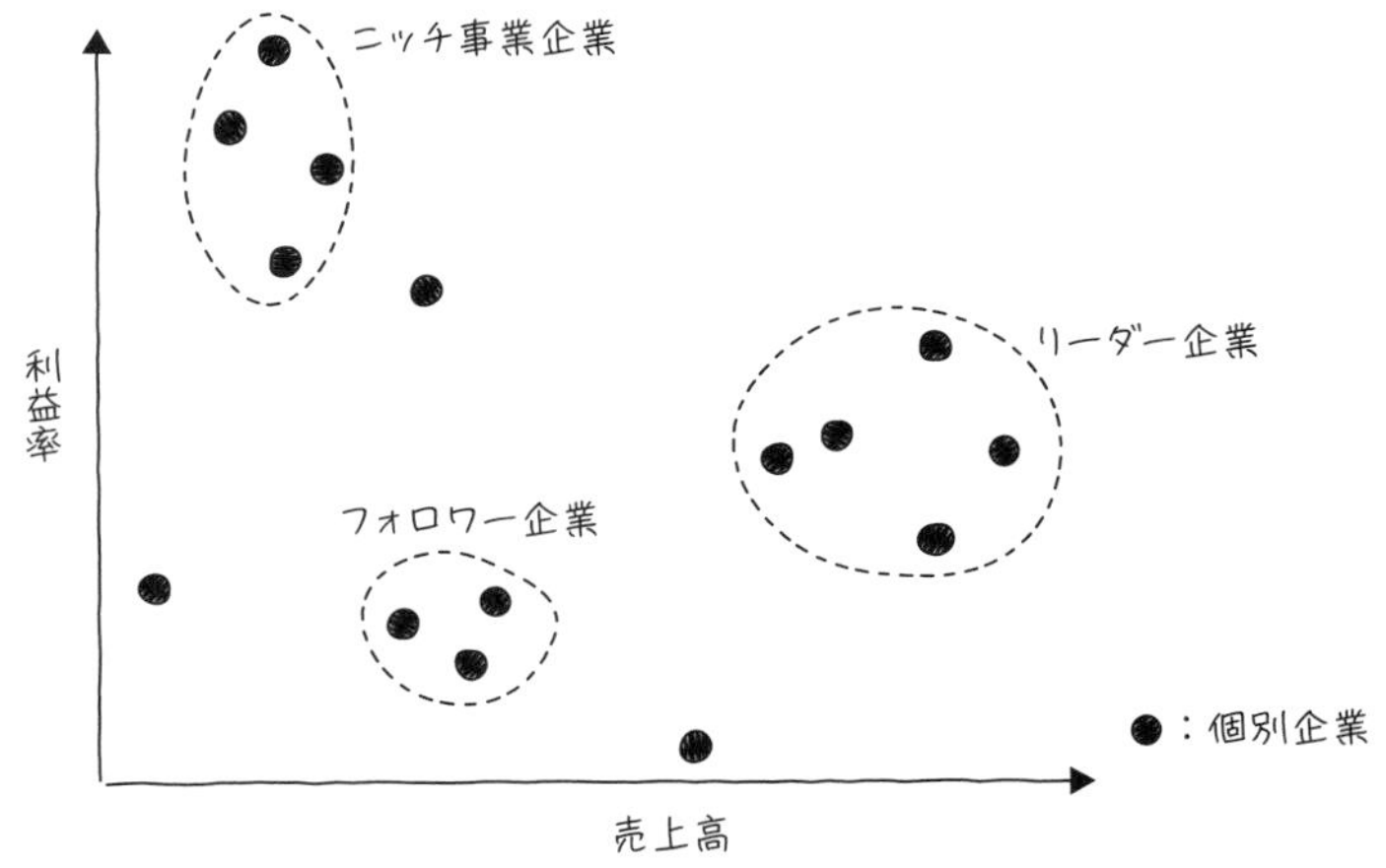

図47　「囲んで」構造理解①

業界構造が浮かび上がってきます（囲まれた企業群を「戦略グループ」と呼ぶことがあります）（図48）。

②「囲んで」優先順位

優先順位を決めるための分析でも、「囲む」ことは役立ちます。

たとえば、新規事業の優先順位を考える際。個別事業のどれとどれを立ち上げるかという議論も重要ですが、個々の新規事業候補を括って事業領域で考えることもそれ以上に重要です。なぜなら、事業領域で議論すると、会社全体の戦略的方向性も明確になるし、事業領域内でのシナジーも考えることができるからです。

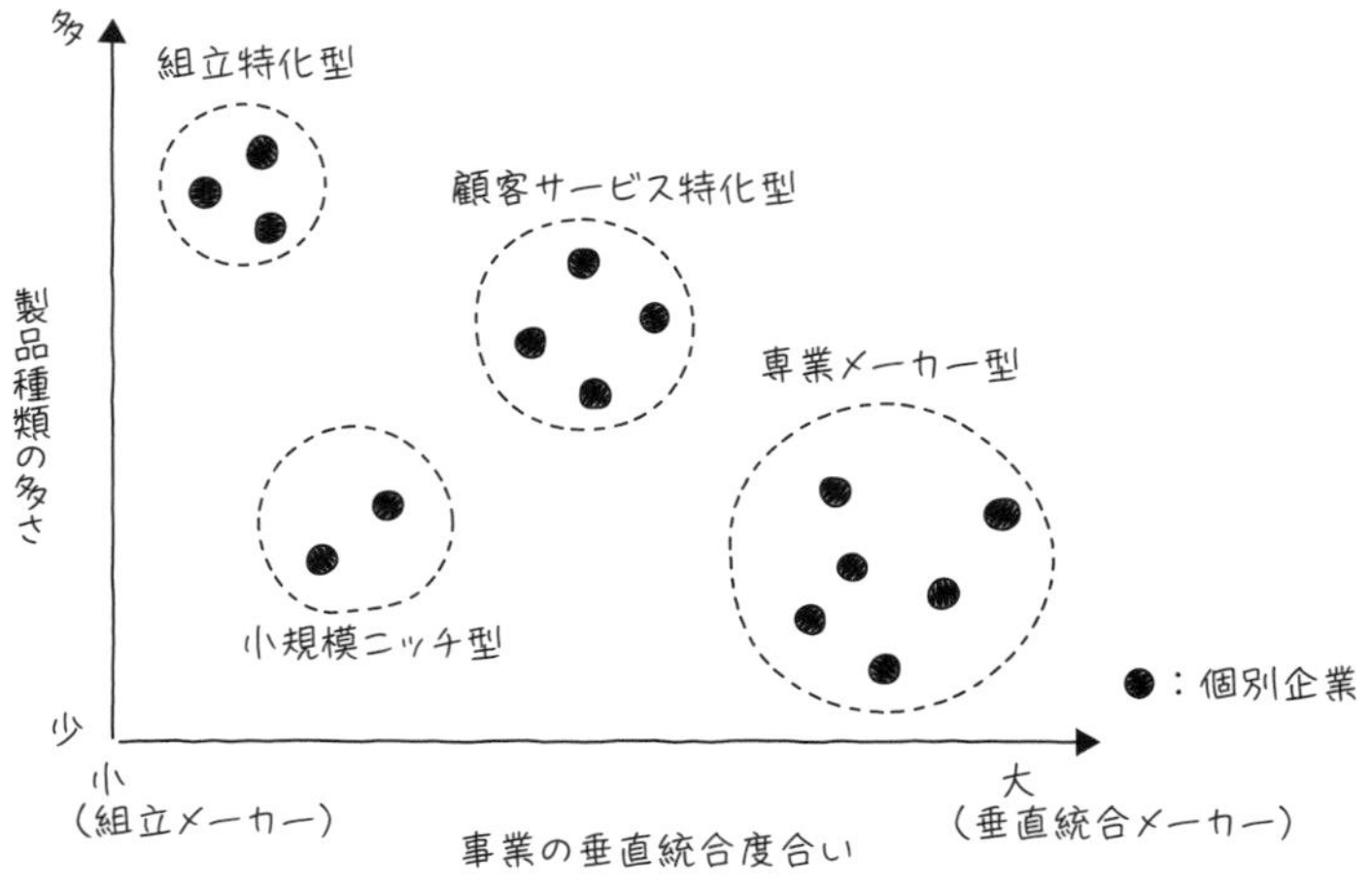

図48　「囲んで」構造理解②

　これは、囲むことによって視座が、「個別事業」レベルから「事業領域」レベルに上がったことを意味します。事業領域の視座を持つことで、新規事業に対する見方もより深まります（図49）。

③「囲んで」新しい発見

　囲むと、「ハズレ値」に気付くこともできます。

　ハズレ値への着目は、新しい発見を促してくれます。

　たとえば、先ほどの図47で言うと、フォロワー企業のグループの上にある黒丸（企業）に着目するのです。「なぜ中程度の売上しかないのに、利益率が高いのだろう

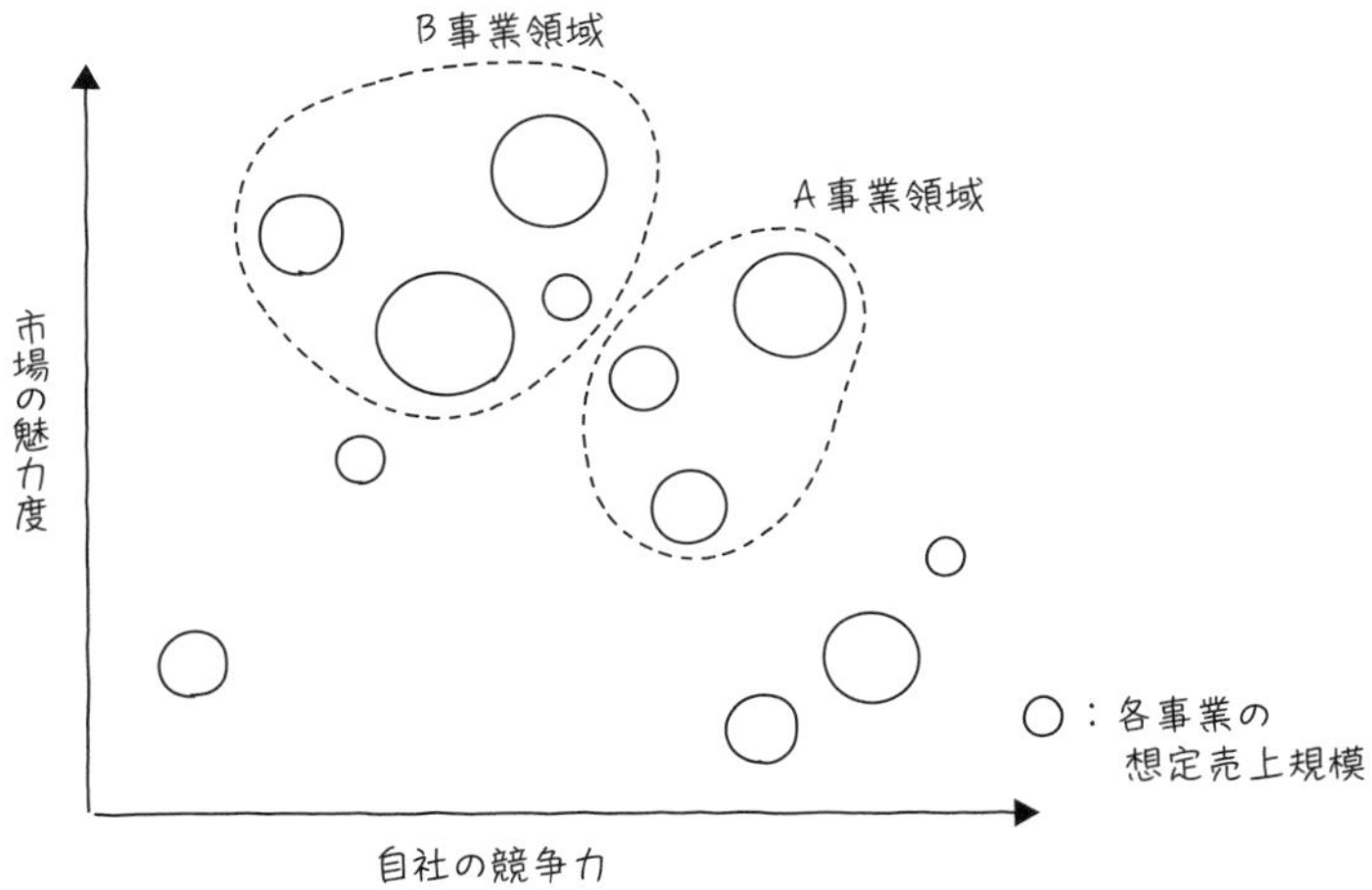

図49 「囲んで」優先順位

か？」、これが理解できると、利益率向上に向けたヒントが得られるかもしれません。

経営学の研究では、よく統計分析が使われ、平均や分散を使って一般則を導こうとします。でも経営戦略の「肝」が他社と違うことにあるなら、統計分析から導かれる一般則よりも、そこからハズレたものに着目することのほうが有効かもしれません。

図の中のハズレ値、全体像にうまく当てはまらない要素、例外事例、こういったものは、新たな気付きの源泉です。

第4章

使える型②
田の字

「田の字」は読んで字のごとく「田」の形をした図。タテとヨコがあります。つまり、「田の字で考える」とは「2次元で考える」ということそのものになります。複雑な現象の本質を最も大事な要素2つで切り取ろうとする。この努力が、考えを深める手助けをしてくれるのです。

1 タテ・ヨコ発想の「田の字」が思考を深める理由

最もシンプルな2次元「田の字」

第4章では「田の字」を使って考える方法について議論します。

「田の字」は、とてもシンプルな2次元の枠組みなので、**本質を切り取り、思考の整理をする**のに役に立ちます。また、そこから解決策を導き出す手助けをしてくれます。

もちろん、仕事や業務以外でも役に立ちます。たとえば、「将来何をしたいか」について考える場面を想定しましょう。

考えられる軸は「やりたいこと」「できること」あたりでしょうか。それを組み合わせると図50のような「田の字」ができます。もちろんベストは右上。ただ、なかなかそうもいかないとすると、現実的には右下「現実解?」か、左上「不幸な選択?」。どちらを選

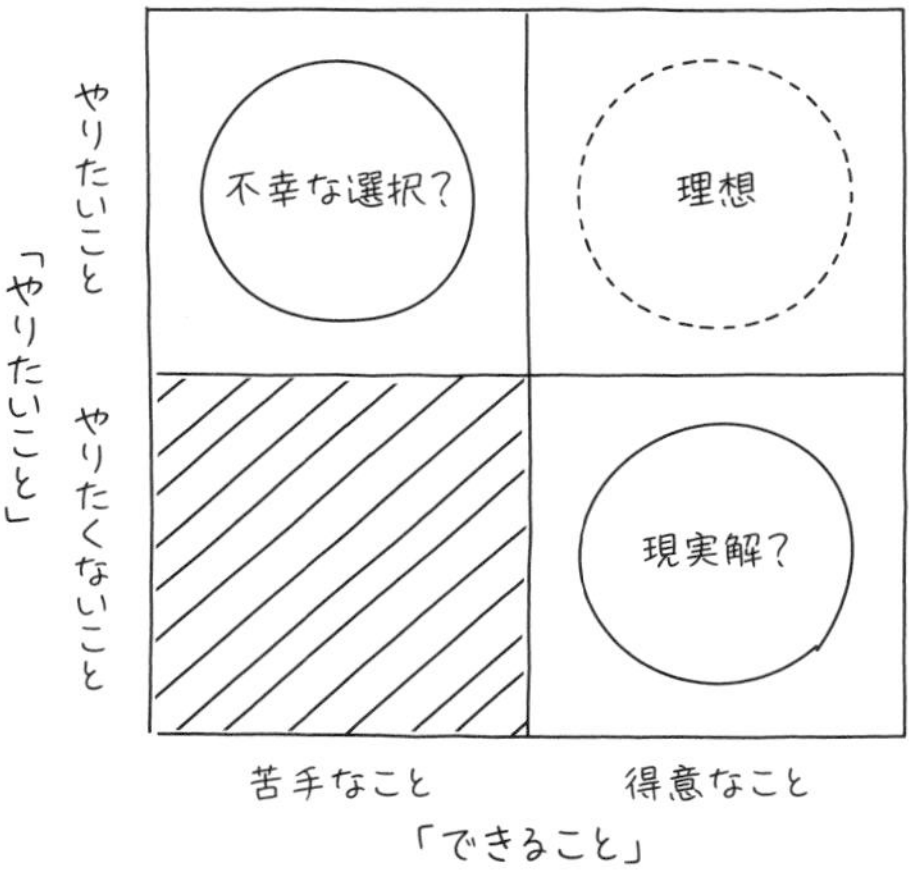

図50　将来やりたいことを「田の字」で考える

ぶべきか。

テレビで活躍している某予備校の先生は、多くの人は左上の「やりたいこと」×「苦手なこと」を選ぶから不幸せになる、やりたくなくても、得意なこと（右下）を選ぶべきだと主張していました。

確かに納得感はある。ただ自分の経験を振り返ると、長い目で見れば、意外に左下の「やりたくないこと」「苦手なこと」も重要ではないかと思えます。その時々の状況を受け入れ、「やりたくないこと」「苦手なこと」にもチャレンジしてきたから、やりたくなかったことがやりたいことになり、苦手なことが得意なことになって、自分の幅が広がってきた気もするのです。

私は物理が好きだったので、物理学者にな

ろうと思っていました。でも、大学院卒業の時、訳あってよく分からないビジネスの世界に飛び込みました。その後、最初に書いた本が「組織」の本。ビジネスの中でも組織はふにゃふにゃして捉えどころがなく、一番興味がなかったのに、です。また、米国にも留学しました。でも、学生時代一番苦手だったのは英語でした。結果、今では多少なりとも英語を話せるようになりました。

「あれ、ちょっと嫌だな……」と思うものにも前向きにチャレンジすること。それが、自分の持つ意外な能力の発見につながったり、人生を豊かにすることにもつながるのかもしれません。


このように2次元の「田の字」を使うと、いろいろと発想を膨らませることができます。図50のようなシンプルな田の字でも、自分の将来を考え、人生論を語ることも十分可能になったりするのです。

また、田の字は、部活選び、彼氏彼女選び（図51）など、何かを選択する際には、なんにでも応用可能です（まあ、彼女選びを論理的に考えること自体どうかと思いますが……）。

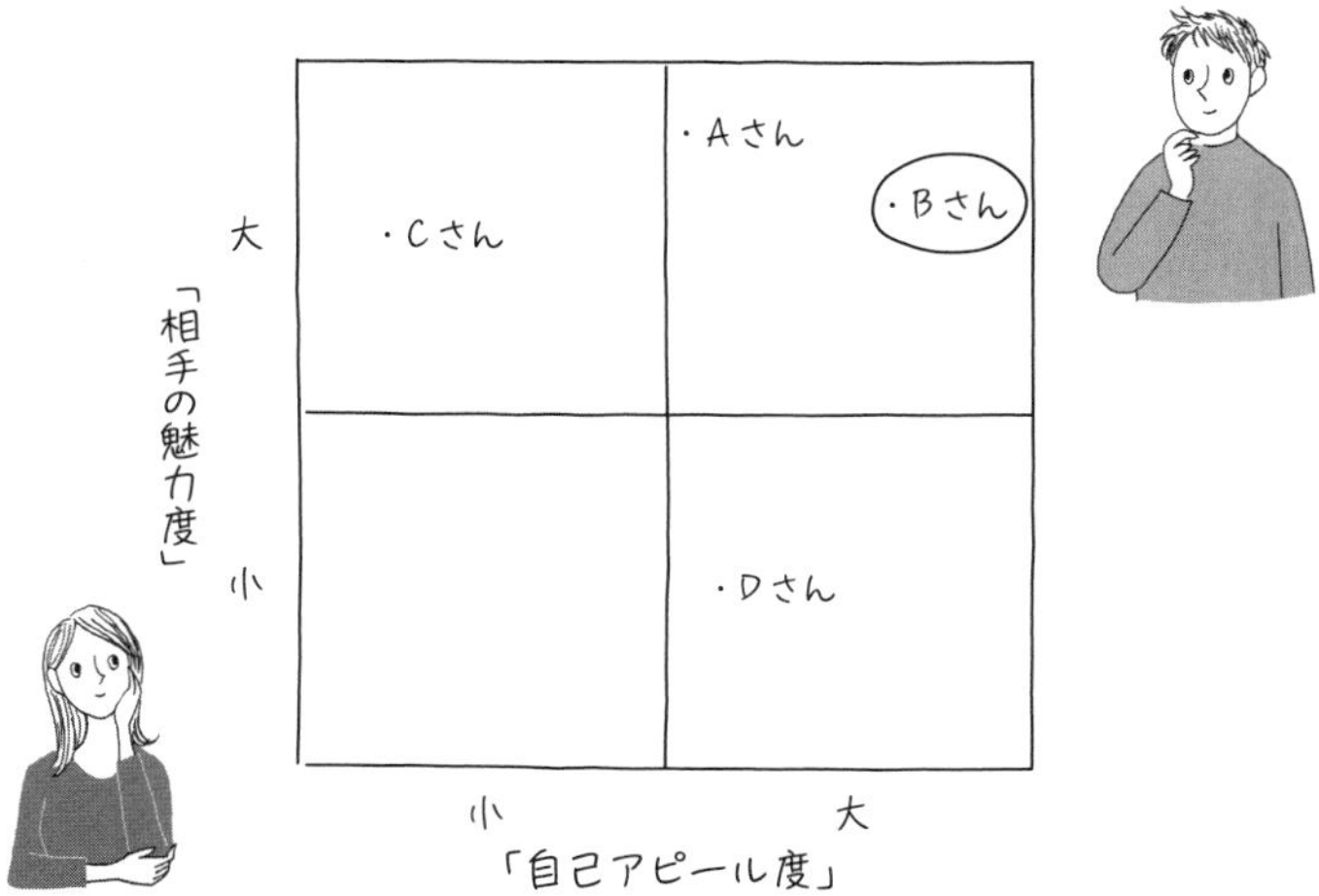

図51　「田の字」で彼女を選ぶ①

シンプルなのにリッチな「田の字」

他にも「田の字」がパワフルだという理由があります。その理由は、こんなにシンプルなのに、けっこうたくさんの要素をうまく盛り込めるリッチな図だというところにあります。たとえば、

・性質の異なる2つの要素をタテ軸とヨコ軸に自在に取り込める。
・結果として、ものごとを4つに「分ける」ことができる。
・さらにはその4つのマス目に、タイトルをつけたり、事例を分類したりできる。

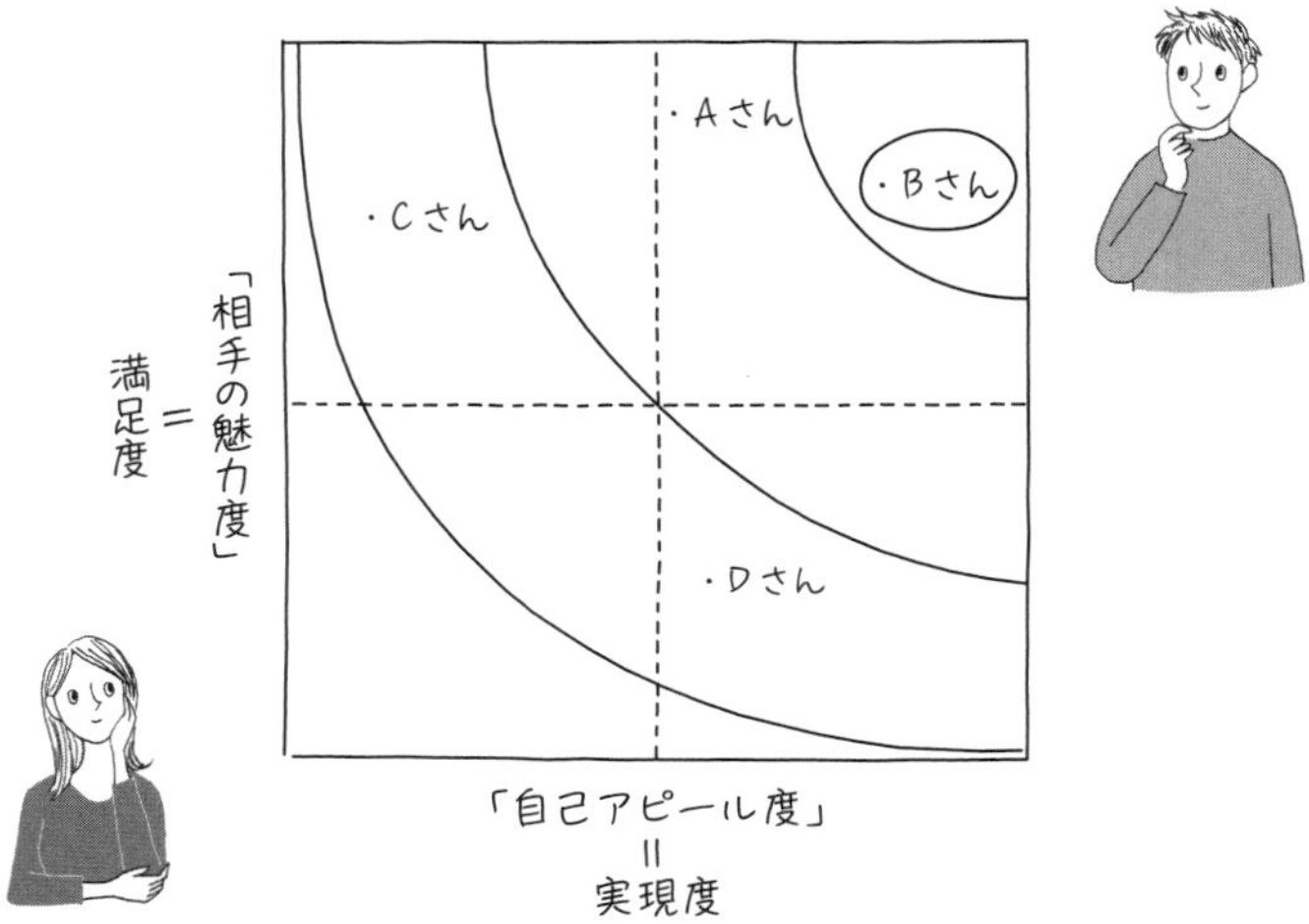

図52　「田の字」で彼女を選ぶ②

- あるいはマス目のどれかに色をつけると、それを強調することもできる。
- 矢印を足すと、動きも表現できる。
- 先ほどの「彼女選び」の例のように優先順位も議論できる。

たとえば、最後のポイントについて補足すると、2つの要素のバランスを考えた「等高線」を引くこともできます。図51の場合、Bさんは、魅力度とアピール度がうまくバランスする、満足かつ実現性の高い最適解だったのです（図52）。

田の字はシンプルでいて、非常にリッチ。

これがこの図の魅力です。

2

問題整理と解決に向けた「田の字」の使い方

タテ軸とヨコ軸を見つけよう

「田の字」を使う時に最初にやるべき大切なことは「軸」の設定です。

いきなりうまい軸を見つけるのは難しいものです。いろんな軸を試行錯誤しつつ、少しずつ軸を浮かび上がらせていくしかないのですが、この軸選びの試行錯誤そのものも考えを深めるのに役立ちます。

企業の事業機会探索を例にとって議論しましょう。

私は長年、経営コンサルタントとして経営に関わってきました。その経験によると、当たり前ですが、どうやったって企業が事業を行うべき領域は、「自社の強みが活きるとこ

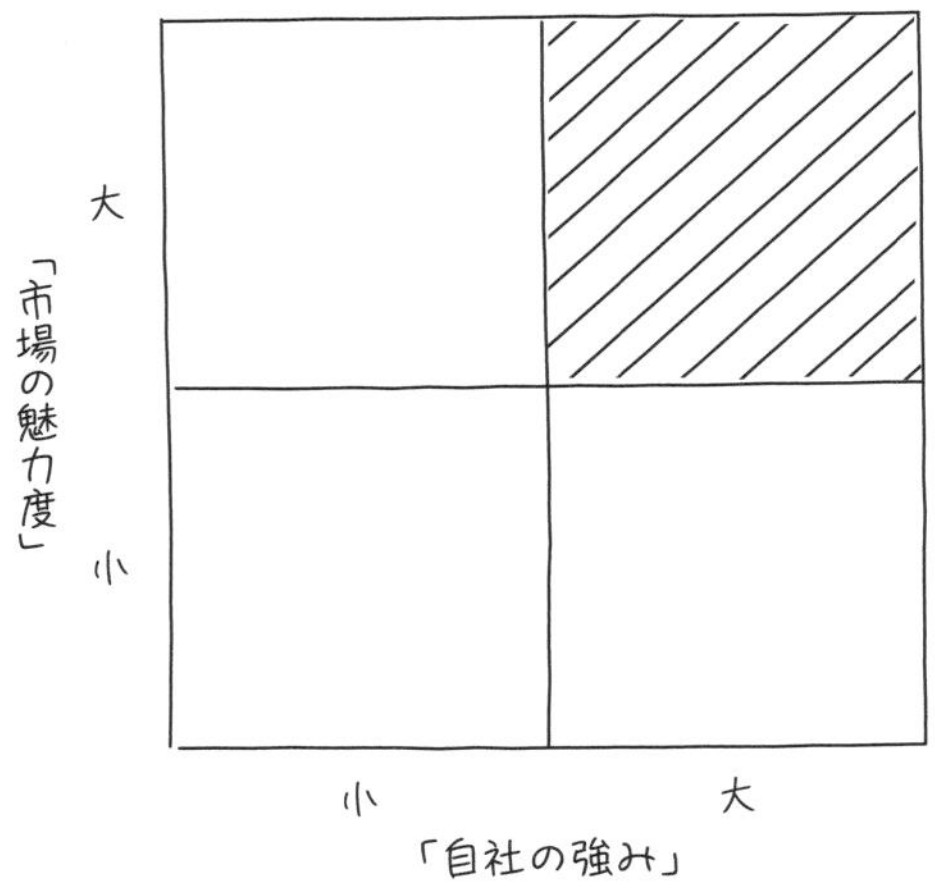

図53　「田の字」で事業機会を探す①

ろ」×「市場が魅力的なところ」以外にはないと実感しています。「田の字」で表すと、右上のマス目です（図53）（将来何をしたいのかの「理想」、彼女選びの「Bさん」と同じです）。

ここからが難しいところです。難しいのは、その**軸を何で定義するか**です。「自社の強み」を評価する指標を何にするのか、「市場の魅力度」を定義する指標を何にするのか、ということです。その軸の定義付けの巧拙が、戦略の質を大きく左右してしまいます（図54）。それ故、タテ・ヨコ選びはコンサルティングの醍醐味の1つでした。私も、苦しいながらも楽しみつつ、考えを巡らせたものです。

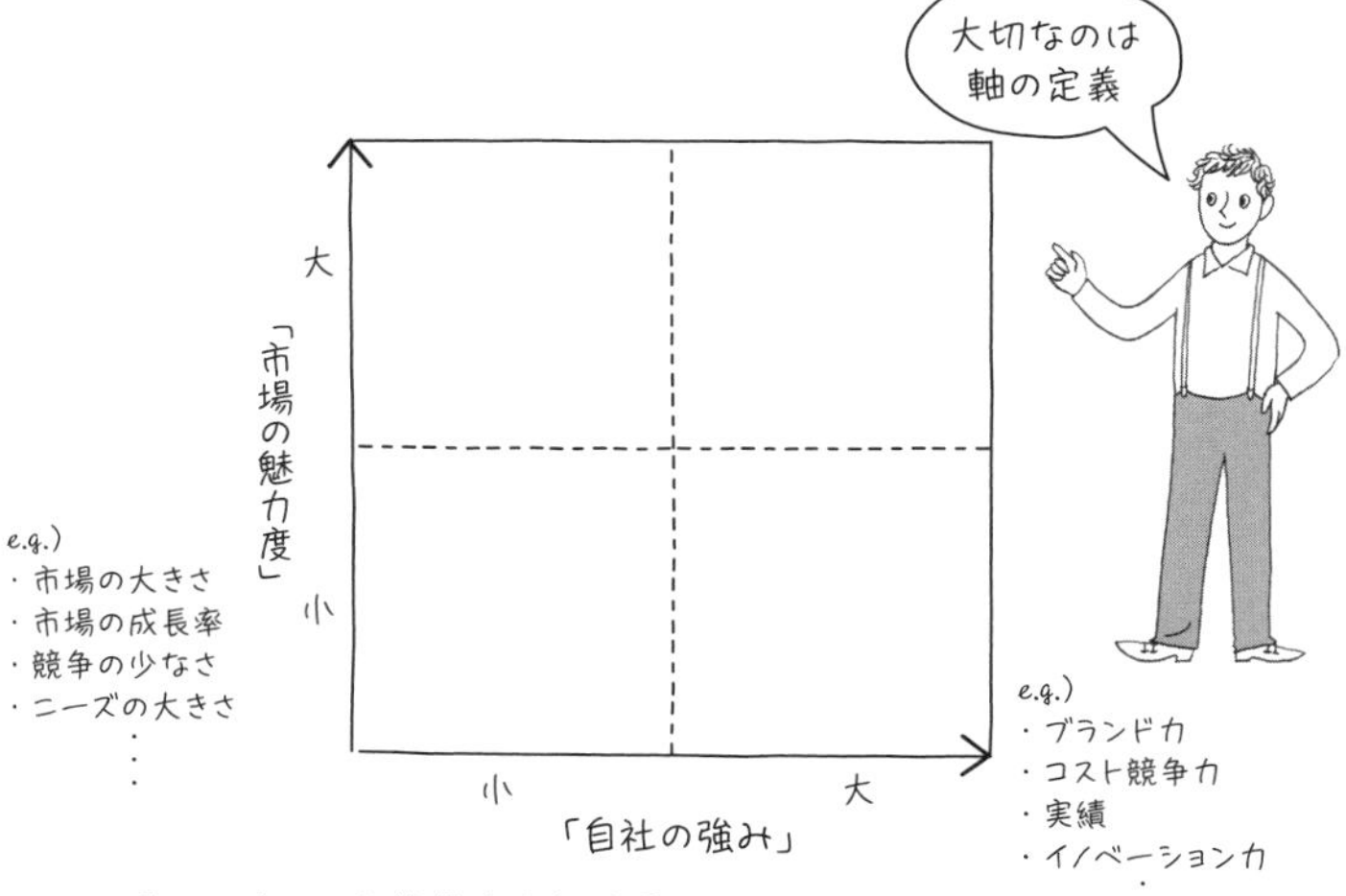

図54　「田の字」で事業機会を探す②

もちろん、ただ闇雲な試行錯誤は非効率です。幾つかの「切り口」を頭の引き出しに入れておくと、軸の要素選びの精度を上げられます。そこで、私が常に意識している切り口を3つほど紹介しましょう。

軸の見つけ方

① 対立する2つの項目

1つ目は、対立する2つの項目です。たとえば、「学力アップ」のための勉強の「量×質」。あるいは、「就活」で内定獲得に向けた「受験社数×合格率」などは分かりやすい例ではないでしょうか。この「量と質」や「絶対値と比率」は、厳密ではないものの、相反する2つの視点になっています。

相反する2つの項目は掛け算にもなります。学力アップにおける「量×質」は、学力そのものになりますし、偏差値にもつながります。就活の「受験社数×合格率」は内定獲得数になります。

裏を返せば、**「掛け算にできる2つの要素は何だろうか？」と考えるのも、良い軸を思いつくための1つの視点**です。

勉強の「量×質」の場合、4つのマス目に名前をつけることもできます。右上は「秀才タイプ」、左上は「要領のいいタイプ」、右下は努力が実らない「残念なタイプ」、左下は「怠け者タイプ」といったところでしょうか。左上の「要領のいいタイプ」は、楽してそこそこ良い成績を取るにはベスト・ポジションです（図55）。

ちなみに、先ほどの「自社の強み」×「市場の魅力度」（図53）も、「中」と「外」の対立する2項目になっています。

軸の見つけ方②要素分解（2つの属性）

次は、2つの属性への要素分解です。

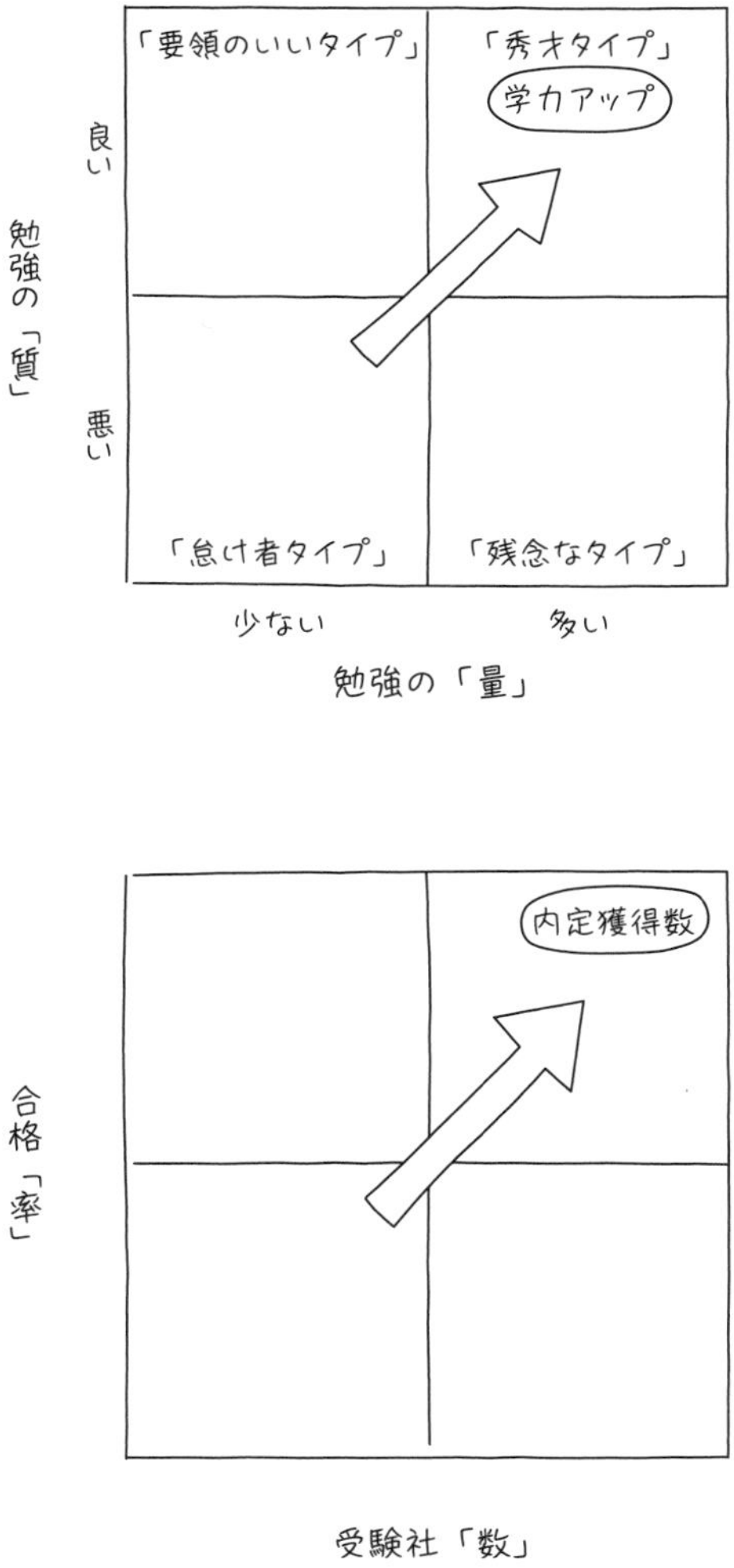

図55　対立する2項目をタテ軸とヨコ軸にする

先ほどの対立する2項目と重なる部分はありますが、対象を2つの要素に分解する発想も有効です。デザイン×機能性、肌触り×暖かさ、見た目×味、画質×大きさ、やさしさ×経済力、時間×空間、事前×事後、全体×部分……。発想は自由に飛ばして大丈夫です。

もし考えている対象を、2つの重要な属性で分解できると、その「田の字」は、MECE（モレなくダブりなく）な全体像になります。MECEに要素分解された「2次元」の図からは、けっこう大事な示唆が得られるものです。

たとえば、小売店の「品揃え」について考えてみます。皆さんはどんな時に「品揃えが多いな～」と感じるでしょうか？ 実は品揃えは2つの要素に分けて考えることが可能です。1つ目は、カテゴリーの数の多さ。つまりカテゴリーの「幅」です。歯ブラシや電球、ノートに鉛筆、お菓子にお弁当……、どれだけたくさんのカテゴリーの商品を置いているかです。2つ目は、各カテゴリー内の「深さ」。つまり同じカテゴリーの中での商品種類の豊富さです。異なるメーカーの歯ブラシや、特徴ある歯ブラシを何種類置いているかです（図56）。

前者の「幅」が広いのはコンビニで、後者の「深さ」が深いのは成城石井や紀ノ国屋などの高級スーパーです。私は、「高級スーパーの品揃えは多いな～」と感じ、けっこう楽

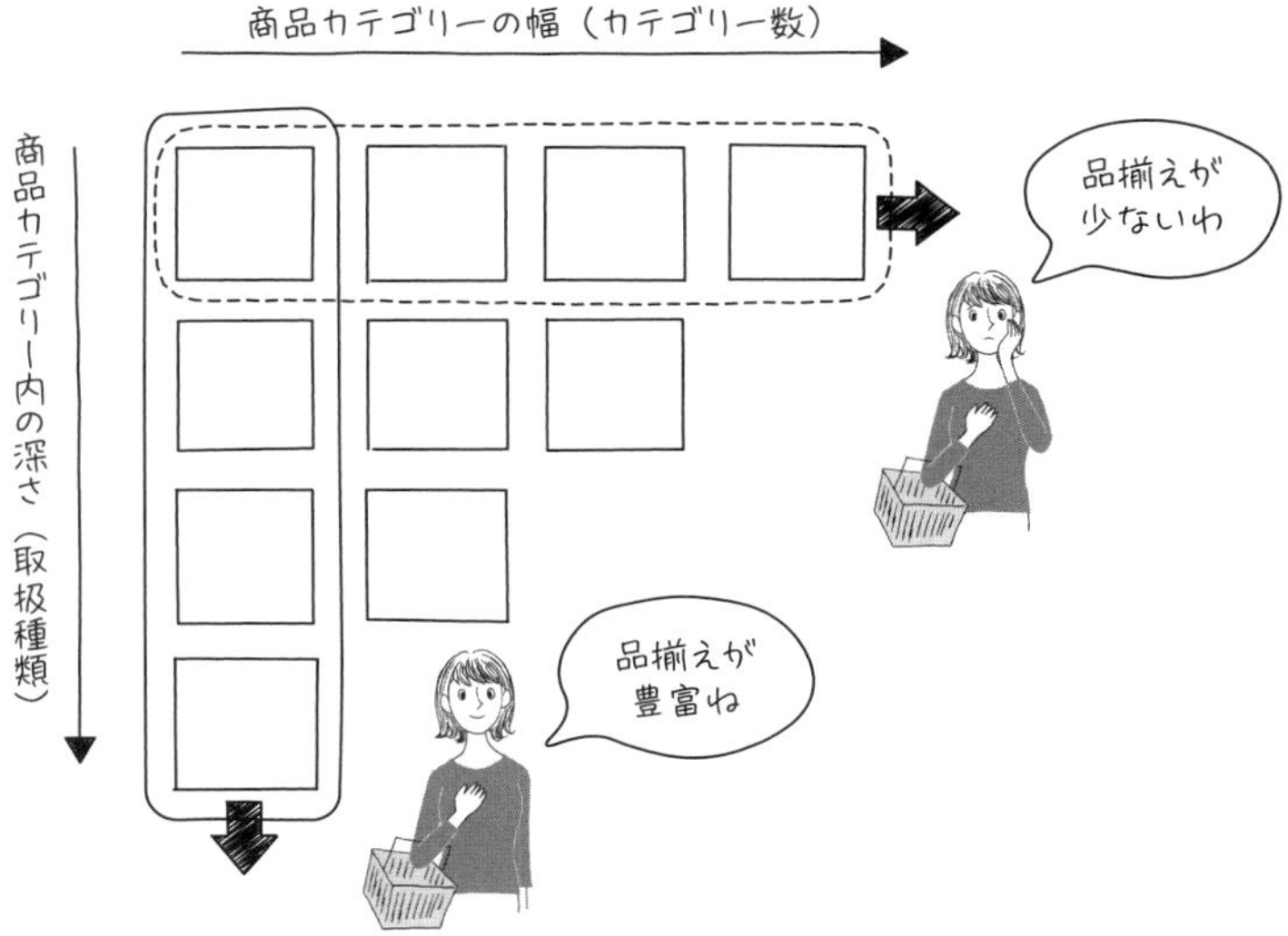

図56　要素分解した2つの属性をタテ軸とヨコ軸にする

しめます。「深さ」がインパクトを生み出しているのです。

もし仮に皆さんがお店を始めるとしたら、どのような品揃えにしますか？　そんな時、「商品カテゴリーの幅×商品カテゴリー内の深さ」のような要素分解は、品揃え戦略のヒントを与えてくれます。

軸の見つけ方③原因と結果

3つ目は、原因と結果です。

たとえば、ヨコ軸に「仕事の頑張り」、タテ軸に「出世」を取ると、それは原因と結果の関係になります。おそらく、仕事の頑張りと出世

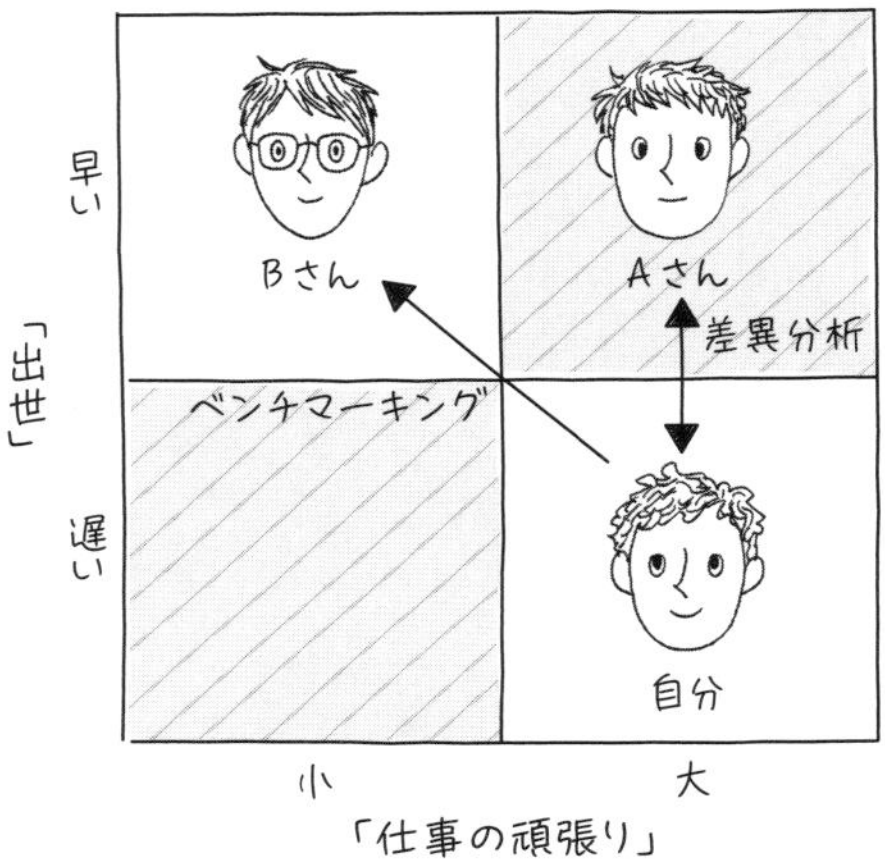

図57　原因と結果をタテ軸とヨコ軸にする

はだいたい比例するので、右上と左下に多くの人が分類されるはずです（異論もあると思いますが……）。

もし不幸にも自分が「右下」、つまり頑張っているのに報われないマス目にいたら（そして出世したいのなら）、どうするべきでしょうか。

基本、じっくりと頑張ればいいのですが、右上に属する人と自分との差異分析や、左上の人のベンチマークが参考になるはずです（図57）。

3 「田の字」の活用事例

【日常生活編】子供の学力を上げるためには

それでは、田の字を使った問題解決の事例を紹介しましょう。まずは日常生活編です。

読者の皆さんが、お子さんの成績が悪いことで悩んでいるとします。

夫婦で夕食後、子供が寝静まった後に緊急会議です。「テレビの見過ぎだ」「夫が子供に勉強しろと言わない」「携帯ばかりいじってる」「家庭教師をつけるべきか」「やる気がなく集中力がない」「勉強始めるとすぐ寝てしまう」……議論百出して、お互いに感情的になるだけ。解決の糸口が見えない。そんな経験はないでしょうか。

そこでタテ軸とヨコ軸を考えます。

このようなコメントをよくよく反芻してみると、「テレビの見過ぎだ」「夫が子供に勉強しろと言わない」「携帯ばかりいじってる」といった、勉強時間が少ないことに関するコメントと、「家庭教師をつける」「集中力」などの勉強の質に関するコメントの2種類があることに気付きます（書き出してグルーピングしても良いでしょう）。

そうすると、先ほどの量と質、つまり、勉強時間と効率（やり方・集中度など）といった対立する2項目で整理できそうだと分かります。そこで「田の字」を描くのです。

成績を上げるためにはどうすればいいか。今度はこの「田の字」の上で議論です。

すると、現状から望ましい状況に至るまでには3つのパスがあることが分かります（図58）。

パス①は「質から上げる」ですが、子供の要領は悪く、質の向上をきっかけとする答えは現実味がないことにすぐ気付いたとします。次の②は「質と量を同時に上げる」です。これは、本人のやる気に負うところが大きく、難易度はさらに上がります。本人の「気付き」次第。「テレビを見るな」「携帯をいじるな」「勉強しろ」と言ったところでこのパスを辿らせることはできません。喉が渇いていない馬を水飲み場に連れて行っても水を飲まないのと同じ。言うだけ無駄。言うだけ逆効果（と言うと、妻にさらに怒られます……）。

こんな時は、志望校を見に行って実感する。先輩の話を聞かせる。模試を受けて合格判

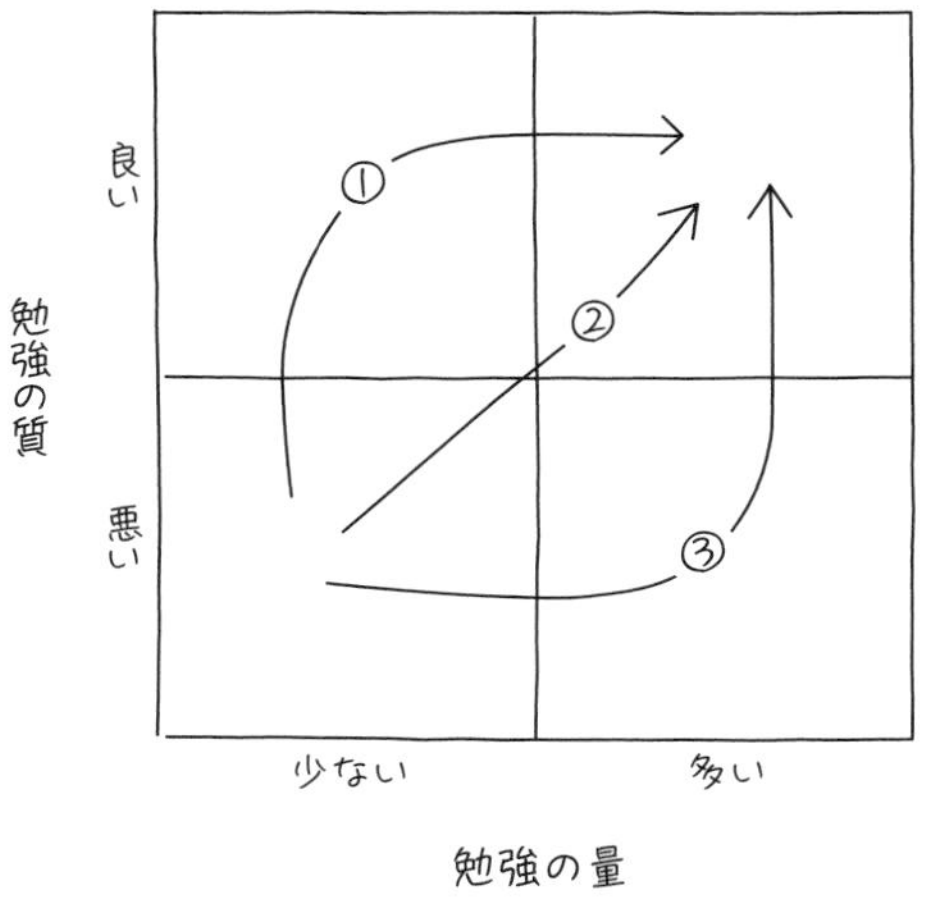

図58　田の字で子供の学力向上を考える

定でショックを与える。何かきっかけを与える工夫が大切ですが、どこで「やる気スイッチ」が入ることやら。運を天に任せるだけになります……。

　そうすると残りはパス③です。パス③は、「量を増やしてから質を上げる」道筋です。効率は悪いけどこれしかなさそう……。パス③を実現するためには、夫婦でケンカするよりも、自習時間を管理してくれるような塾に子供を入れるのが手っ取り早いかもしれません。その塾で、強制的に量をこなす中、質が良くなるのを待つ。気付きを待つ。それがどうやら現実的な解決策だと分かってきました。時に、「量は質に転化」しますし……。

【ビジネス編①】製造業復活のための打ち手

次は、日本の製造業を例にとってみましょう。

日本の製造業は、バブル崩壊以降、長い間苦境に陥っています。それを打開するため、多くの企業が、単なる「物売り」から「サービス業」への転換を図っています。俗に言う「モノ」から「コト」へです。

しかし、「物売り」から「サービス業」への転換は今に始まったことではありません。たとえばＩＢＭ。１９９０年代に危機に瀕した際、物売りからサービス業への転換を実現して苦境を脱しました。あるいは、コピー機メーカーはかなり早い時期からプリンターを売って儲けるのではなく、インクやカートリッジで儲けるサービス・モデルを実現しています。

さらに遡ると、ジレットの髭剃りもそうです。本体（枝の部分）で儲けるのではなく、周辺（替え刃）で儲ける。今（枝を売った時）儲けるのではなく、後（替え刃の購入時）で儲ける。そんな仕組みを構築し、成長してきました。

そうやって考えると、日本の製造業も、ＩＢＭも、プリンターも、髭剃りも、すべては

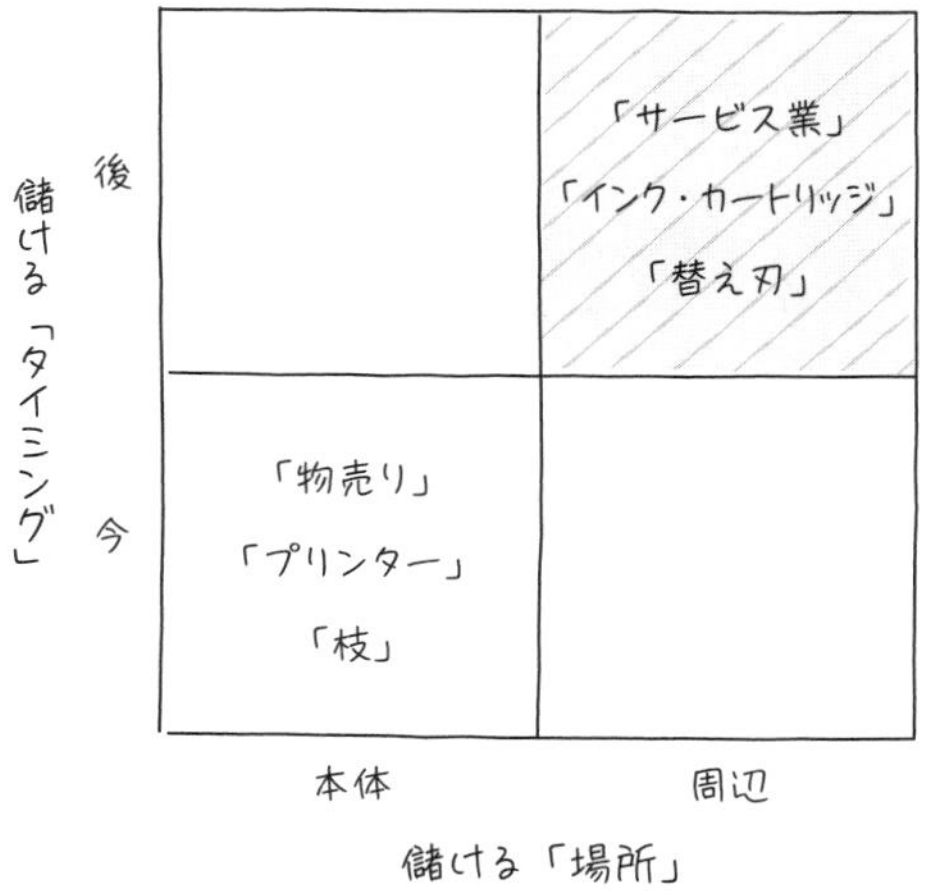

図59　田の字でビジネスのヒントを考える

同じ形・同じ論理が当てはまることが分かります（図59）。

考えられる軸は、本体か――周辺か、今か――後か。だとすると、各企業が考えるべきことは明確です。

・「本体」をどう定義するのか？

この本体は必ずしも製品の一部でなくても構いません。何か顧客をつなぎとめるための仕組みや価値提供を「本体」と定義することも可能です。たとえば、アマゾンのプライム会員とか、システムベンダーのＩＴ導入時の経営コンサルとかは、立派な「本体」です。そこをがっちり押さえてしまえば、その後、チャリチャリ儲かるのですから。

・「周辺」をどう守るか？

サードパーティー品を防ぐための工夫や、顧客のロイヤリティの向上が課題になります。たとえば、コマツは、建機に複数のセンサーをつけて、24時間監視するという仕組み「KOMTRAX」をうまく活用しています。実際に故障する前に故障の可能性を察知し、顧客に提案することで、サードパーティー品を排除することに成功しています。さらには、センサーから得られるデータを用いて顧客への新たな価値提供も始めています（建機の効率的な使い方など）。

・利益をどう設計するのか？

いつ、どこから、どうやって儲けるのか。「利益の方程式」におのずと光が当たります。極端な例としては、「今」「本体」をタダにする「フリーミアム」のようなビジネスモデルさえ候補に挙がってきます。

本体――周辺、今――後を軸にした「田の字」（図59）の形は共通なので、思考はハッキリするし、他からヒントを得られる可能性も高まります。

余談ですが（でも本質的にはとても大事なプロセスかも?）、図59の左上のマス目（何も書いていない「余白」）をじっと睨んでいると、そこに新たなチャンスが見えてきます。本体で後……本体で後……。一回限りの本体の販売で儲けるのではなく、何度も本体で儲ける？

ここからは、また新たな発想が湧いてきます。本体で儲け続ける仕組みです。

たとえば、ガスタービンのような高価で寿命が長い製品。長年使っているとどうしても時代遅れになります。そこで技術革新の早い部品は、最新の技術を取り入れられるようにして、いつでも交換可能な製品設計にしてはどうでしょう。そうすると、その部品を交換していくことで、30年経ってもそのガスタービンは最新技術を活用した製品のままになります。これだと、「後」でも「本体」で儲け続けることができます。

この発想は、根本的に製品の捉え方が従来とは異なります。価値を生む「単位」が、もはや「製品」ではなく、「部品」になったのです。こんなユニーク発想も「余白」を睨む思考の強制深化から生み出すことができます。

【ビジネス編②】私のキャリアを１８０度変えた田の字「ＰＰＭ」

ビジネスの例の１つとして「はじめに」で述べた、私の人生を変えた図「ＰＰＭ」をこ

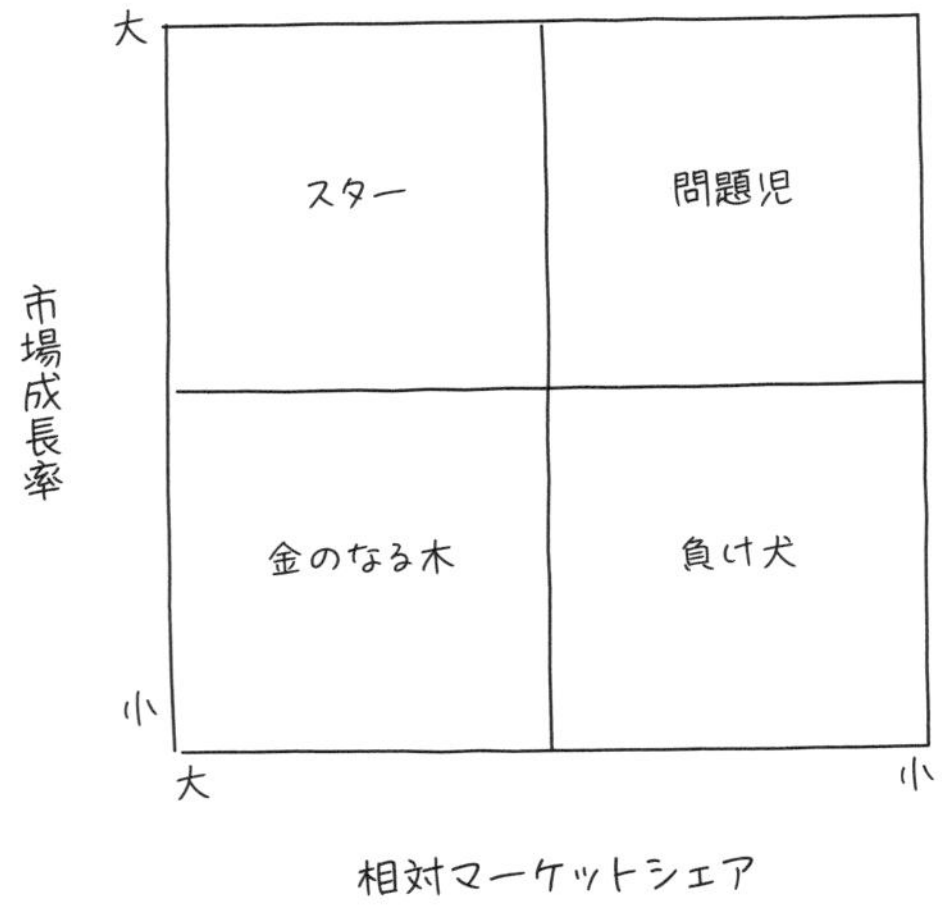

図60　ＰＰＭ①

こでは詳しく紹介しましょう。

ＰＰＭは、プロダクト・ポートフォリオ・マネジメント（Product Portfolio Management）の略で、とても豊かに大事なことを表現する力を持った図です。どの事業からキャッシュを生み出し、どの新規事業を育てるべきか。こういった経営課題を議論するための枠組みです。

今では多くの人がＰＰＭを知っていると思います。でも30年前はとても新鮮な全社戦略の考え方でした。

ＰＰＭには、実は3つの変数が図中に埋め込まれています。まず2つの変数はヨコ軸とタテ軸です。ヨコ軸は相対マーケットシェア。そして、タテ軸は市場成長率。この2軸は、共に事業を評価する質の異なる

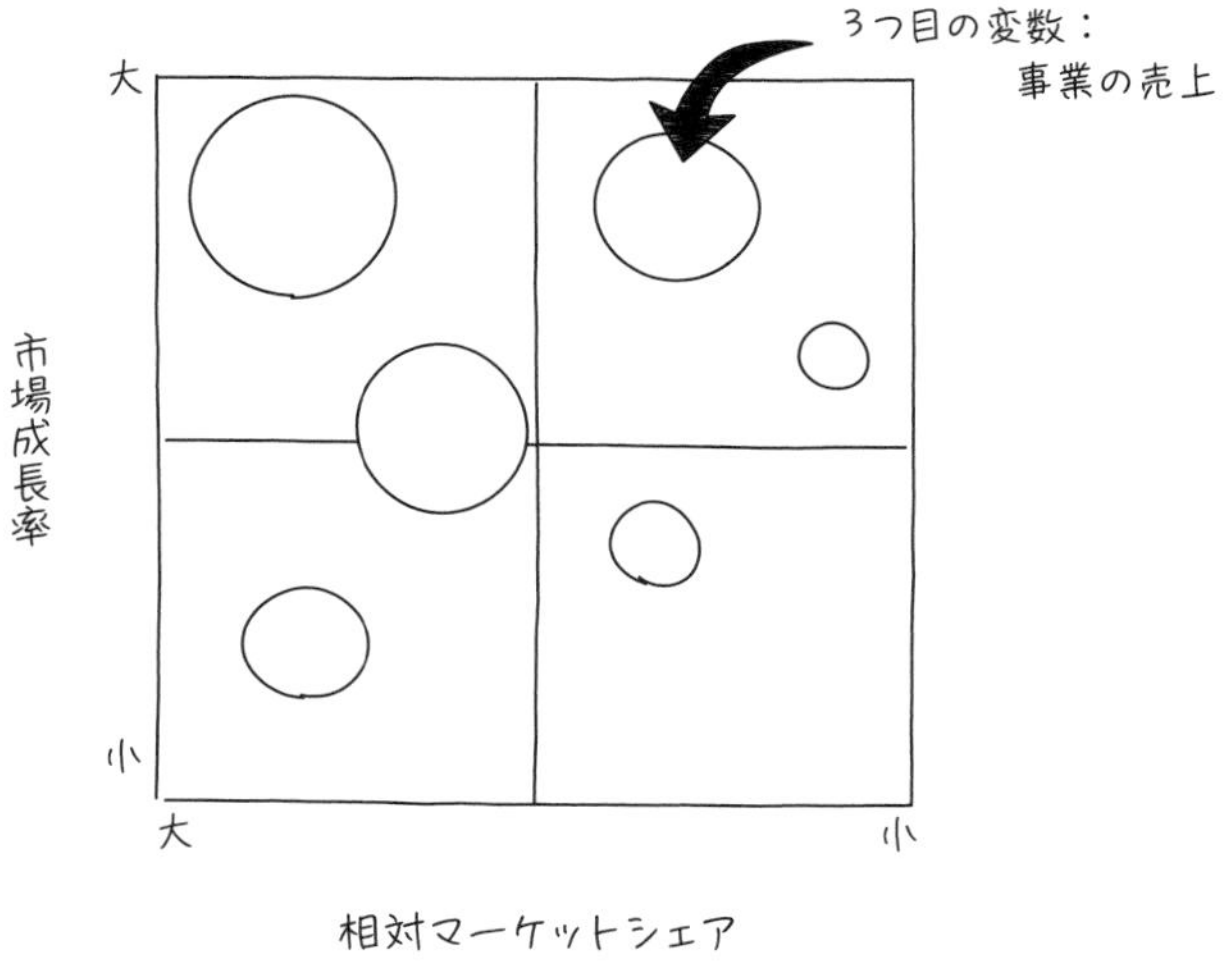

図61　PPM②

要素です。そのタテ・ヨコで、4つのマス目に切られ、それぞれ名前がついています（図60）。3つ目の変数は図中に書かれている○です（図61）。○の大きさは事業の大きさ（売上）を表しています。これらの関係性から戦略的意味合いを引き出していたのです。

PPMの論理は以下の通りです。「金のなる木」にある事業は、シェアが高くて市場はもう成熟しているのでキャッシュを生み出しているはず。その儲けたキャッシュを「問題児」にある事業（今は弱いけど、市場は伸びていて魅力的）に投入してスターにしよう。スターになれば、市場が成熟した時、その事業は「金のなる木」になる。そしたら、そこから生まれるキャッシュを再

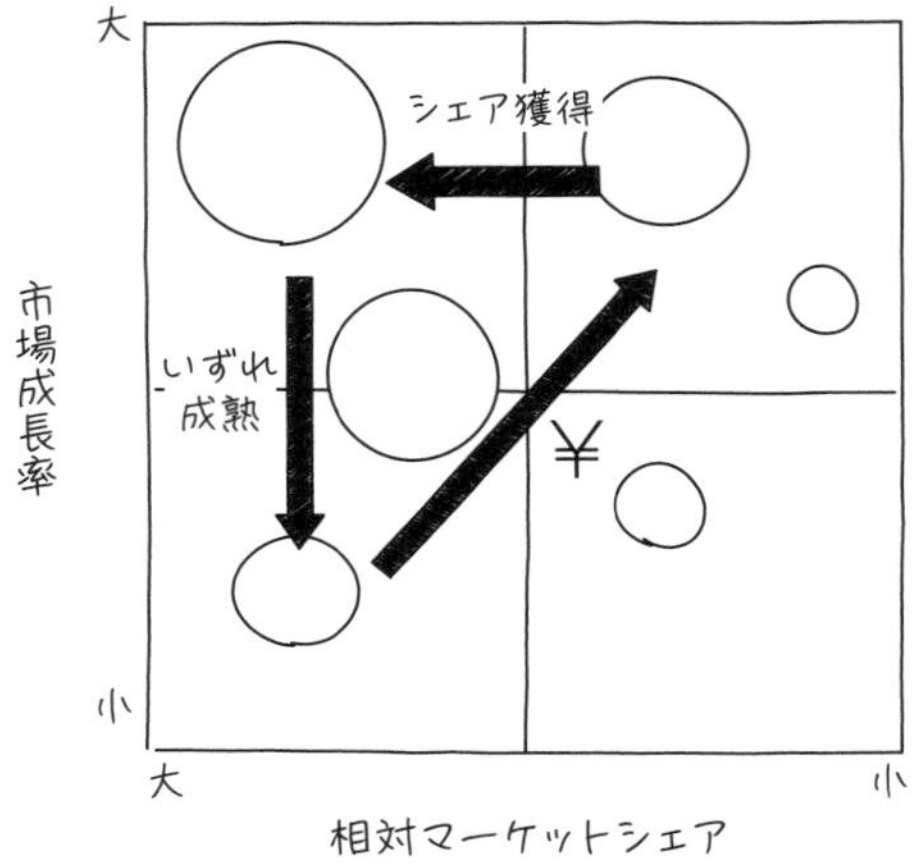

図62　PPM③

び「問題児」に……という「循環の戦略論」だったのです（図62）。それを表現したのがPPMの図でした。

なんとまあ豊かな図なのでしょう。当時は本当にびっくりでした。

4 発想を広げる「田の字」の使い方

「田の字」の本質は2次元で考えることにあります。なので、「田」の形に拘らず柔軟に発想を広げることもできます。応用技として、「3×3のマトリックス」、「補助線での新発想」の2つを紹介したいと思います。

「2×2」から「3×3」へ拡張するとセグメンテーションが可能に

田の字は2×2のマトリックスですが、それを3×3に拡張することもできます（図63）。

3×3にするとマス目は9つになるので、今度は、この図の中でグルーピング（囲むこと！）ができるようになります。そうすると、セグメンテーションしたり、優先順位をより緻密に考えたり、工夫の自由度が増大します（図64）。もちろん、4×4でも3×4でも

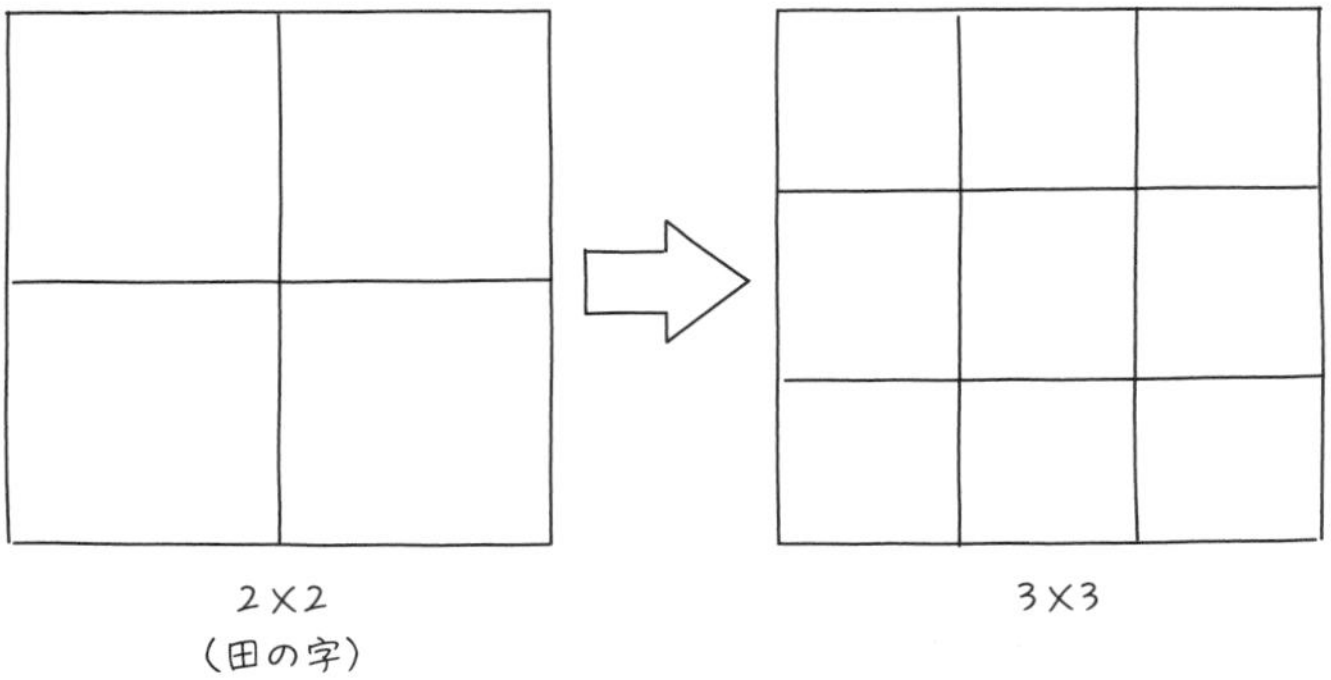

図63　「2×2」から「3×3」へ

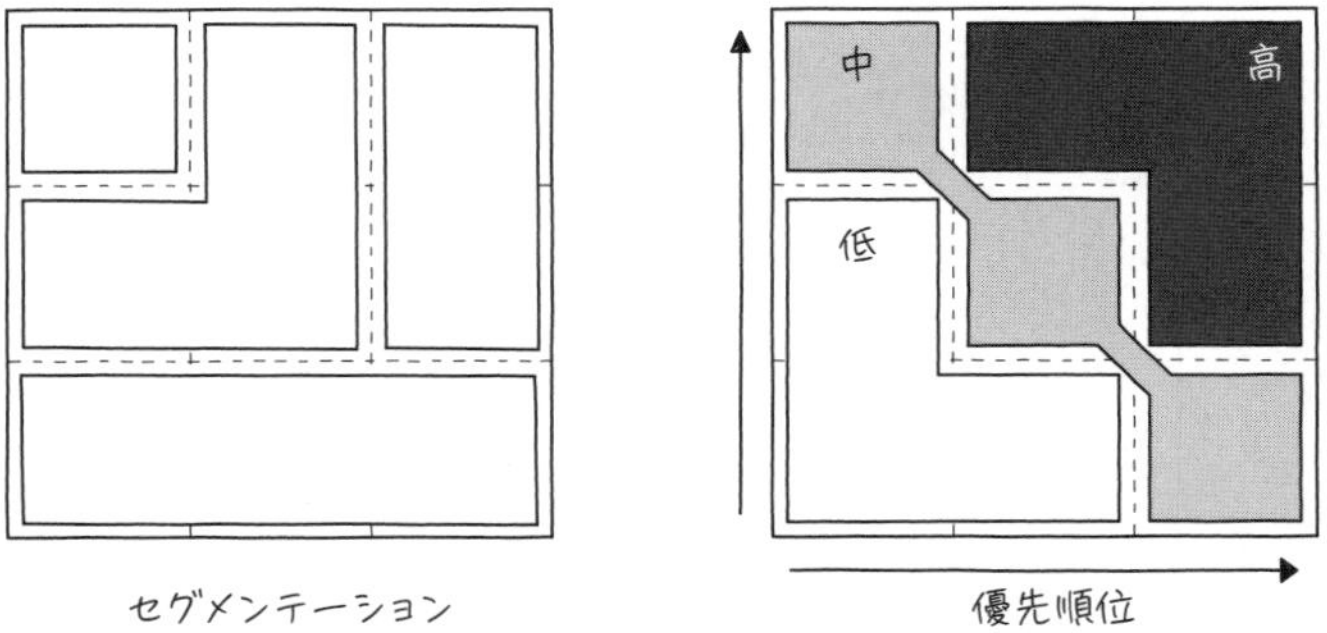

図64　「3×3」で自由度を拡大

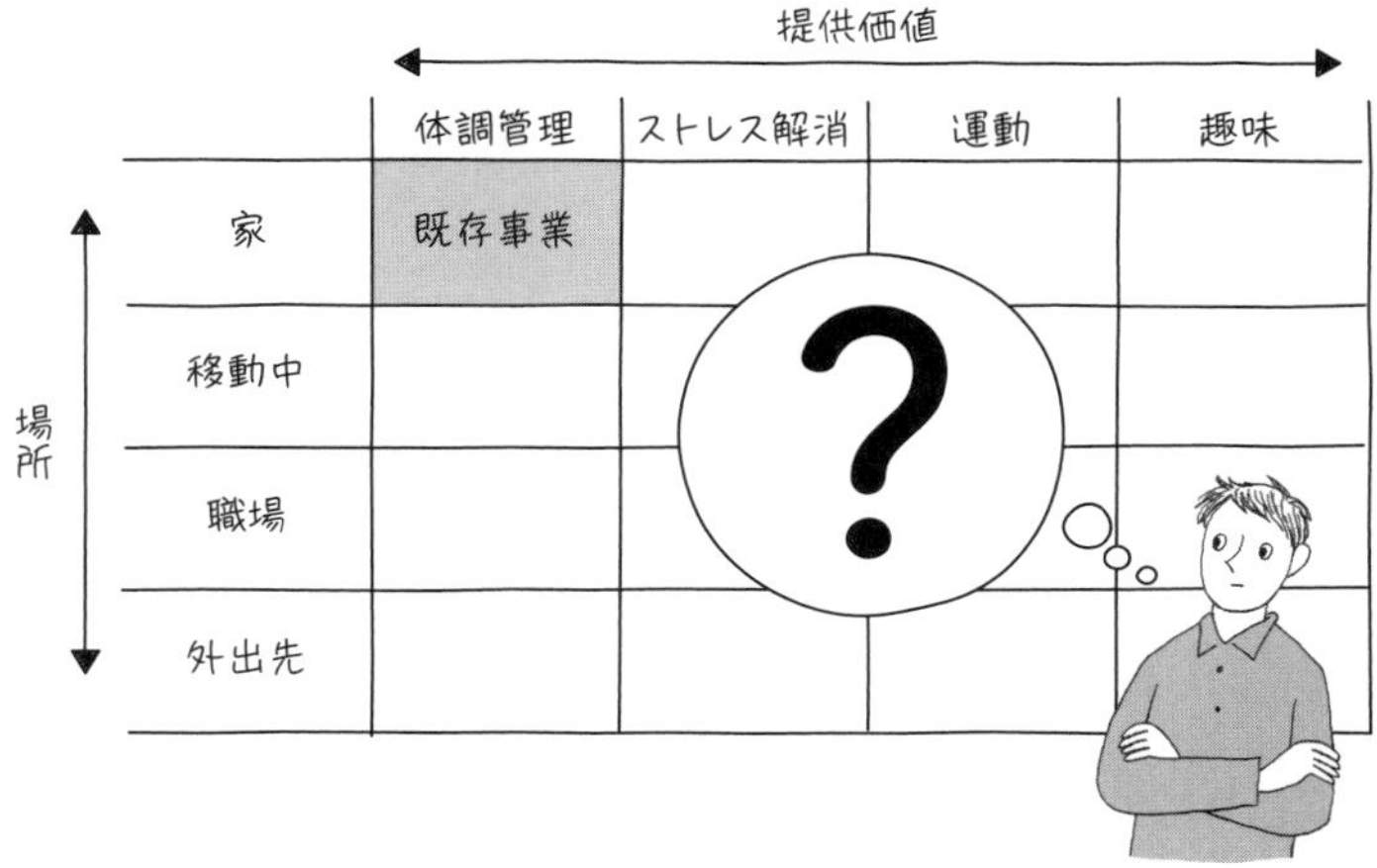

図65　タテ・ヨコのマトリックスからアイデアを考える

構いません。

第1章で述べたように、タテ・ヨコのマトリックスは、新たな発想を生み出すためのブレーンストーミングの土台にも適しています（図65）。シュンペーターの〈新結合〉です。コンサルタント時代、マス目毎に必ず1つ以上のアイデアを出すことをノルマに、みんなでもがき苦しみながら頑張ったことを今でも覚えています（苦笑）。

東南アジアへの参入戦略

「3×3」以上のマトリックスを活用した、ある学生の修士論文の事例をお話ししましょう。

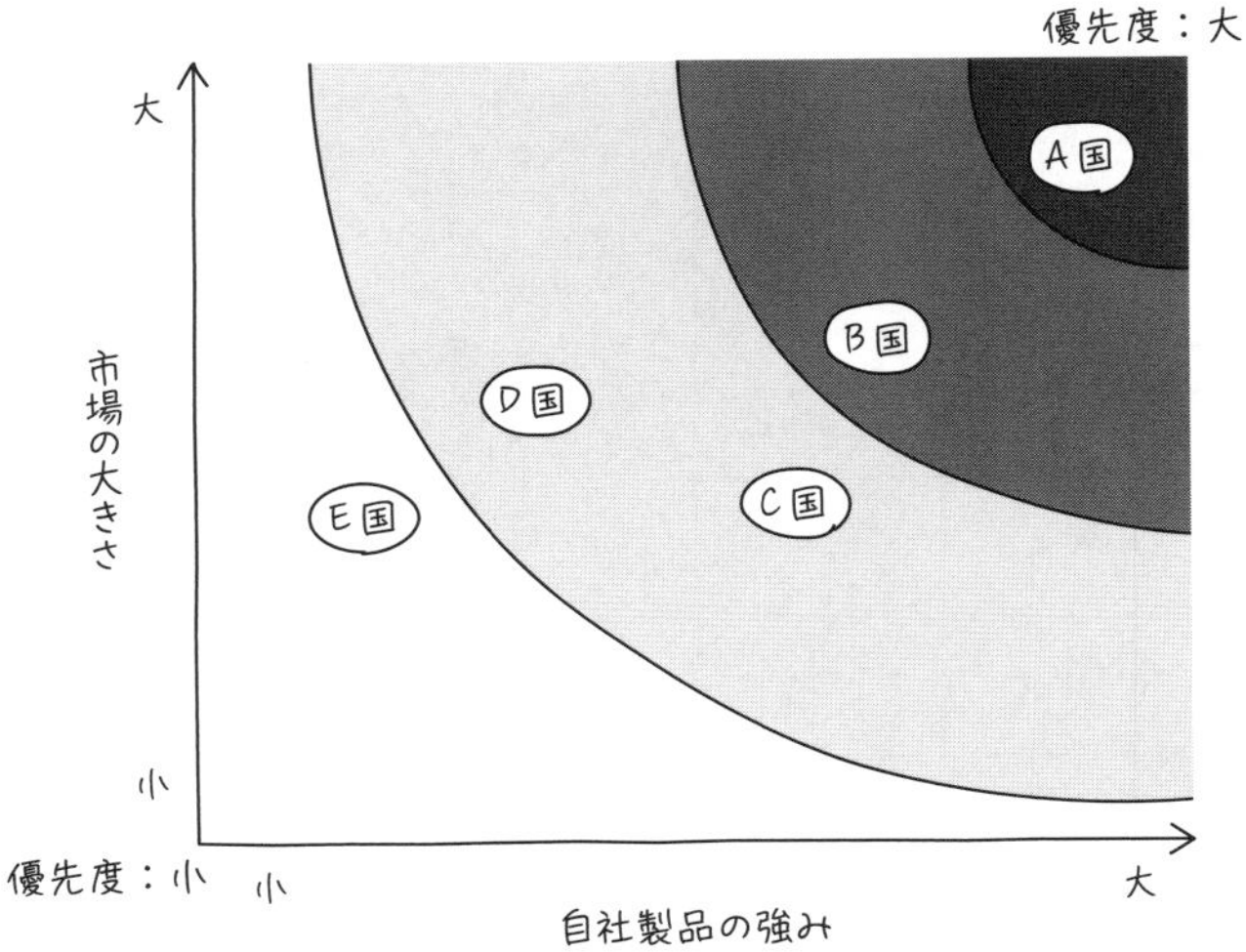

図66　東南アジアへの参入戦略①

その論文は、自社の東南アジア進出プランを作るというテーマでした。その企業は、複数の製品ラインを持ち、新たに東南アジア地域全体へ進出をしようとしているところでした。

その学生が最初に考えた仮説は、国毎の市場の大きさと、自社製品の強みで国の優先順位を決め、順番に攻略していくプランでした（図66）。確かに、「強み」×「魅力度」という発想に沿っている。間違っていないはずです。

しかし、相手は市場の成長や進化のスピードが速い東南アジアの国々。その点も考慮すると、優先度を下げたD国やE国に進出する頃には、時既に遅しで、参入できなくなるかもしれません。そこで、複数の

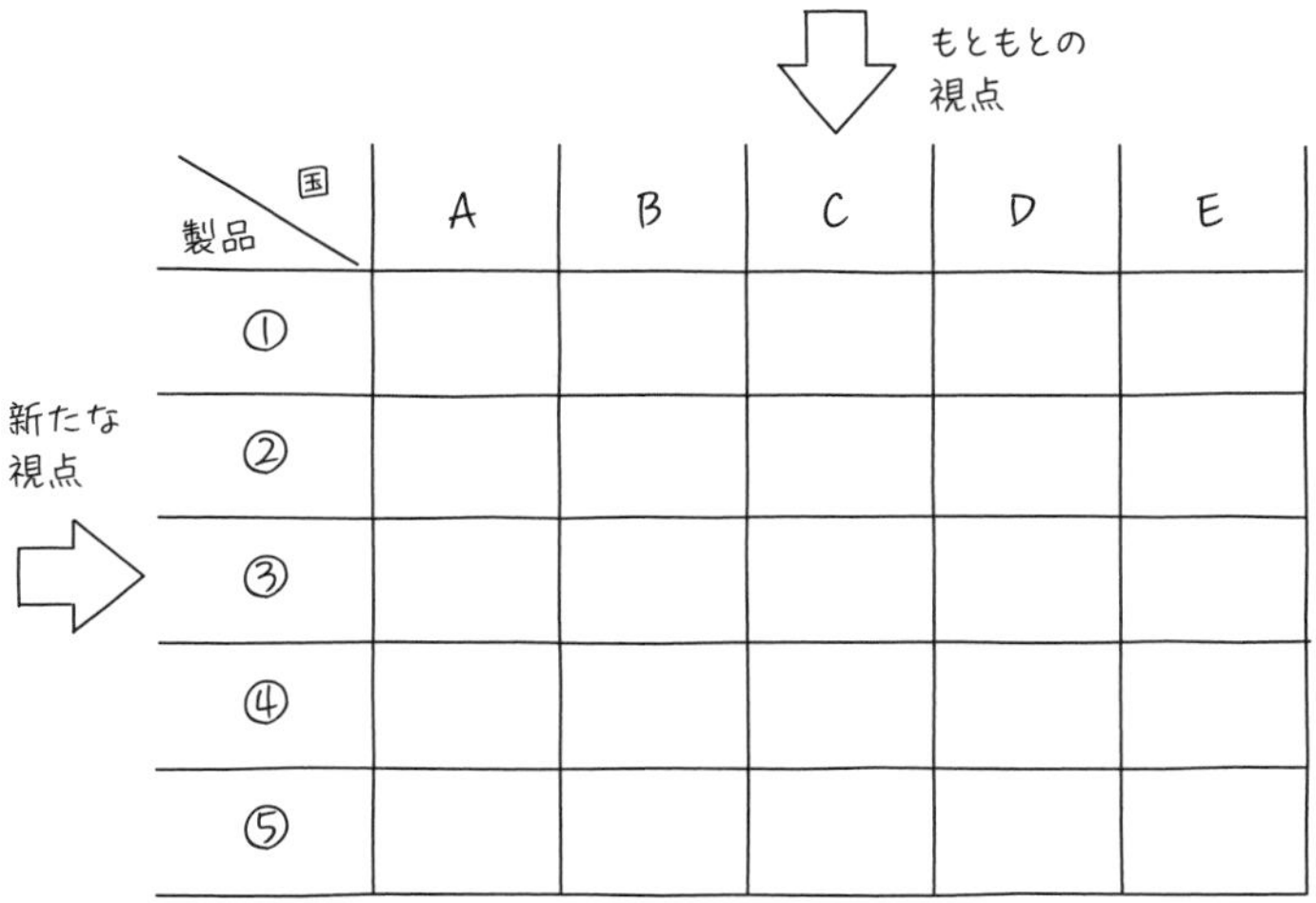

図67　東南アジアへの参入戦略②

製品ラインがあることも踏まえ、製品ラインと東南アジアの国々をタテ・ヨコにしたマトリックスを描いてみました。

すると、国で順番を考えるだけでなく、製品で順番を考える視点もあることにハッキリと気付きます（図67）。もともとのプランは左から右（図68）。しかし製品を切り口にすると、上から下という方向性もあることに気付いたのです（図69）。

3×3以上のマトリックスであれば、グルーピングしてセグメンテーションも可能です。そうするともう少し手の込んだ進出パターンも選択肢として浮かび上がってきます。その学生は、最終的には、次のような進出パターンを修論の結論にして、会社にも提案することにしました。

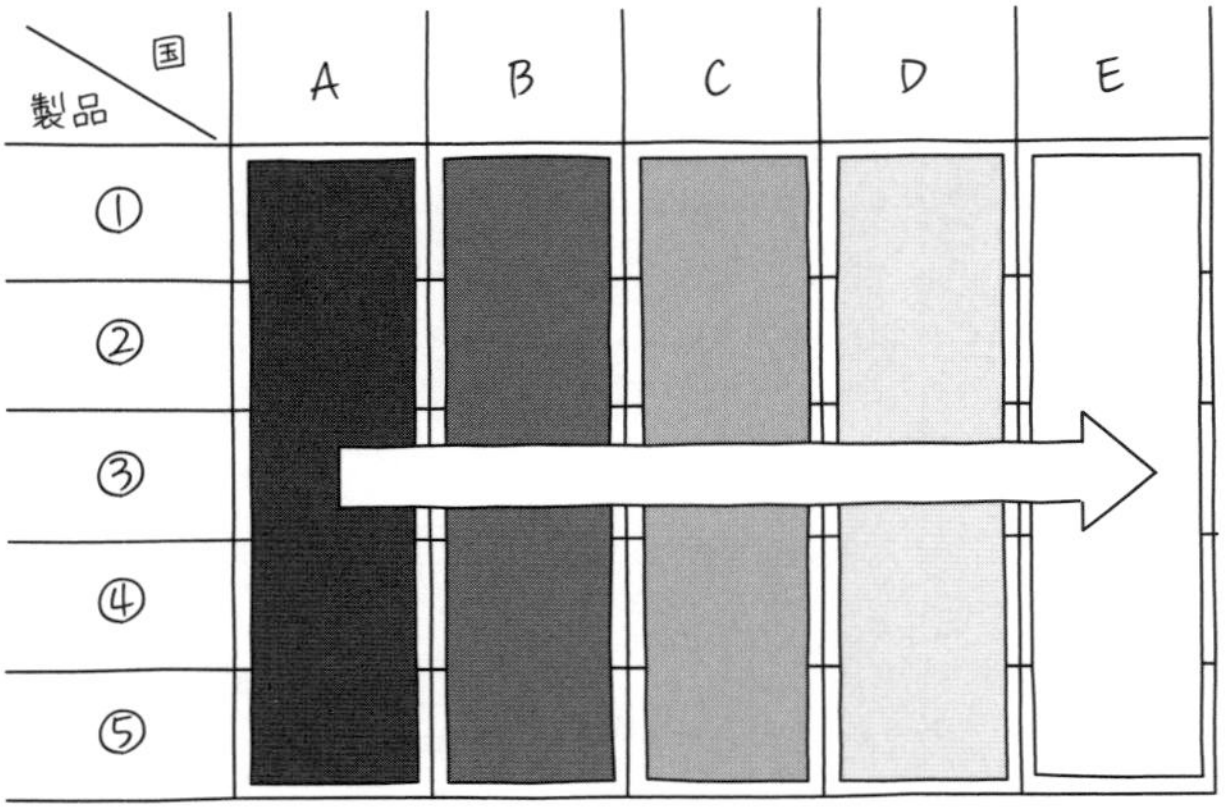

図68　東南アジアへの参入戦略③

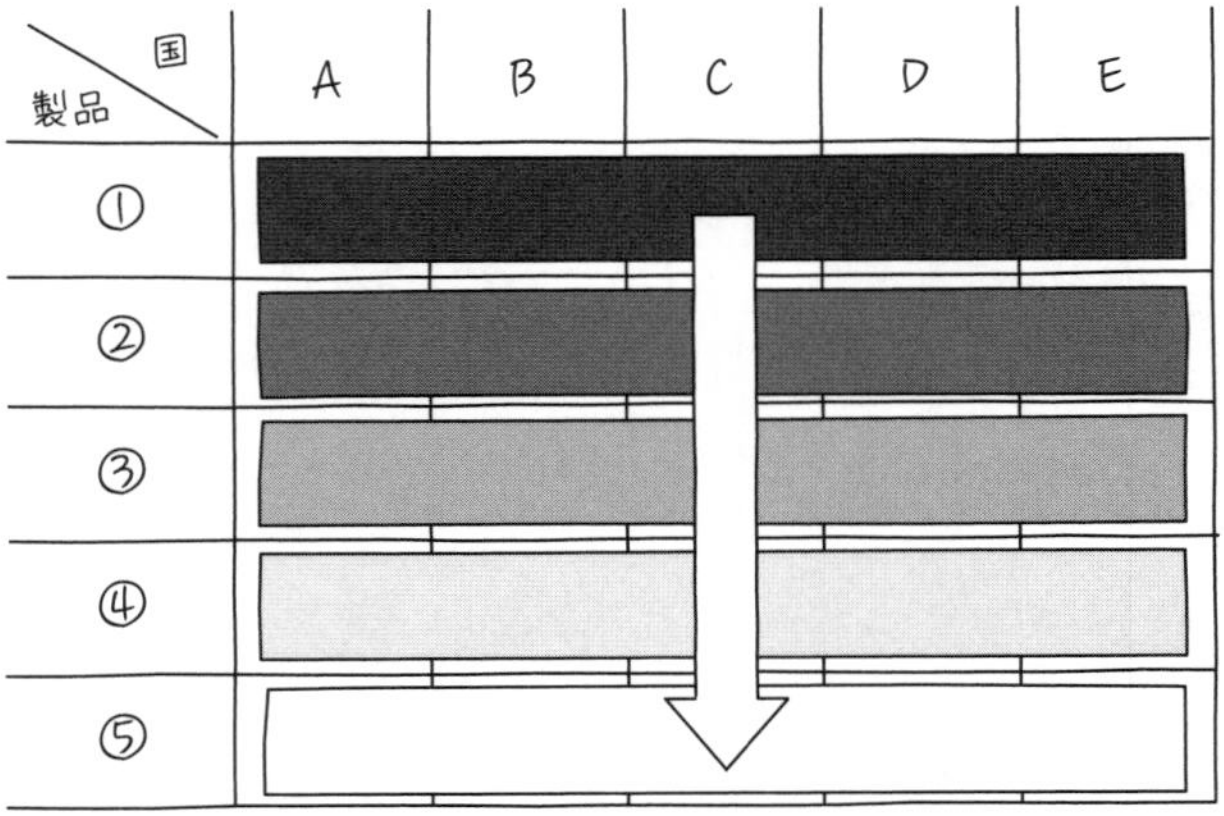

図69　東南アジアへの参入戦略④

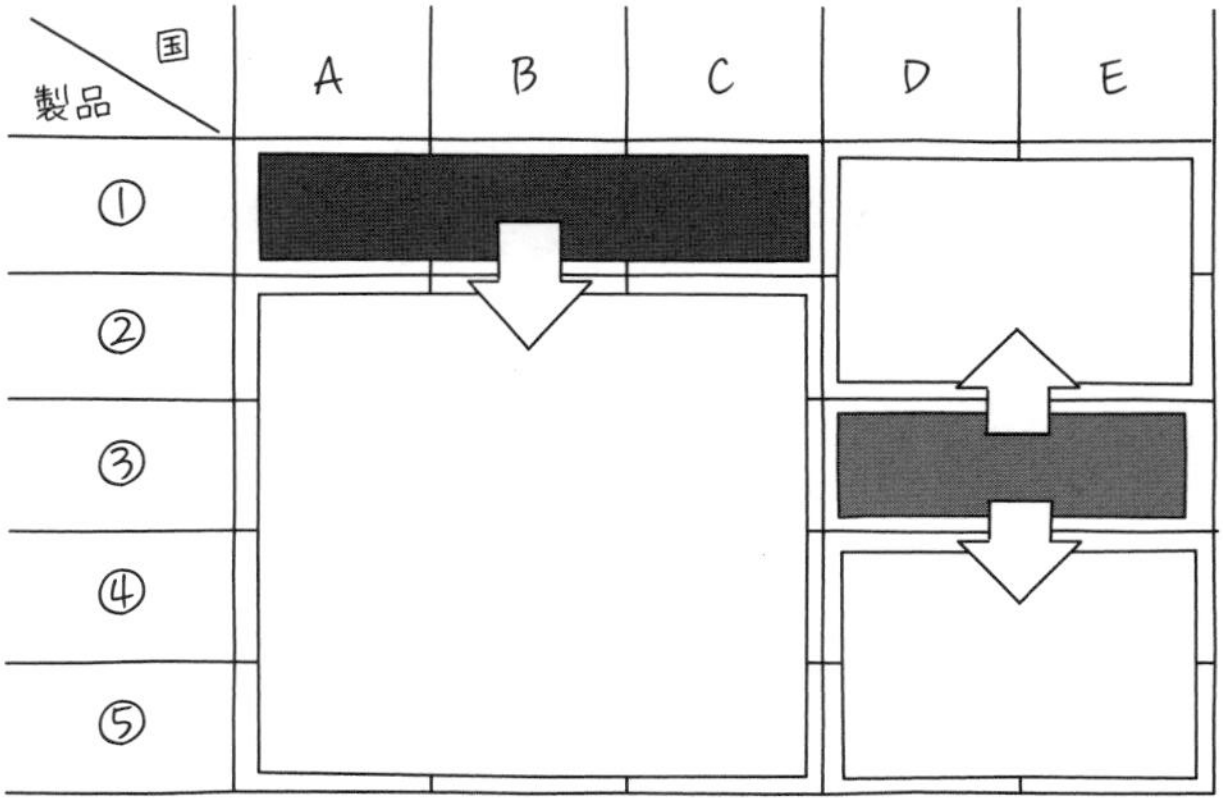

図70　東南アジアへの参入戦略⑤

まずA国・B国・C国に、競争力が高い製品①で同時に進出する。次にD国・E国において競争力がある製品③で、D国・E国に早めに進出する。そこからそれぞれの国で、他の製品を順次導入するというプランです（図70）。

こうすると、どの国にも出遅れることはありません。A国・B国・C国での製品①の販売経験をD国・E国でも活かせます。その逆もしかり。シナジー効果も期待できます（もちろん、参入にあたっては、経営資源や管理能力について議論する必要はあります）。

このケースでは、暗黙の前提である切り口（この場合は「国毎」）に縛られることなく、もう1つの変数である「製品」を持ち出して、新たな「着想」を得ることができました。そ

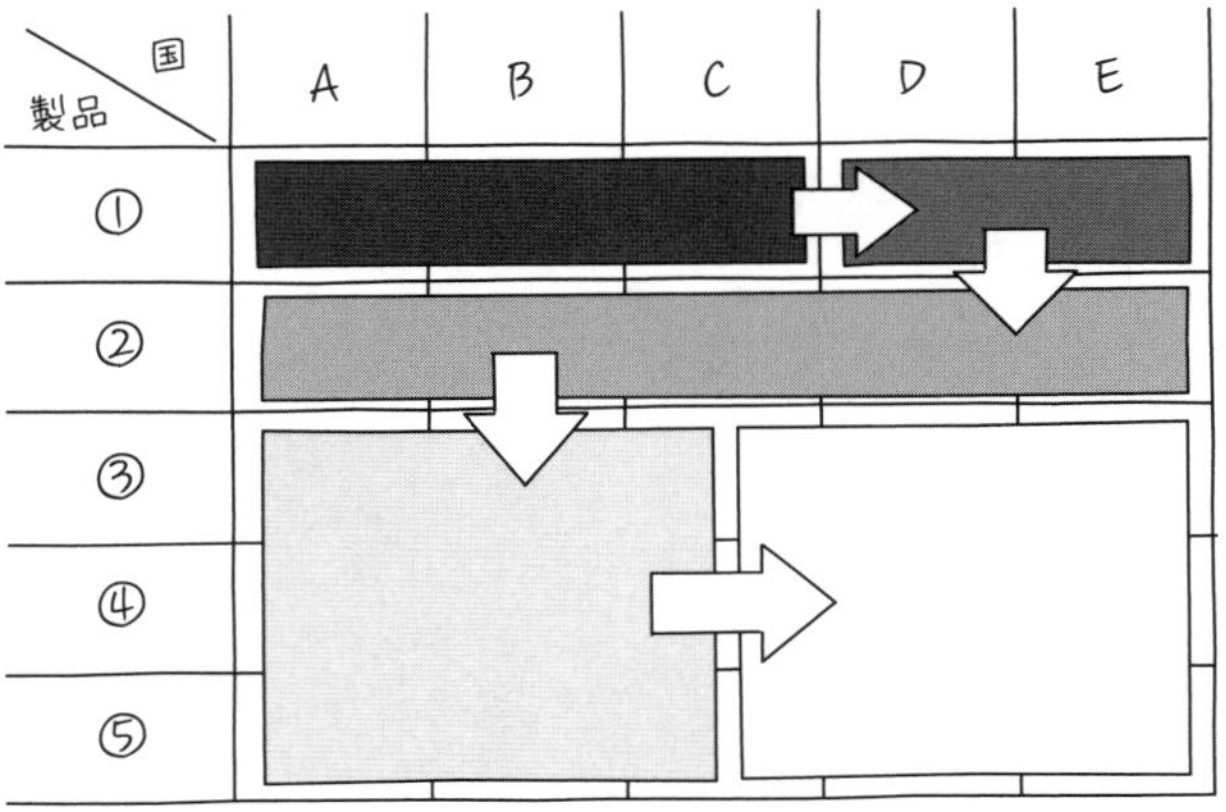

図71　東南アジアへの参入戦略⑥

して、答えの「自由度」が広がったのです。

そうすると……。

他にも様々な進出パターンもさらに検討できそうですよね。たとえば図71。製品①でクイック・ウィン（早い段階での小さな成功）。製品②で事業基盤を構築。その後、優先度に従って各国での事業拡大。なんかカッコよさげなハイブリッド戦略のできあがりです。

「補助線」で新発想を生む

次は、あるコンサルティングプロジェクトでの経験です。これは田の字に「補助線」を引くことで問題解決に至った事例です。

図72　新規事業の模索①

そのプロジェクトでは、クライアント企業A社の新規事業の模索をしていました。市場の大きさ（魅力度の大きさ）、技術的な難しさ（付加価値の大きさ）など、いろんな要素で新しい事業の機会を見つけようとしていました（図72）。しかしなかなかうまくいきません。

紙の上にいろいろと書きなぐって試行錯誤していた時です。なんとなく図の中に、斜めの線を引いた時、突然、ひらめきが天から降りてきました。「あ、ここにチャンスがある！」と。

ふつう、図72のような田の字の右上は、魅力的で優先度が高いところです。無意識のうちに、右上のエリア（面）の中に魅力的な事業を見つけようとしていました。で

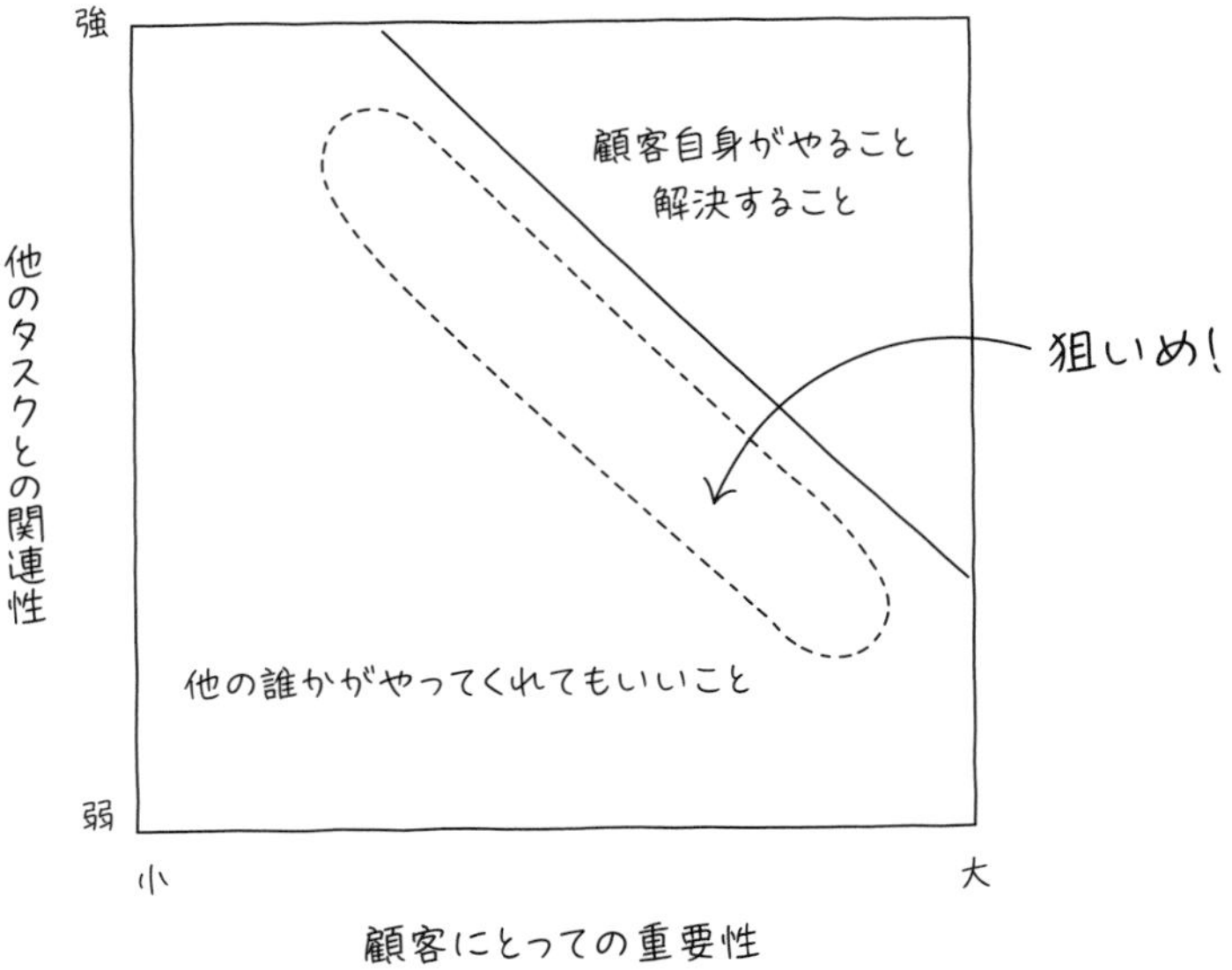

図73　新規事業の模索②

も、どうやらそれが良くなかった。チャンスは、ふと引いた斜めの線の近くにあったのです。

斜めの線を引いた後、タテ軸とヨコ軸についてもさらに考えました。そして最終的に辿り着いたヨコ軸は、顧客（つまり私のクライアントであるA社のお客さん）にとって大事なこと。タテ軸は、その大事なことと、顧客が行う他のタスクとのつながりの強さでした。

そうすると右上は、顧客自身で解決してしまう（あるいはやらざるを得ない）。A社も含め、外の企業にとっての事業チャンスにはなりません。逆に左下のほうは顧客にとって重要ではないので、外出しされたとしてもあまりお金にはならない。つまり、線の近くこそ狙い目だったのです（図73）。

技術の進化や環境の変化に伴い、その「斜めの線」は左下から右上に動くことがあります。そうするとそこにチャンスが生まれる。そういうことだったのです（図74）。クライアント企業A社は機械部品を作るB2Bビジネスで分かりにくいので、身近な、お茶やお弁当に置き換えて説明しましょう。

昔、お茶は入れて飲むのが当たり前でした。また、お弁当のおかずも、昔はお母さんが一から作るのが当たり前でした。しかし、時代の動きが早くなり、女性の社会進出も進んでくるとなかなか家事の時間も取れなくなってきます。一方、技術進化によってペットボ

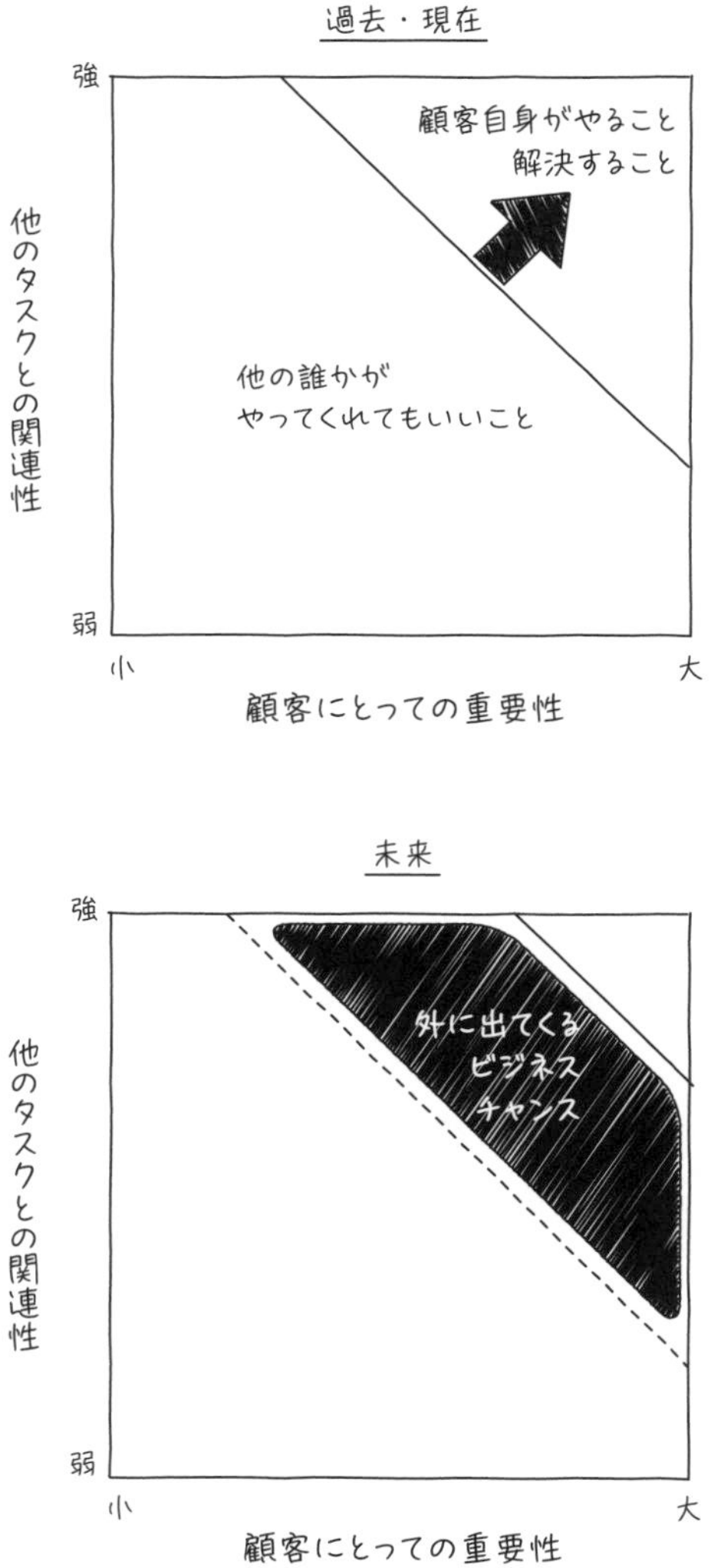

図74　新規事業の模索③

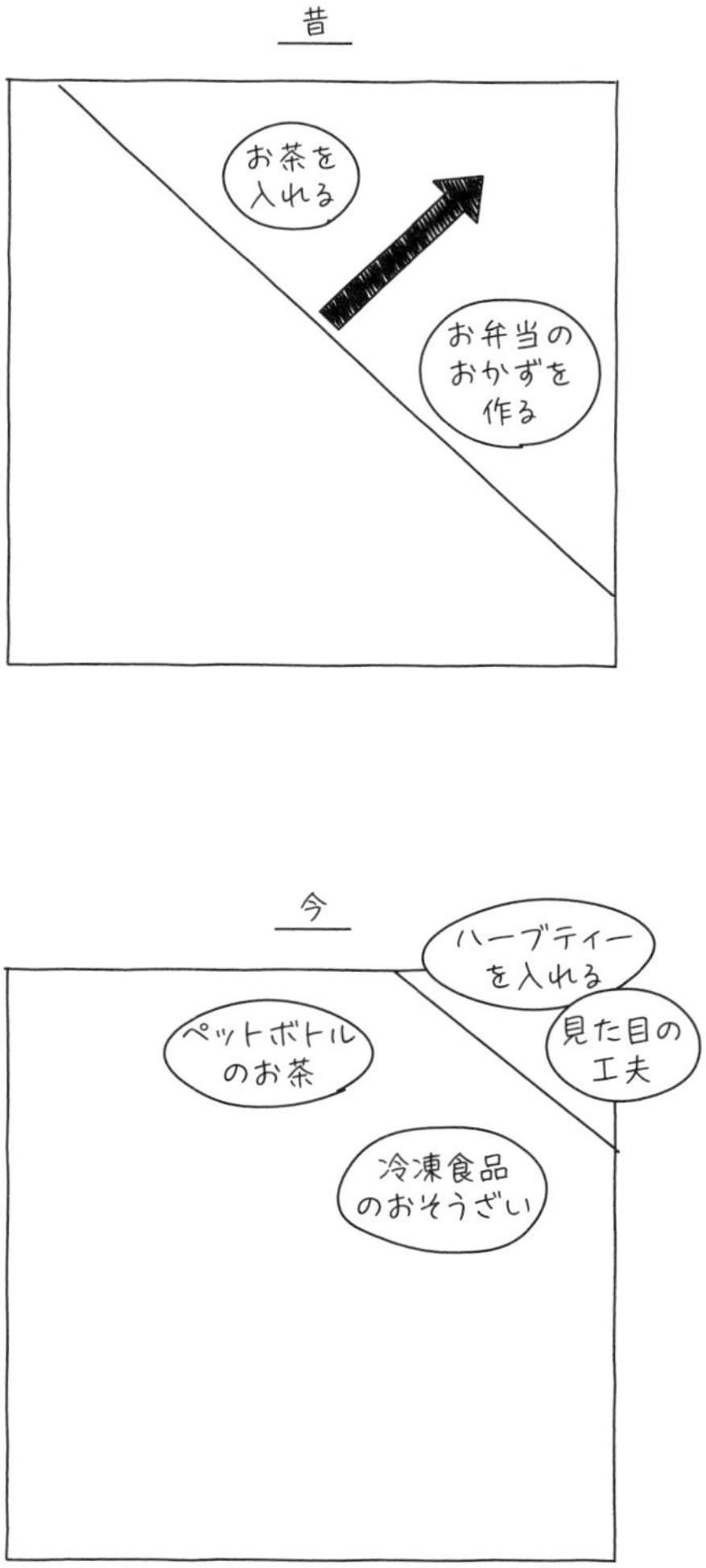

図75　新規事業の模索④

トルのお茶がおいしくなり、冷凍食品の品質も向上してくる。そうすると、それを使う人も出始めます。

また、お茶やお弁当のおかずは、買ってくれば他の家事やお弁当作りの作業とは関係なしに、ガチャコンと生活やお弁当の中に組み込むこともできます。つまり、他の作業との関連性が低い。そうやってペットボトルのお茶や冷凍食品の利用が高まると、市場が広がり、種類も豊富になっていきます。ここが魅力的な事業機会です。

言葉でいうと分かりにくいですが、図にすると図75のようにシンプルに表現できます。ペットボトルのお茶や冷凍食品が大きな事業機会になり、右上のエリアの焦点は、「おいしいハーブティーを入れてお茶会をする」や、「お弁当の見た目をより良くする」といった高付加価値（?）な仕事に移っていくのです。

話をプロジェクトの例に戻しましょう。クライアント企業との議論も、図74のような図の上で行い、有望な新規事業を幾つか抽出することができ、プロジェクトは成功裡に終わりました。

これは田の字と一本の「補助線」が問題を解決してくれた事例です。

5 「田の字」は実は「ピラミッド」と同じ

論理構造の同質性を見抜く

ここで少し「図で考える」ことのエッセンスに近い話をしたいと思います。それは、**いろんな形をした図の奥底には、「根本的に同じ1つの論理」が隠れている**ということです。

逆説的に言うと、奥底に潜むその論理を明らかにするためには、様々な図を用いて考える、様々な図を使うから奥底に潜む論理が明らかになる、ということです。

分かりにくいですよね。「田の字」と「ピラミッド」を例にとって言うと、実は「田の字」と「ピラミッド」は同じ論理構造で、「ピラミッドは田の字で表現できる」し、逆に「田の字はピラミッドでも表現できる」のです。

たとえば、市場をセグメンテーションする時に図76のような田の字を描いたとします。

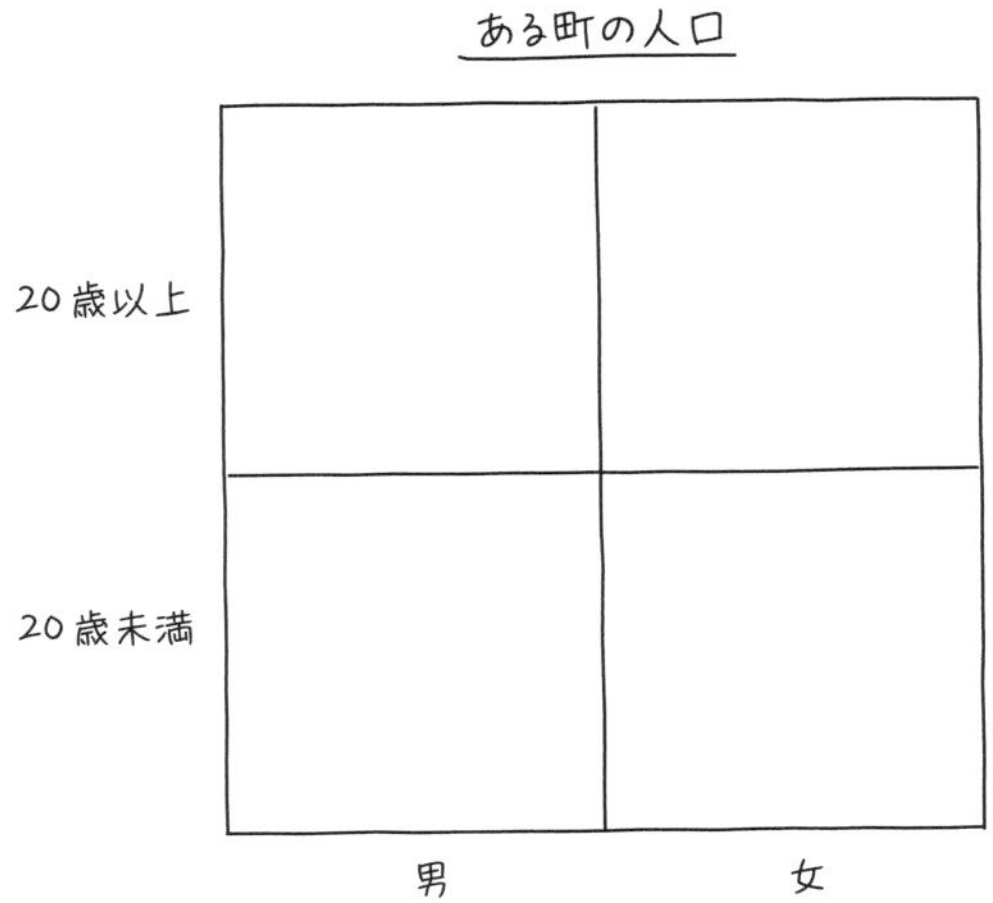

図76　田の字

切り口は、性別と年齢です。この田の字は、図77のようなピラミッドに表現できるのです！（もちろん、男女と年齢の順番を変えても構いません）。

ここで今度は、男性は年齢ではなく、既婚・未婚で分けたほうがいいなと思ったとします。そうするとピラミッドは図78の上側のようになり、それを改めて「田の字」に直すと図78の下側のようになります。

あれ？　でもこの田の字は、何か気持ち悪いな……と思った人もいると思います。実はそれはとても素晴らしいことです。なぜなら、男性を分ける切り口と女性を分ける切り口が異なるので、同じように並べて書くことは論理的に少しズレているからです。そういった意味では、本当は既婚・未

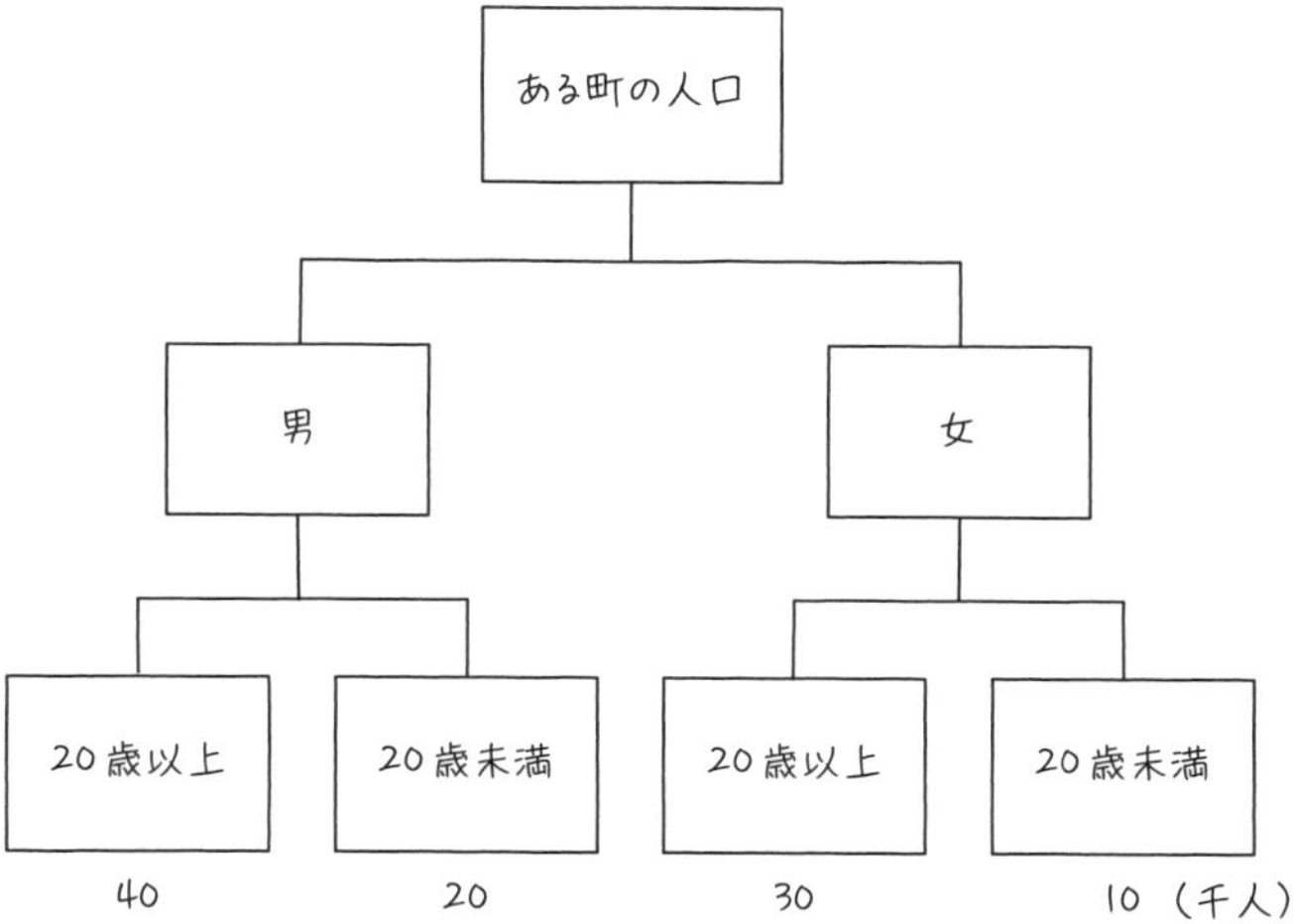

図77　ピラミッド

婚はタテに切ってもいいかもしれません（もはや田の字ではないですが……）。

　ここでさらに「面積図」という図を導入しましょう。面積図は田の字の応用と言えます。その図は、何か（たとえば人口や売上など）の全体を面積で示そうとする図です。

　最初の性別・年齢の田の字（図76）に戻って、もしそれぞれの人口が分かっているとすると、図79のような面積図を描くことも可能です。

「田の字」も、「ピラミッド」も、そして「面積図」も同じ論理構造の違った表現だったのです。いろんな図を自在に使えるようになるということは、いろんな武器を駆使して本質に迫れるようになることを意

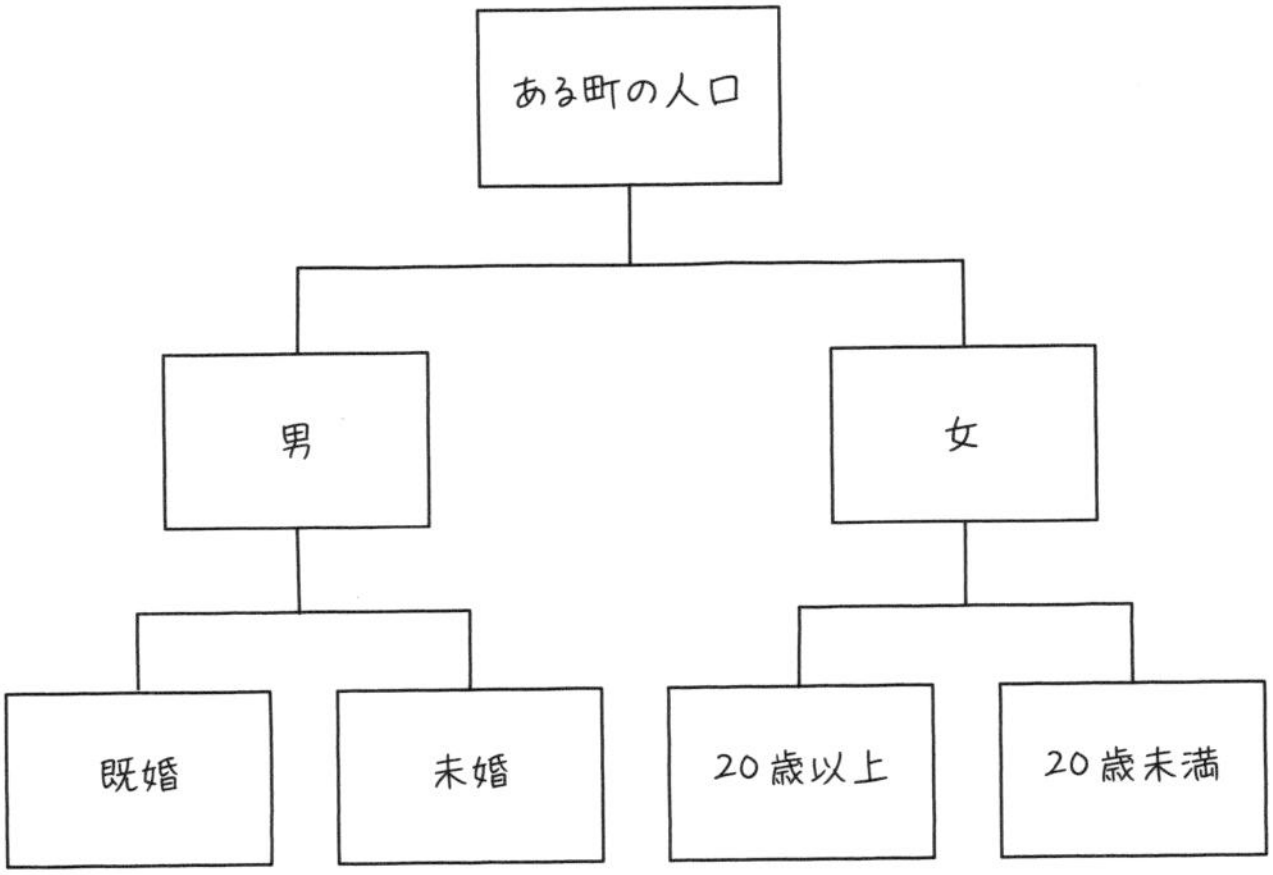

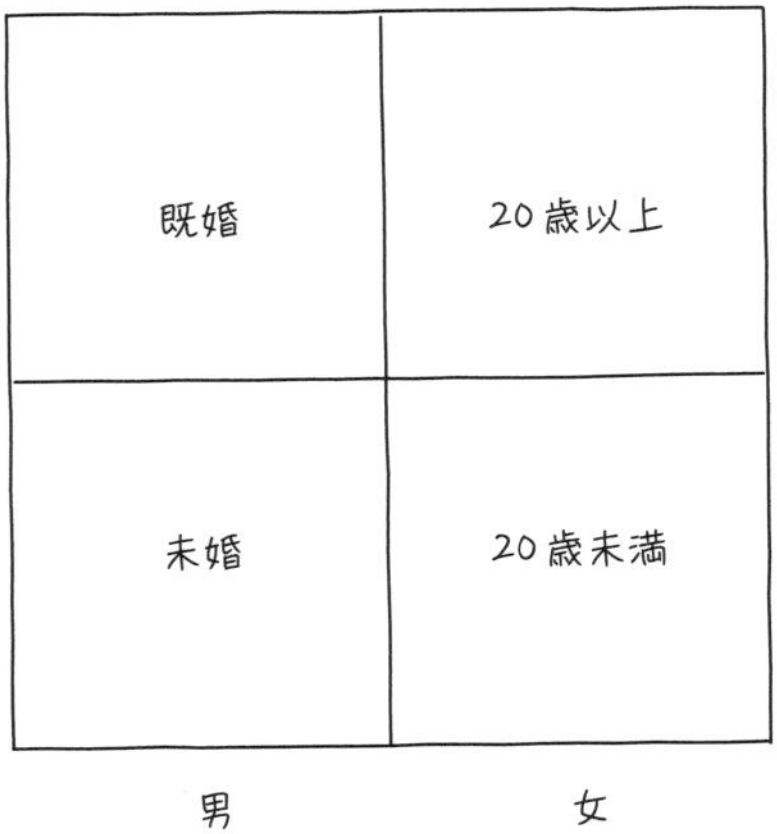

図78　田の字とピラミッド

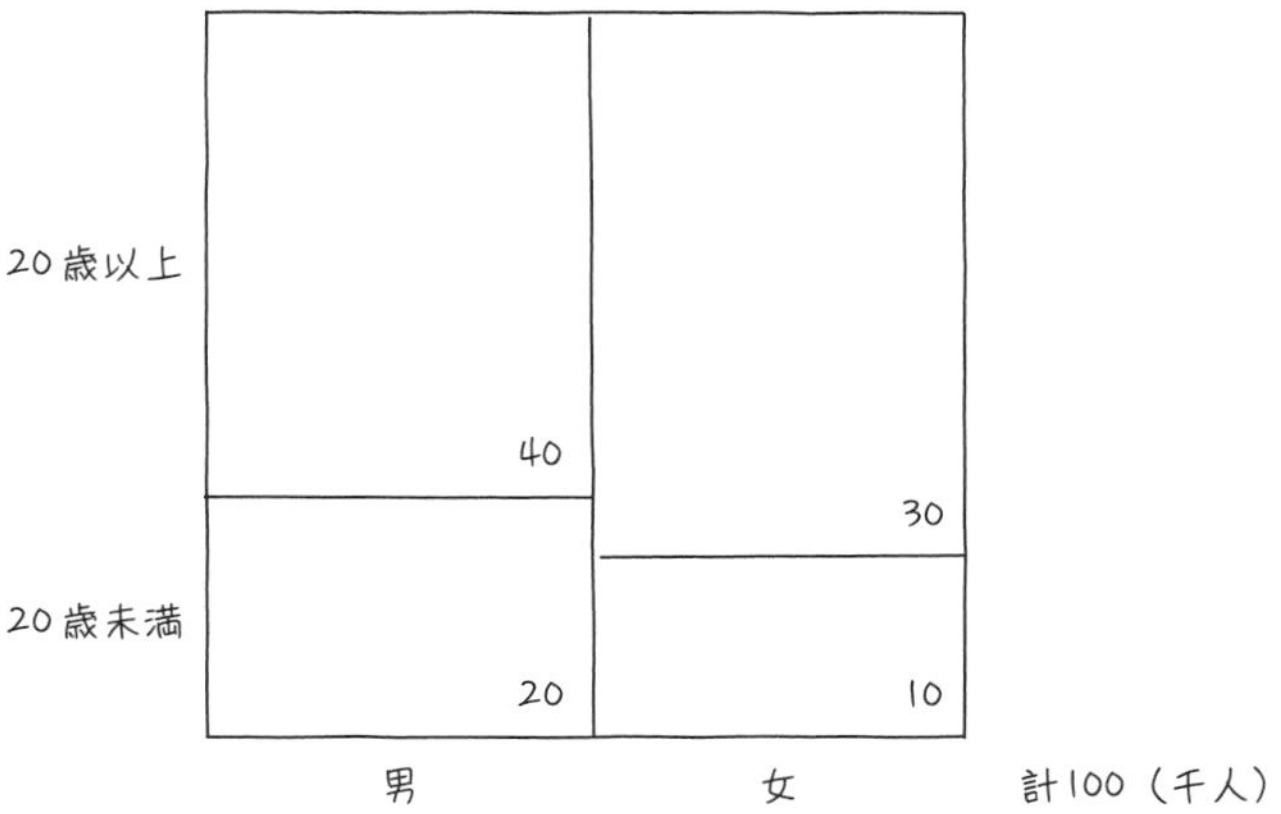

図79　面積図

味するのです。

多段階「田の字」とピラミッド

さらに田の字を組み合わせて論理構造を深めてみましょう。

田の字をさらに別の田の字に分解するのです。と言っても言葉では分かりにくいので、図80を見てください。

大きい田の字のタテ軸は「市場の魅力度」ですが、それは小さい田の字の「市場の規模」と「市場の成長性」で定義することができます。矢印の向きに注意です。最も魅力的なのは規模も成長性も大きいところ、魅力度中は、どちらかが大きいところ、魅力度小は、どちらも小さいところに

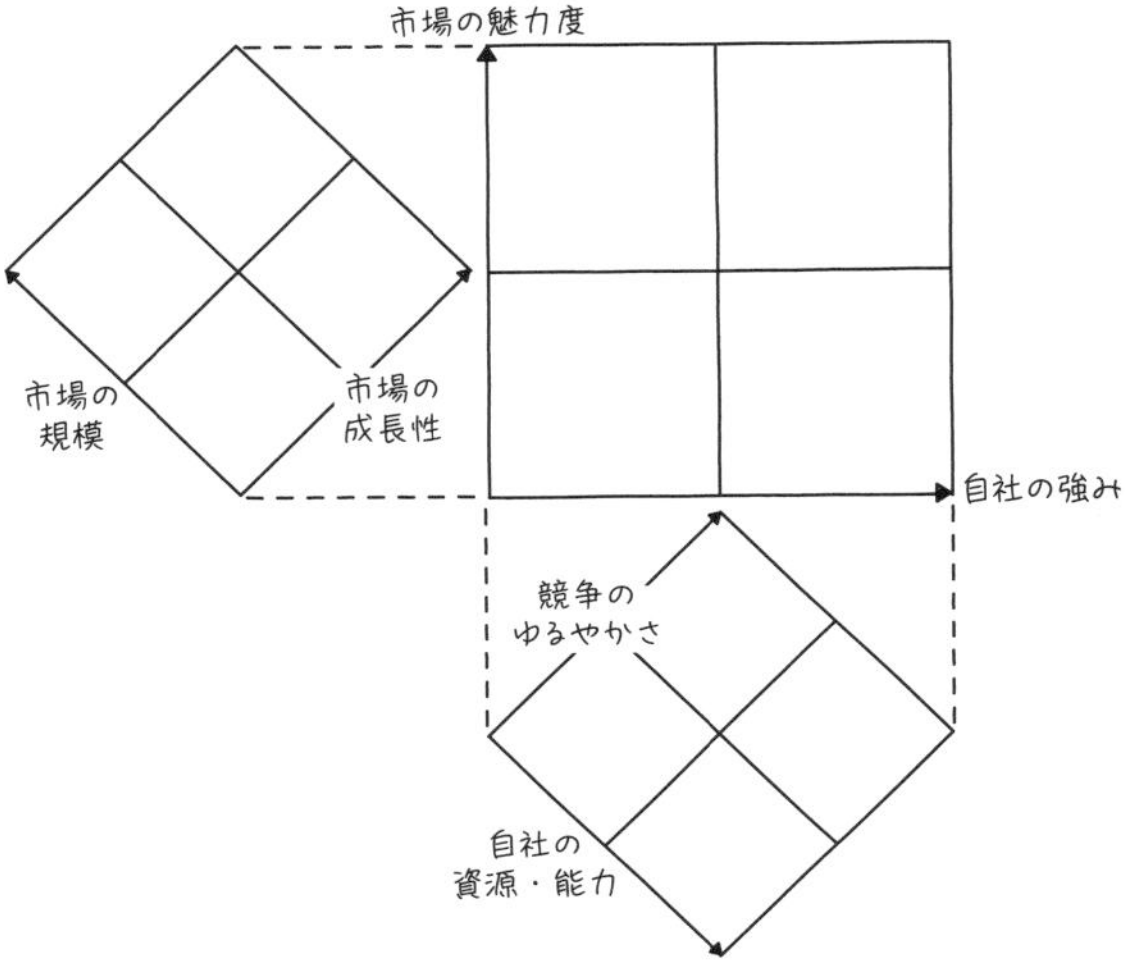

図80　多段階「田の字」

なっています。ヨコ軸は自社の強みですが、理屈は同じです。

　ではこれをピラミッドにするとどうなるでしょうか。図81をご覧ください。田の字とピラミッドが同じ論理構造を持っていることに納得いただけたでしょうか。

　これ以上、細かくしませんが、ロシアのマトリョーシカのように、どんどん小さな田の字に分解していくことも可能です。そうすると論理構造は深みを増していきます（つまり、ピラミッドの階層が増える）。面白いと思いませんか（というと変な目で見られることも多いのですが……）。

　実は、この「市場の魅力度」×「自社の強み」のピラミッドと、先ほどの性別・年

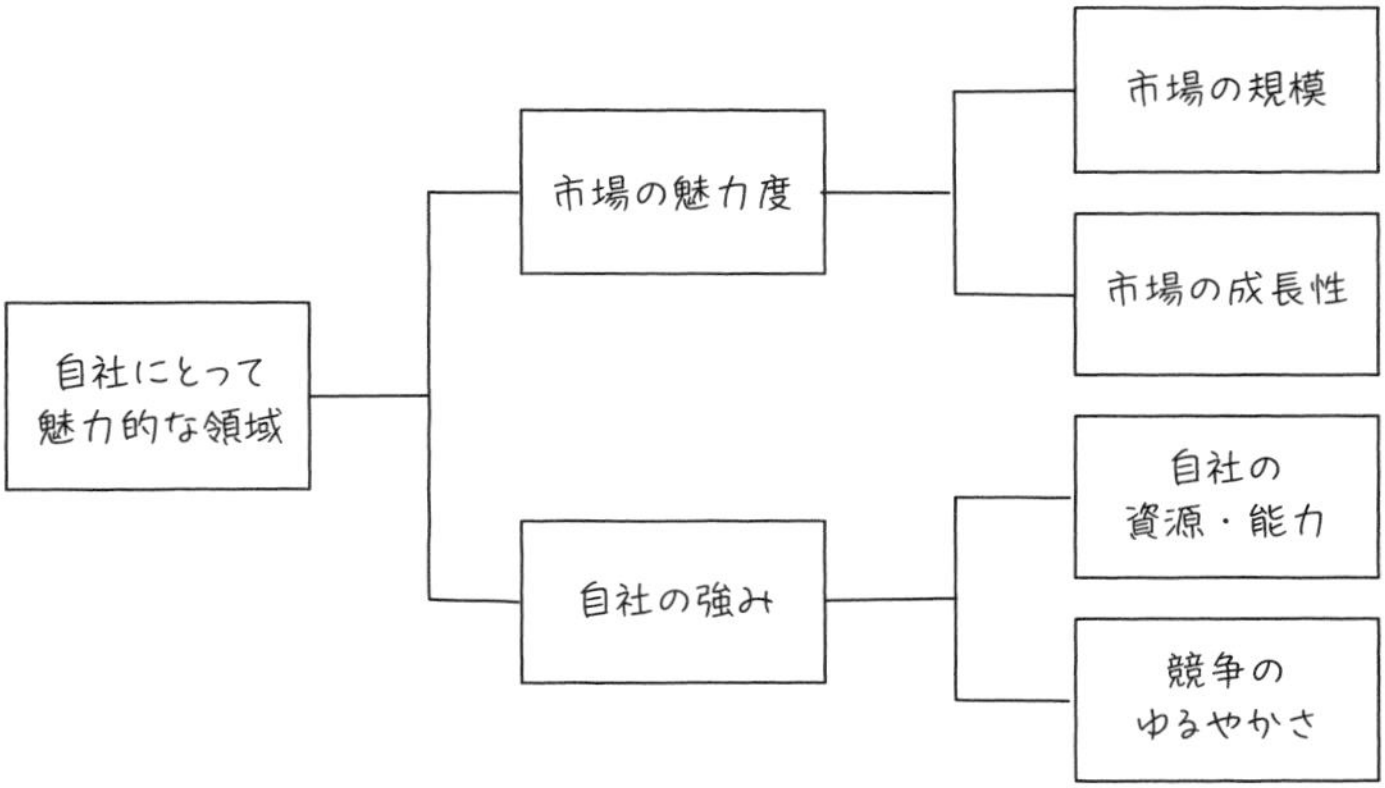

図81　同じことをピラミッドで表現すると……

齢のピラミッドの間には大きな違いがあります。それは、男女・年齢のピラミッドが**「足し算」の論理**なのに対し、今回のピラミッドは**「掛け算」の論理**になっている点です（異質な要素なので、なかなか「足す」という発想がなじまないですよね）。

　私は、企業研修で「ロジカル・シンキング」講座を受け持つことが多いのですが、受講生を観察していると「足し算」の論理に縛られている人が多いな〜と思うことがあります。おそらくシンプルで分かりやすいからでしょう。でも、「掛け算」の論理を漏らしてしまうことは、発想の半分をなくしていることにもなり、もったいないですよね。ぜひお忘れにならぬように。

COLUMN

ＰＰＭは今でも有効か

本文中で私のキャリアを変えたＰＰＭについて説明しました。50年以上前のこのコンセプトは今でも役に立つのでしょうか。

当然、いくつもの課題が存在します。まず1つは「軸の定義」です。ＰＰＭでは、ヨコ軸が相対マーケットシェア。タテ軸が市場成長率です。この軸が有効だったのは、かつて世界が高度成長期にあったからです。高度成長期には、成長する市場が魅力的で、マーケットシェアが高いことはコスト競争力が高いことを意味し、その事業は概して強かったのです。つまり、タテ軸は「相手の魅力度」、そしてヨコ軸は「自分の強み」を適切に捉えていました。

しかしながら、今は、多くの先進国市場は成熟しています。もはや市場の成長率が直接的に市場の魅力度を意味しません。また、マーケットシェアだけでは自社の強みを語れません。つまり、ＰＰＭの考え方を活用しようとすると、タテ軸・ヨコ軸に何を取るかを改めて考え直さなければならないのです。

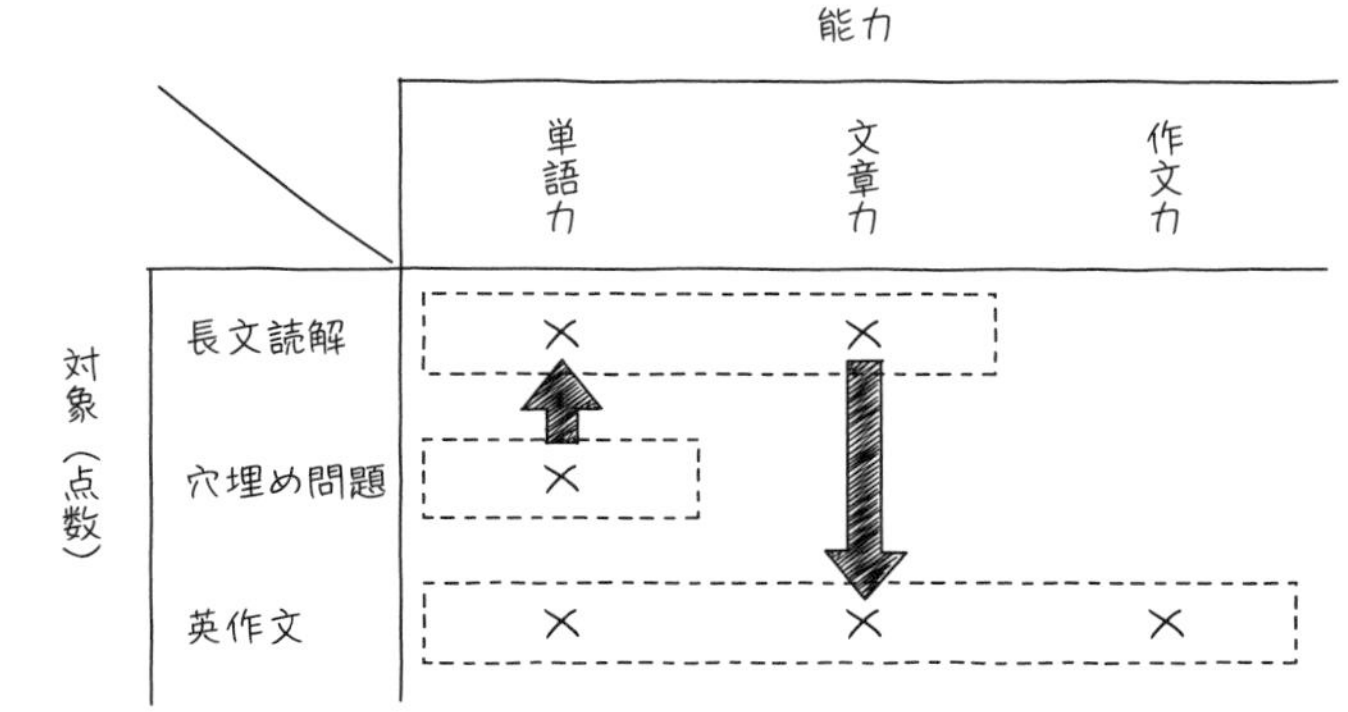

図82　英語の勉強方法をPPMで分析

これ以上に、PPMが大きく見落としているポイントがあります。

簡単な例、「英語の点数アップのために何をすべきか」で考えてみましょう。たとえば、今、単語力はあり、穴埋め問題はできる。でも英作文ができないとします。

いきなり英作文の練習を一生懸命してもいいのですが、単語力だけでは太刀打ちできません。やはり文章力が必要。そうだとすると、いきなり英作文の練習をするのではなく、まず長文読解の練習をするべきでしょう。長文読解で文章力を鍛え、後で英作文にチャレンジする。このほうが効果効率的です。それを図にすると図82のようになります。つまり、今どんな能力（単語力・文章力・作文力）があるので、どうシナジーを活かしながら、何（長文読解・穴埋め問題・

英作文）をすべきか、という発想です。

これは経営戦略論で言うところの、リソース・プロダクト・マトリックス（ＲＰＭ）という考え方です。企業が持つ資源・能力に着目し、そこからどんな事業・製品を展開するのか、を考えるのです。実は、ＰＰＭは市場やシェアといった「外」には目を向けているのですが、「中」、つまり自社の持つ資源・能力は明確に扱っていないのです。

このようにＰＰＭには幾つかの大きな課題があるのですが、ＰＰＭの基本的発想である「自社の強みを発揮できるか」×「市場は魅力的か」という視点は決して色あせることはないと思います。

第 5 章

使える型③ 矢バネ

本章でご紹介する「矢バネ」と、次の章でご紹介する「ループ」は、今までの2つの型と違い、「動き」を表現する図です。事象と事象の関係性だけでなく、その連続性をも捉える「矢バネ」は、流れを整理したり、大きな変化を生み出す力を秘めています。

1 世の中はインプット・アウトプット・システムの集まり

動的な側面に着目する「矢バネ」

第5章は「矢バネ」です。

世の中に存在するほとんどのものは、何かを入れて、何かを出す**「システム」**の特徴を持っています。生物も企業も、家庭も地球も、必ずインプットがあり、アウトプットがあります。世の中には、常になんらかの動きがあり、とても**「動的」**です。

それゆえ動的な視点は欠かせません。しかし、第3章と第4章で説明したピラミッドと田の字は、どちらかと言うと「静的」です。ちなみに、ヨコ軸に「時間」を取ると（たとえば「おでん」）、動的と言えないこともないのですが、直接的にモノや情報の動きを扱っているわけではありません。

図83　ゴルフのスイングを矢バネで描くと……

そこで「矢バネ」が登場します。矢バネは、動きを捉えるのに最適なのです。

最近ゴルフを始めたのですが、ゴルフのスイングも矢バネで捉えられます。まず状況を把握して、そのインプットをもとに、アドレスして（構えて）、テイクバックして、ダウンスイングして、インパクトして、フォロースルーします。そして、私の場合、右か左にボールが曲がって飛んでいくというアウトプットを生み出します（笑）（図83）。この矢バネのどこか（あるいは全部）が悪いのです。矢バネに沿って問題点を発見し、修復できれば、ボールはまっすぐ飛んでいくはずなのです（いつかきっと……）。

このように動きに関連する問題は、「田の字」や「ピラミッド」では捉えにくく、「矢バネ」が威力を発揮します。

「矢バネ」が変わると根幹が変わる

矢バネの「構造」が大きく変わる時は、劇的な変化が起こるものです。

たとえば、時計でも鉄砲でも、何か製品を作るプロセスを例にとって考えてみましょう。

１００個の部品でできている製品があったとします。昔は、職人によって1つひとつ組み立てる手作業でした。もし90個まで組み立てたところで邪魔が入ると、バラバラになっ

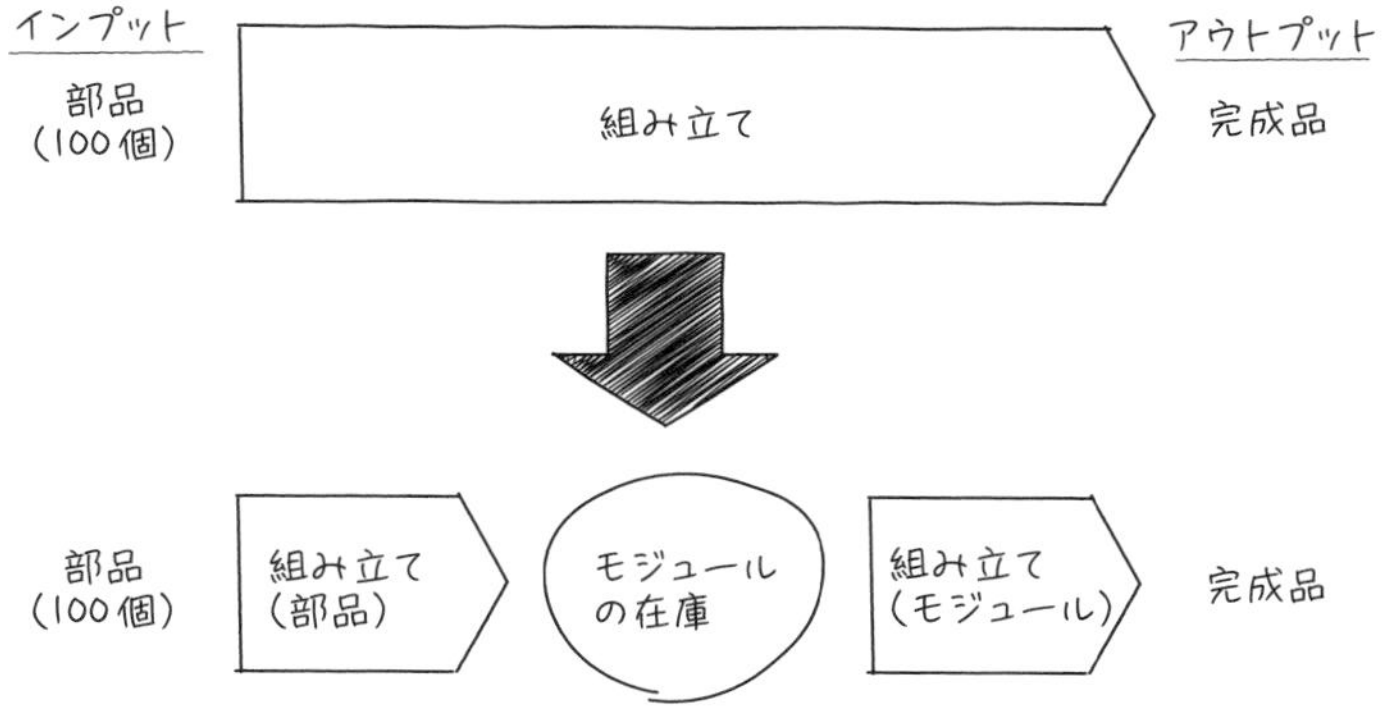

図84　矢バネで考える工業化革命①

て一からやり直す必要があったかもしれません。これはとても非効率なプロセスです。

そこで、100個の部品を20個の部品から成る5つの「モジュール」に分けたとします。そうすると、後はその5つのモジュールを組み合わせれば最終製品ができあがります。この場合、途中で邪魔が入っても、すべて最初からやり直さなくても済みます。モジュールの作り溜めもできるし、分業も可能になります（図84）。これが20世紀の初めに起こった大量生産の工業化革命でした。

その後、さらに世の中は変わりました。多くの人は、同じ商品ではなく、それぞれのニーズにあった異なる商品を欲しがるようになりました。最近では3Dプリンターも実用化されつつあります。

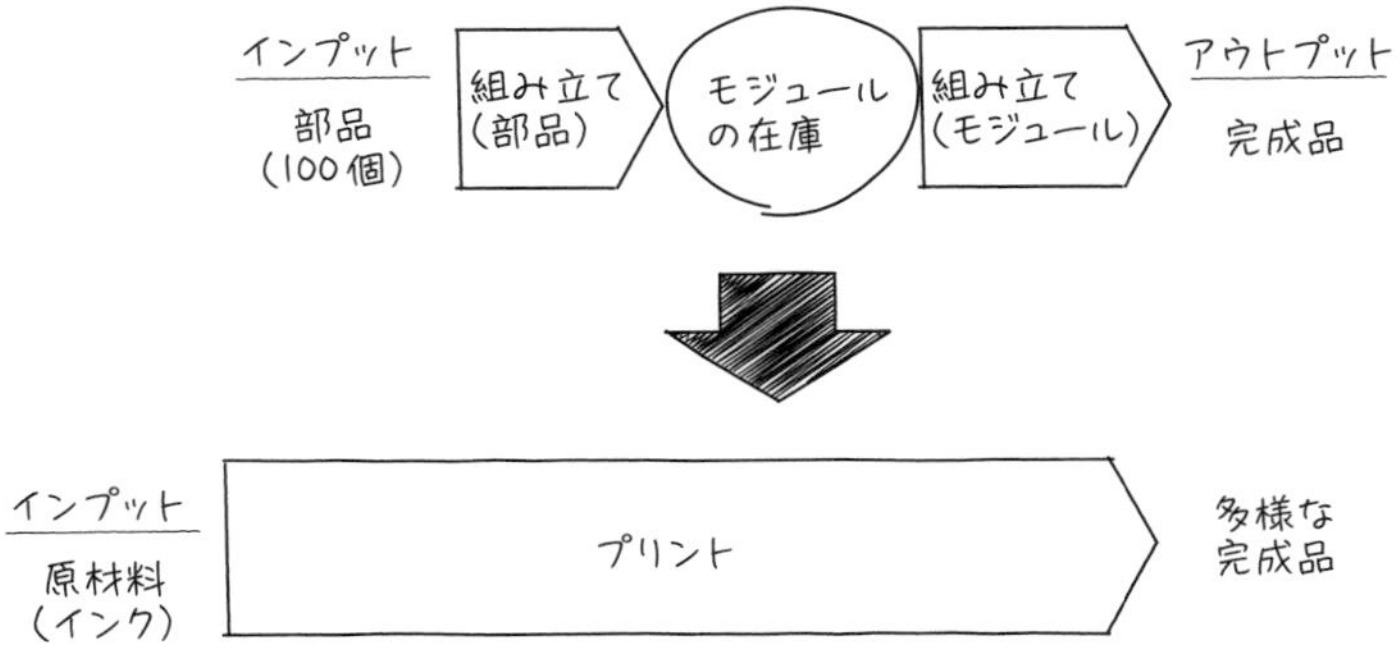

図85　矢バネで考える工業化革命②

そうすると、図84の矢バネは再び大きく変わるでしょう。部品がなくなり、インプットは原材料のインク。矢バネは、プリントするだけの1つの矢バネになります（図85）。これまた劇的な影響を社会に及ぼすことになるでしょう。

製品は工場で作られるのではなく、家庭でプリントされるようになる。物流も大きく変わり、部品や製品の保管も必要なくなる。SF的ですが、大都会の近くに原材料インクの貯蔵庫ができ、パイプラインで各家庭に送られるような、今は想像できない社会が到来する可能性もあります。

2 「矢バネ」をどう見る？ どう使う？

「矢バネ」を見る3つの視点

このように、矢バネは動きを捉えるのに適していて、矢バネを「いじる」ことで理解を深め、問題を解決し、新しい何かを生み出したりすることができます。

その際に役立つのが次の3つの視点です。

- **Fix**（矢バネのどれかを直す）
- **Balance**（矢バネの間を調整する）
- **Re-organize**（矢バネの統合や削除、逆転などの再構築）

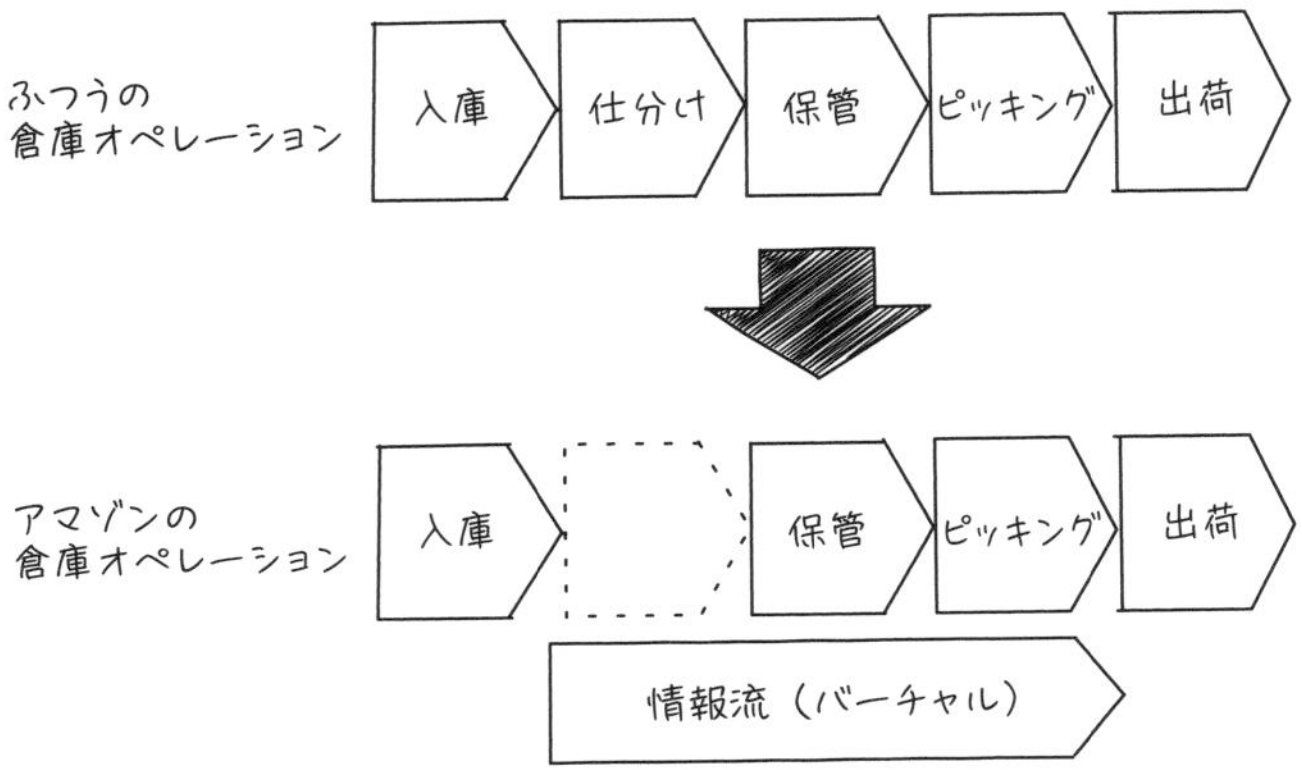

図86　矢バネで考えるアマゾンの倉庫オペレーション

もちろん、Re-organizeできれば一番インパクトが大です。最近、なるほど、と思った事例にアマゾンの倉庫作業があります。アマゾンでは、入庫した商品をカテゴリー毎に分けて保管しないらしいのです。マンガ本の横にビジネスの本があったり、バラバラだそうです。探すのが大変だろうと思うのですが、保管場所と商品がすべてバーコードで管理されているので、簡単に見つけ出すことができるそうです。

しかし、よく考えるとすごく合理的です。お客様の注文はどのみちバラバラ。場所と商品が情報でつながっていれば、整理して保管することの意味はありません。

アマゾンは、仕分けという作業を「削除」して効率性を生み出したのです（図86）。もっと言うと、リアルな商品と、バーチャルな情報の2

つを切り離し、作業プロセスをRe-organizeしたとも言えます。

ケニアのパパママ小売店

もう1つ、「矢バネ」を使って構造変化を捉えることで、理解が深まった事例を紹介しましょう。私のゼミ生に、ケニア出身の学生がいたのですが、彼に面白い話を聞きました。ケニアでは、**「アマゾンなどのECが発展する中、地方の小さな小売店が業績を伸ばしている」**と言うのです。私は一瞬、「えっ」と「?」マークが3つほど頭に浮かびました。

アマゾンのようなECが進出してくると、小さな小売店は淘汰されるのでは、と思ったからです。頭に浮かんだのは図87のような状況でした。この図では小売店がアマゾンにとって代わられ、消えてなくなっています。

しかし、ゼミ生の説明を聞いてなるほどと思いました。図87の前提は、消費者のネット環境（あるいは物流）が整っていてはじめて成立します。しかしケニアの田舎ではまだネット環境が十分ではなく、消費者が直接ネットで買うケースは少ないそうです。どちらかと言うと、小売店がネットでアマゾンから仕入れて、店舗で消費者に販売することが多いそ

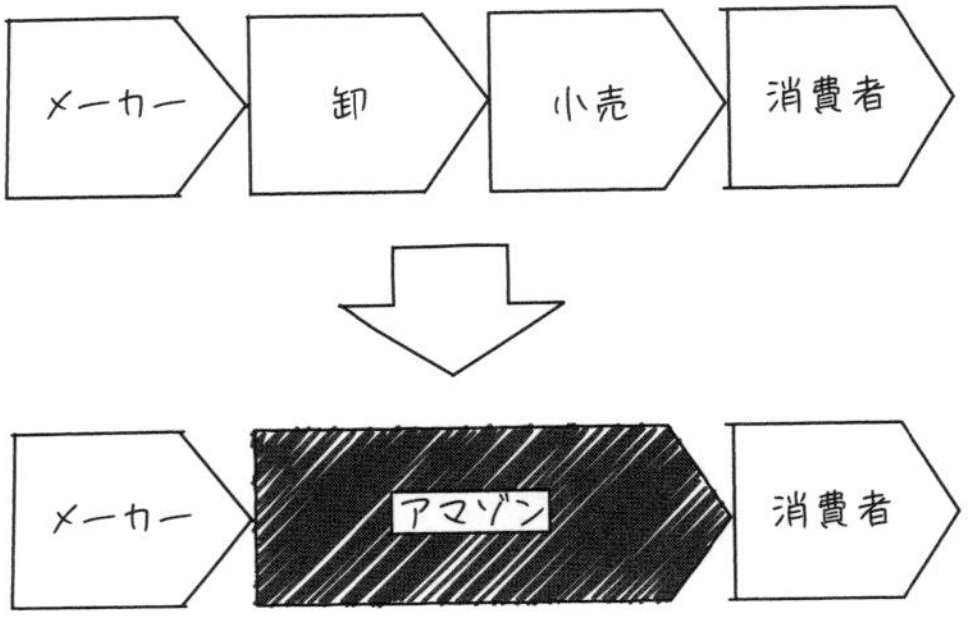

図87　矢バネで考えるケニアの流通構造①

うです（図88）。ちなみに、２０１７年のインターネット普及率は、日本が90％、ケニアが18％でした。私は日本の常識によって「視野狭窄」に陥っていたのです。

しかし、ケニアのパパママ小売店は決して安泰ではないことにすぐに気付きます。個人のインターネット普及率が上がり、物流インフラが整備されると、やはりいずれは図87のようになってしまうからです。

企業活動を矢バネで表現する「バリューチェーン」

矢バネは非常に有効な型なので、経営戦略論でも企業活動を捉える試みとして重宝されています。

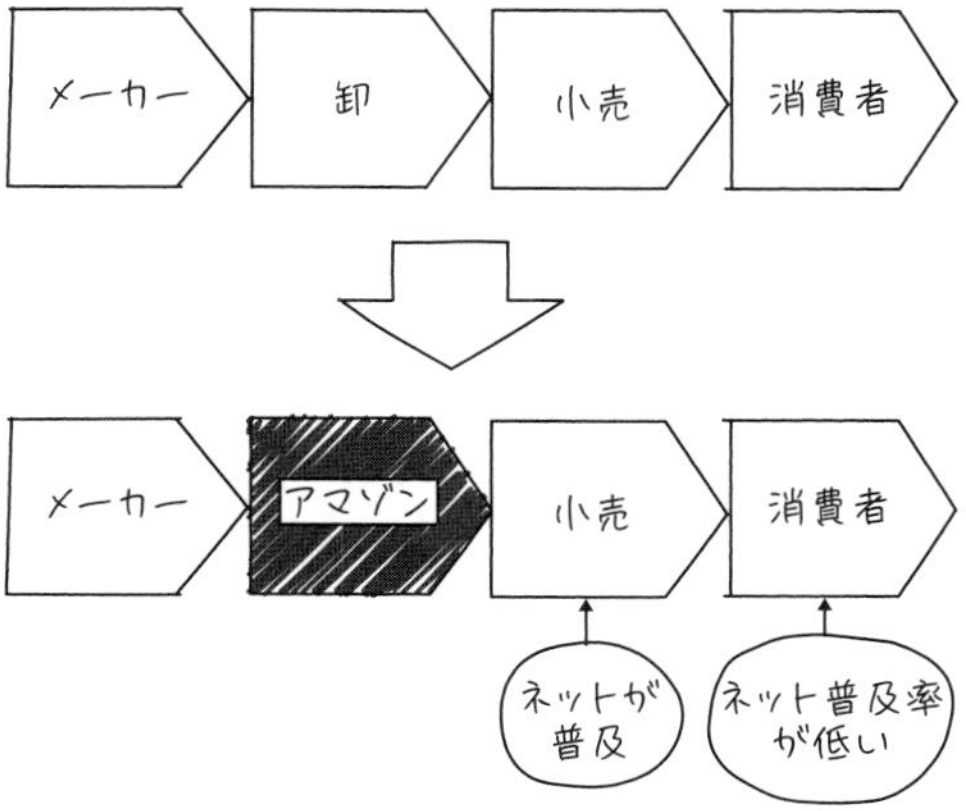

図88　矢バネで考えるケニアの流通構造②

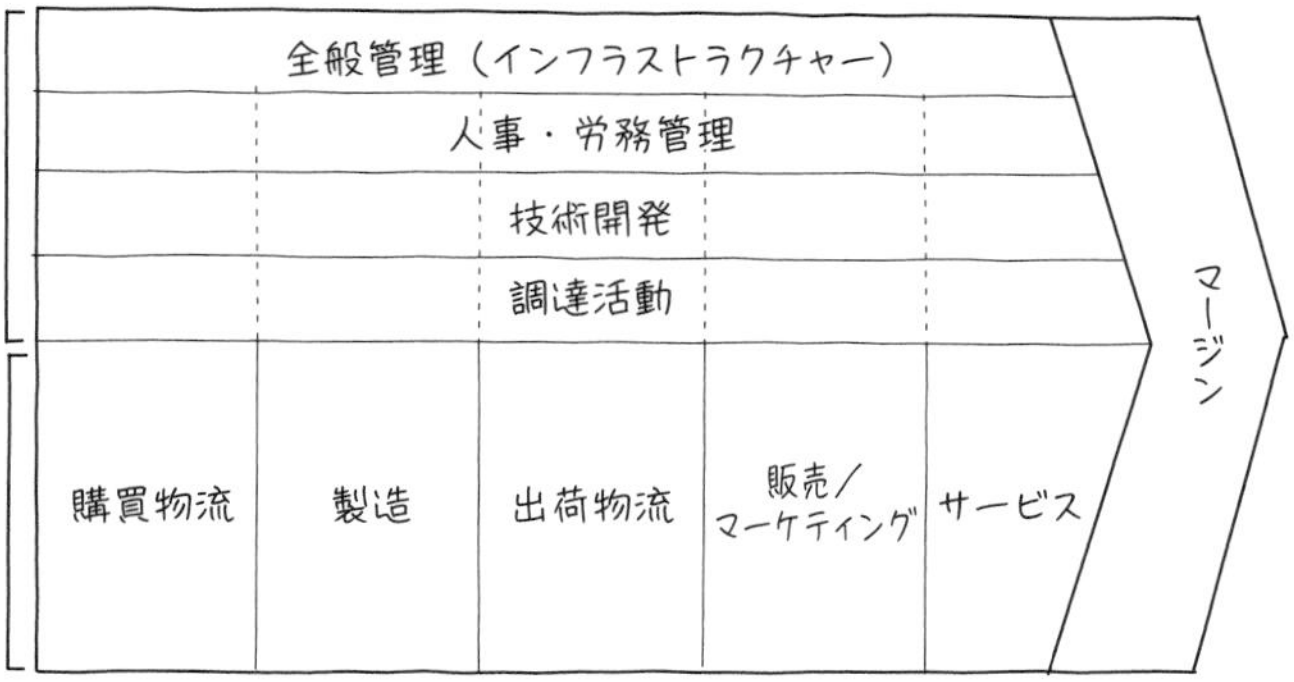

図89　バリューチェーン
出所：マイケル・ポーター『競争優位の戦略』（ダイヤモンド社）を参照

その矢バネは、バリューチェーンと呼ばれ、経営学者のマイケル・ポーターが提唱しました。企業が付加価値を生むための事業活動全体を表すもので、日本語で言うと「価値連鎖」になります（図89）。

この枠組みの中で、企業の価値創造活動のどこに問題があるかを分析するのです。

3

1次元の「矢バネ」を
2次元で考える

このように、矢バネ「だけ」をいじるだけでも思考は深まります。でも、この矢バネは「1次元」にしか過ぎません。

せっかくなのでタテ・ヨコの2軸を使って「2次元」で考えたいものです。なので、ここからは矢バネを用いて2次元で考えていく方法について説明しましょう。

ステップ①意味ある塊を5～6個括り出す

まず最初にすることは、矢バネを5～6個描き出すことです。大きな行動や活動の塊、意味のある纏まりやカテゴリーを括り出し、左から右（あるいは上から下）に並べるのです。たとえば、「英語の勉強時間捻出」の図20（P74参照）は、朝起きてから寝るまでの行動の「塊」を時間軸に沿って括り出したものでした。

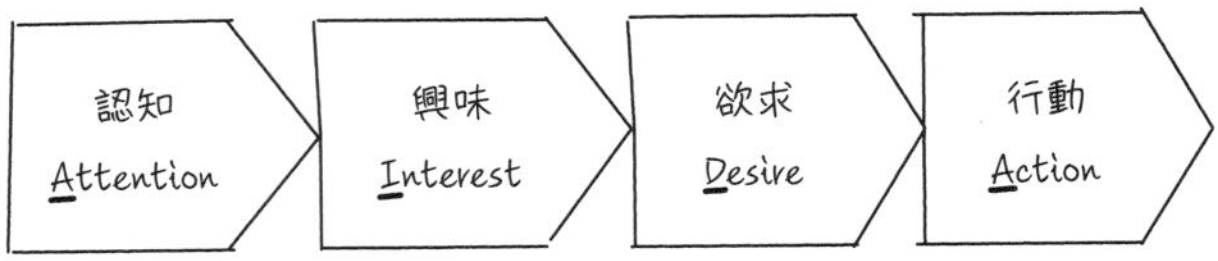

図90　AIDA①

何かに至る道筋を矢バネにすることもできます。たとえば、ある商品が購入されるまでには幾つかの段階があります。まずその商品を「知らない」と決して購入されることはありません。ただ、知っていても、「良い商品だな〜」と興味を持ってもらわなければなりません。さらに、通常は他の商品とも比較します。その中で、少なくともその商品を「買いたい」と思ってもらわないと購入されません。そして最終的には、実際に買うという「行為」をしてもらわなければなりません。

文章で書くと長ったらしいのですが、図にすると図90のようにシンプルに表現できます。これはマーケティングのＡＩＤＡというとても有名なフレームワークで、顧客の消費行動を捉える際に活用されるものです。矢バネを並べただけで有名なフレームワークになるということ自体、矢バネの価値を示している気がします。

ステップ②矢バネをヨコ軸としてタテ軸を設定する

矢バネができたら、次は、タテ軸を考えます。

図20の朝から夜までの矢バネの場合は、タテ軸に英語の学習内容を列挙しました。そうすることで、英語の点数アップというアウトプットに向けてすべきことが見えてきました（図21、P74参照）。

先ほどのＡＩＤＡの場合は、たとえば、タテ軸にお客さんの数を取り、市場にいる人の数から、買ってもらえる人の数までのウォーターフォール（滝）のような図を描くと、どこでお客さんを取り逃がしているかがハッキリと分かります（これはモレ分析と呼ばれます）（図91）。このように矢バネともう1つの軸を組み合わせると、いろいろな発想が可能になってくるのです。

ではどのようにもう1つのタテ軸を思いつけばいいのでしょうか……。

それは、第3章の「ピラミッド」で述べた「ひねくれた目」で考える。特に、90度横から考えるのがベストだと思います。矢バネに選んだ視点に対して、**「対立する・直交する・質の異なる軸には何があるか」**と発想するのです。

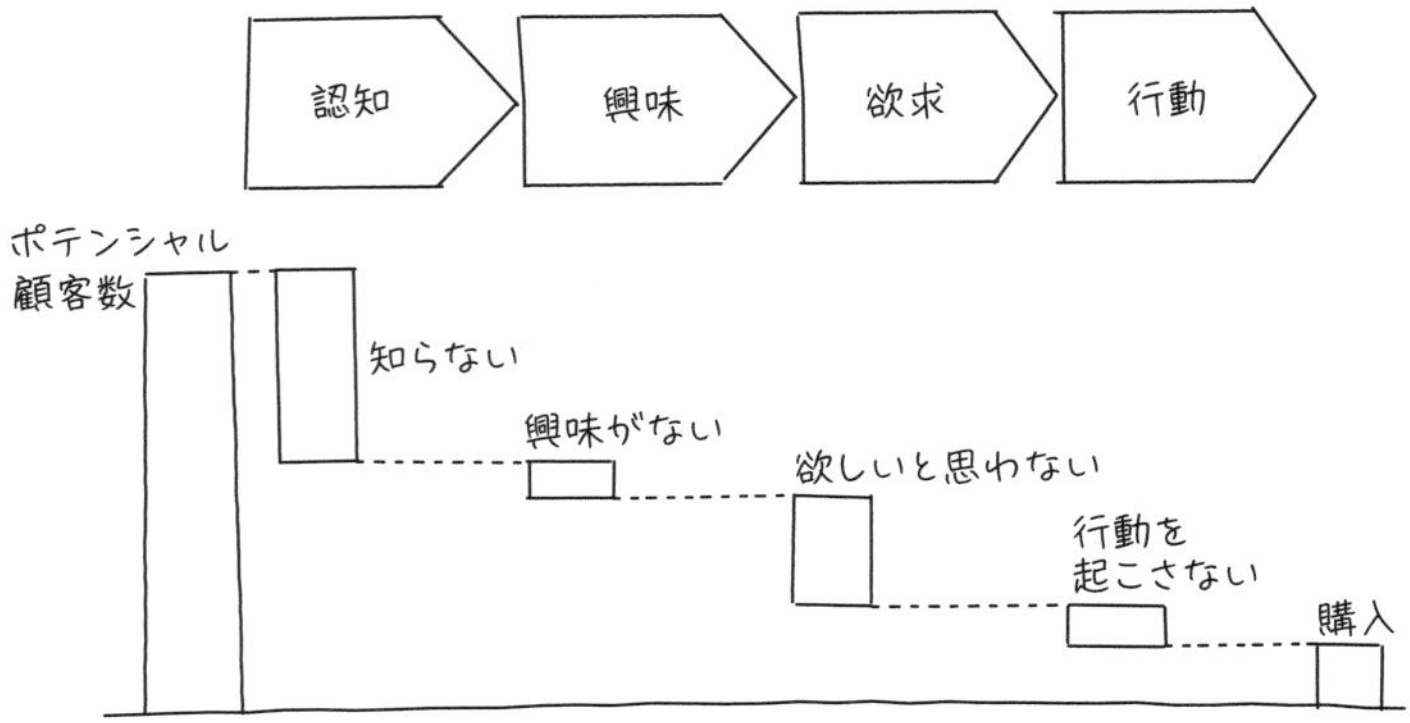

図91　AIDA②

・英語学習の場合は、一日の流れ（時間）
→学習内容のカテゴリー（中身）
・AIDAの場合は、顧客の認識段階（質的）→顧客の数（量的）

といった具合です。

ステップ③変形・変化、関係性、因果の流れ、力関係に着目する

次は、描かれた矢バネともう1つの軸で作られる2次元の面をどう見るかです。

一言で言うと、**「動的」な視点で眺めてみる**、です。

もともと、矢バネの発想は動態的だった

ので、2次元の図を見る際にも「動的」な発想が役立ちます。この章で紹介してきた図を今一度振り返ると、幾つかのキーワードが浮かび上がります。

・**変形・変化**：矢バネの形が変わることの意味合い。（例）ケニアの小売店、アマゾンの倉庫

・**関係性**：インパクトの大きいところの発見。（例）ＡＩＤＡモレ分析

・**因果の流れ**：複雑性や非効率性の理解。（例）ＢＰＲ（次節で説明）

・**力関係**：変化の方向性・ダイナミズムの理解。（例）産業バリューチェーン（次節で説明）

これらの視点は、「静的」と言うより「動的」。このような視点で図を眺めると、解決策のヒントも見えてきます。

4 「矢バネ」を様々なビジネスシーンへ応用してみる

企業活動の効率化への応用

たとえば、前述の企業活動を矢バネで捉える「バリューチェーン」を使うと、価値向上やコスト削減などの打ち手が見えてきます。

タテ軸に業務の流れ、ヨコ軸に組織の階層や部署を取ってタスクを整理すると、業務の無駄が見えてきます。これは一時期流行ったビジネス・プロセス・リエンジニアリング（BPR）、つまり情報技術を使って抜本的にビジネス・プロセスを見直そうとする際によく描かれていた図です（図92）。

右や左への矢印が多いところは、業務と組織の見直しが必要なところ。それがハッキリ見えて、どこを直すべきかが直感的に分かります。

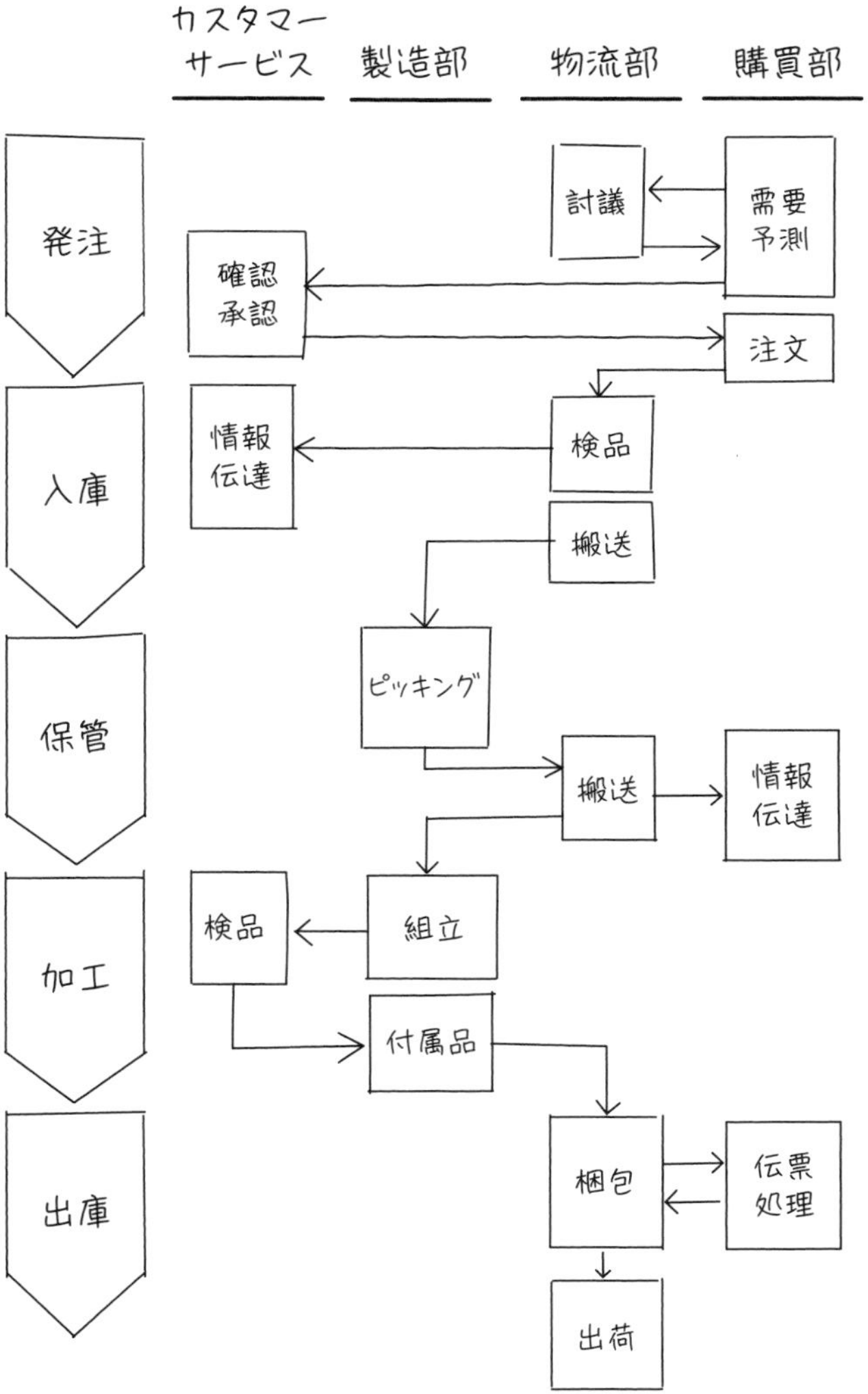

図92　バリューチェーン×組織・部門

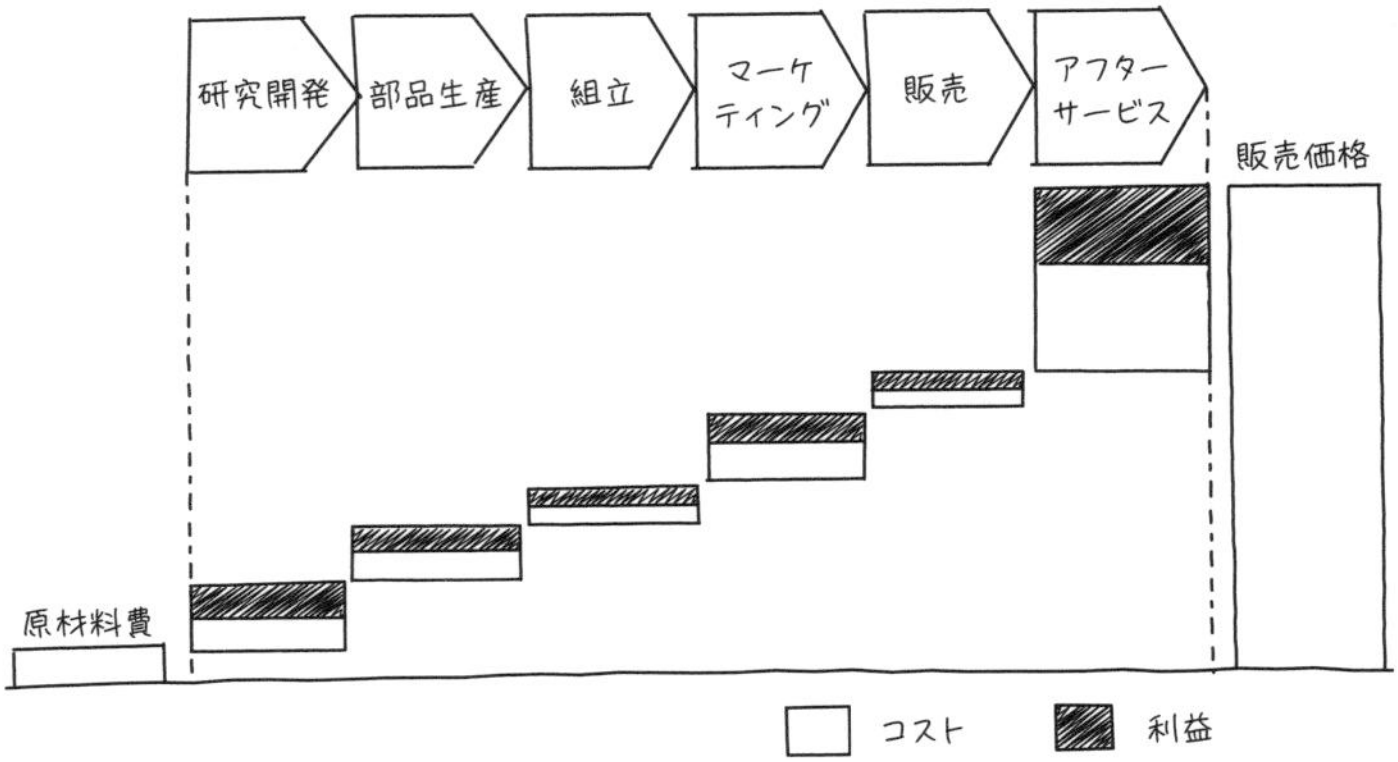

図93　バリューチェーン×コスト・利益

あるいは、バリューチェーンに沿って、それぞれの矢バネで掛かる費用と生み出される利益を描いてみます（ウォーターフォールのように）（図93）。今度は、企業活動のどこで価値が生み出されているかが手に取るように分かります（まさにバリューチェーンと呼ばれる所以）。

考えるべき課題に合わせて、ヨコ軸の流れに対し、異なる切り口のタテ軸を持ってきて（タテ・ヨコ逆でも大丈夫）、図の上で考えると見えにくかったものがハッキリしてきます。

5Fも、実はバリューの流れ

このバリューチェーンという考え方は、産業全体への拡張も可能です。

5F（ファイブ・フォーシーズ：5つの力）とい

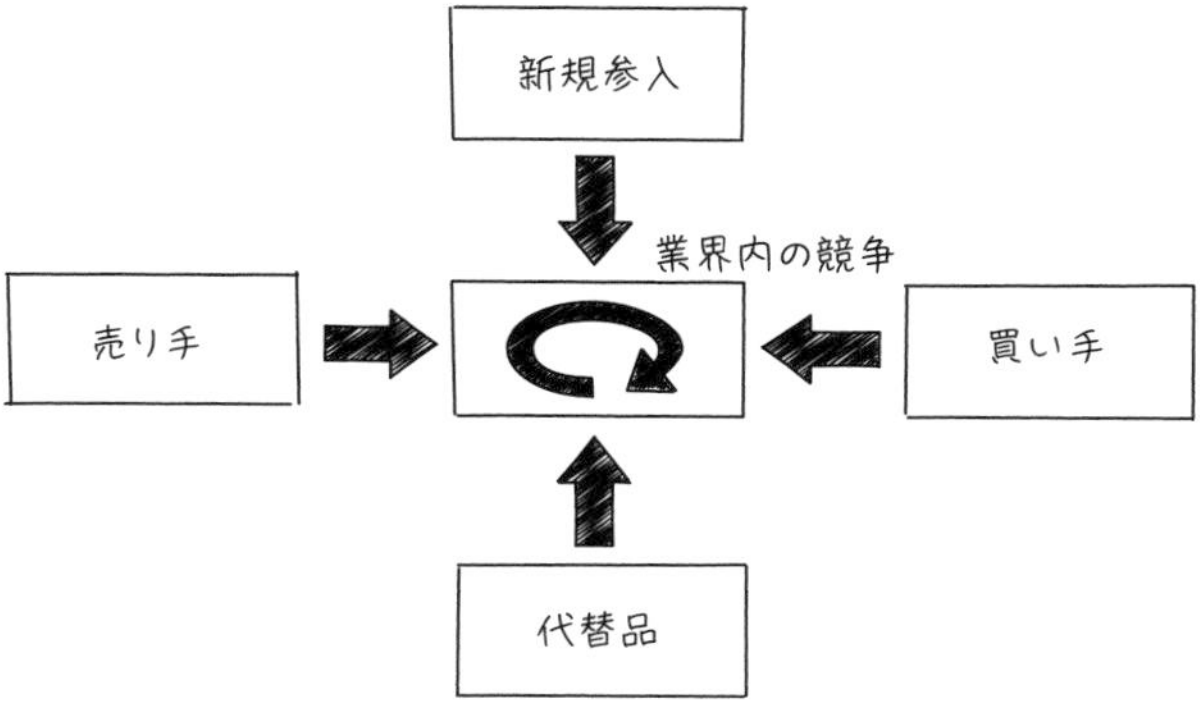

図94　5Fのフレームワーク

う有名なフレームワークが経営戦略論の中にあります（図94）。この5Fは、5つの要因（買い手、売り手、新規参入、代替品、業界内の競争）を分析することでその業界が儲かる業界か否かを理解し、打ち手を検討するために使われるものです。

とてもユニークな形をしているのですが、よーく見ると、この図の中には「流れ」があり、矢バネを土台にしたものであることに気付きます。

真ん中に描かれている箱を左から右へと見てみると、「売り手」→「業界」→「買い手」。これは、売り手のインプットに付加価値がつけられ、買い手で消費されるまでの流れになっています。つまり、産業のバリューチェーンです。このチェーンに、業界に対する圧力である「代

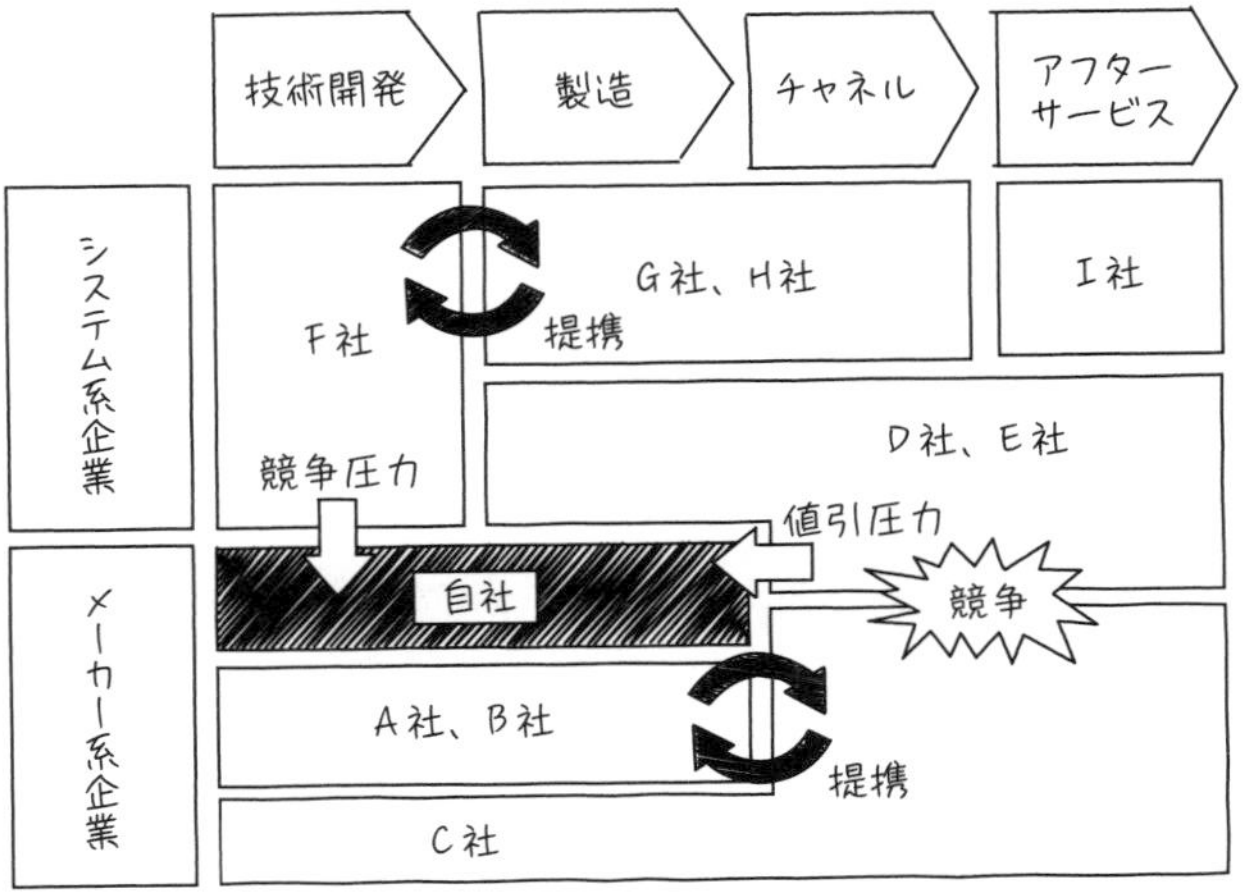

図95　産業バリューチェーンで自社の立ち位置を把握すると……

替品」と「新規参入」が付加されて5Fができあがっているのです。

この産業のバリューチェーンの理解は、ビジネスを行う上で本質的に重要です。たとえば、産業バリューチェーンをヨコ軸。企業のカテゴリーをタテ軸に取って企業をマッピングすると、自社の立ち位置がハッキリします。図95の場合だと、競争激化や川下プレーヤーからの圧力が増大し、けっこう厳しい状況であることが分かります。

自社を取り巻く「流れ」を理解することは、競争力強化のために何をすべきかを考える際の出発点になります。コンサル時代には、こんな図を悶々としながらよく描いたものです。

矢バネそのものをいじってみる

次の事例は、ちょっと捻った応用例です。

矢バネそのものを「動的」にいじることで、「流れ」の変化の本当の意味合いを理解することができた例です。あるコンサルティングプロジェクトでの出来事でした。守秘の関係でここでは違うテーマ（情報産業）に置き換えてお話しします。

昨今、情報が溢れる世の中になりました。30年前と本質的に何が変わったのでしょうか。30年前の情報の流れは、新聞社やテレビ局が情報を収集し、編集して、世の中に伝えるという形が主でした。つまり、情報は、作られ、配られ、消費されていました（そして大衆文化ができあがっていた）。

「矢バネ」を使って、図にすると、図96のように、上から下へと「タテ」に情報が流れていく感じになるでしょう。

しかし今では、インターネット、スマホ、ＳＮＳが普及しています。かつて情報を消費するだけだった個人が情報を創造し発信する。それを受け取った人も、それに反応し、新

図96　従来の情報の流れ

たな情報を創造する。そして、時に炎上する。今はそんな世の中です。

均質ではなく個別的。安定的でなくダイナミック。情報が「縦」に流れるイメージはどうもしっくりきません。

つまり、図96の「情報の創造」「伝達」「消費」が同時並行的に、そして循環的に起こり、自己増殖した情報がパワーを持つようになったのです。先ほどの「タテ」ではなく、「ヨコ」のイメージのほうが近い気がしませんか。図にすると図97。矢バネがタテからヨコへと動的に組み変わったのです。

このような構造変化の中では、大事なことも変わります。かつては、上から流れてくる情報をいかにうまく受け入れ、どうそれに乗っかっていくかが大事でした。しかし今

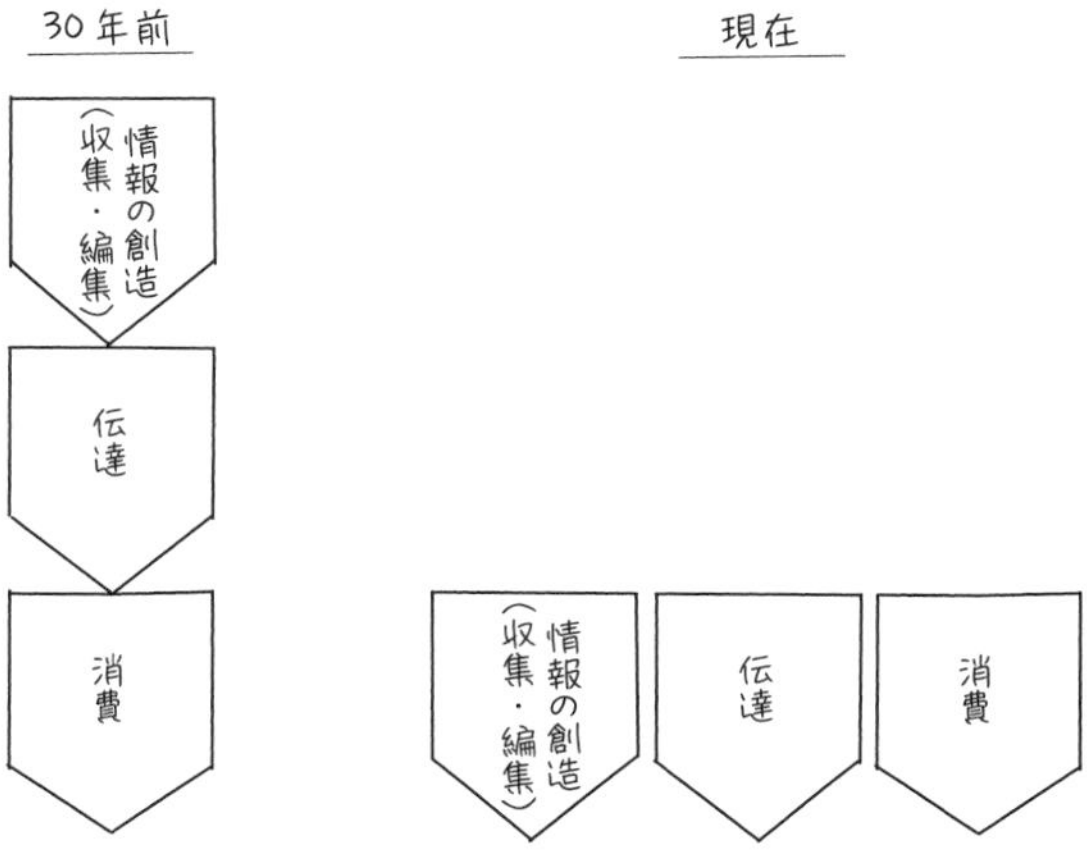

図97　情報の流れが変わった①

は、世の中のいろんなところで自然発生的に生まれる情報をどう捕捉し、取捨選択し、何を発信するのかといった、ダイナミズムをマネージする力や創造性が大事になります。

　このプロジェクトは、新規事業の創出が目的だったのですが、当然、構造が変わったのですから新規事業のための着眼点も変わります。図98はその本質をシンプルに表したものです。直線から丸。あるいは渦巻です。クライアントは、この図の持つ意味を高く評価してくれました。

　この図をベースに新規事業の検討を進め、プロジェクトは成功裡に終わりました。考えられた新規事業は、マッチングやシェアリングのビジネスでした（直線より丸のほうがピッタリきませんか？）。今では当たり前になってしまった感はありますが、当時は新鮮でした。

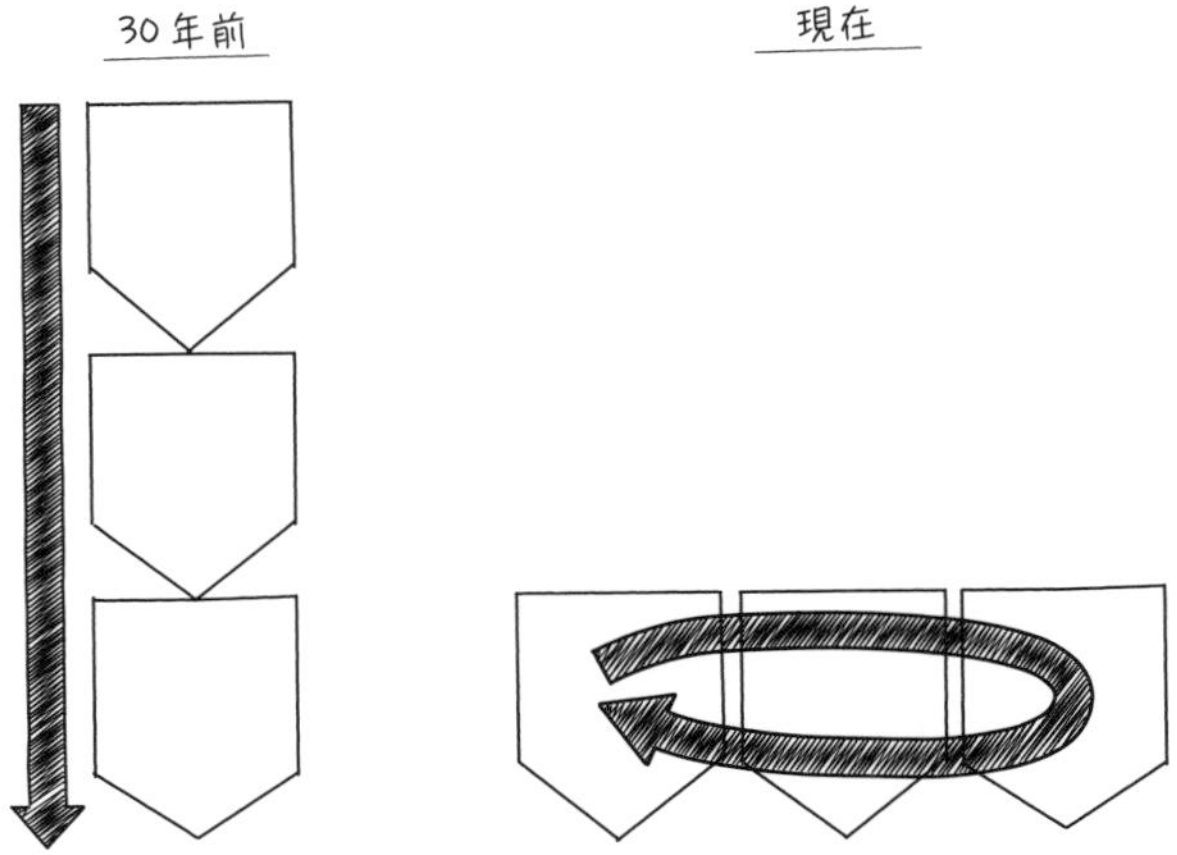

図98　情報の流れが変わった②

5 矢バネを使ってユニークな発想を生む

バリューチェーンのデ・コンストラクション

次に、よりユニークで新しい発想を生むための「矢バネ」活用方法について議論していきましょう。

１つ目に紹介したいのは、コンサルティング会社のＢＣＧが提唱するバリューチェーンのデ・コンストラクションの図です。

この図では、産業の成熟化などによって生じる産業バリューチェーンの変化を４つに分類しています（図99）。これは、新しいビジネスのヒントになります。

たとえば、マイクロソフトやインテルは、それぞれの得意な領域、ＯＳやＣＰＵに特化するレイヤーマスターとなってＰＣ業界を牛耳りました。また、デルは、ＰＣの組み立て

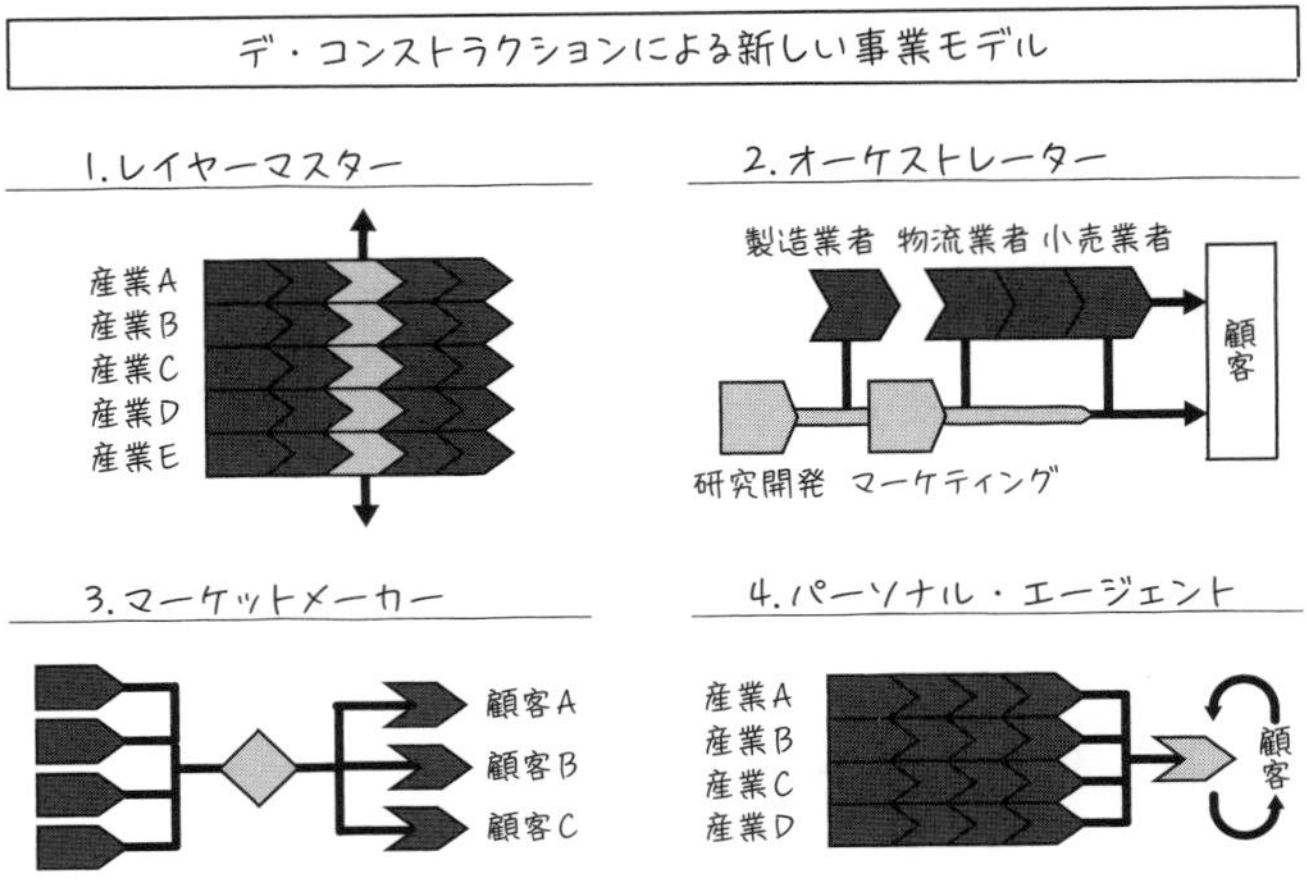

図99　バリューチェーンのデ・コンストラクション
出所：水越豊『BCG戦略コンセプト』（ダイヤモンド社）を参照

は自分で行い、苦手なところは他社（マイクロソフトやインテルも含め）に任せる、オーケストラの指揮者のようなオーケストレーターになって数兆円のビジネスを築きました。

一方、アマゾンは、産業バリューチェーンの中に「市場」を作り、プラットフォーマーとなって巨大な企業へと成長しました。徹底的に顧客の立場に立って価値提供をするパーソナル・エージェントの例としては、ほけんの窓口とかが分かりやすいかもしれません。

新たな勝ちパターンを考えるヒントとして、このイメージを頭の中に入れておいて損はありません。

矢バネを交差させてユニークな発想を生む

2つ目は、「矢バネを交差させる」。

これは、複数の事業会社を経験した後、ローランド・ベルガーのマネジャーとしてコンサルティング業界に戻った頃の出来事から生まれた発想です。

それは、ある商社向けの新規事業探索プロジェクトの提案書を作成していた時のことでした。一番の悩みどころは、新規事業検討のための斬新な切り口を示せるか否か。新しい事業を着想・検討するための土台が必要だったのです。しかし、なかなかいいアイデアが浮かばない。

商社は産業バリューチェーンを俯瞰し、その変化を捉え、チャンスがあるところに投資をしています。ヨコ軸は産業バリューチェーンが最も適切だと思っていたのですが、問題はタテ軸……。

そんな時、同僚と議論中に、ふっと「対立する2つの項目」と「シュンペーターの新結合」が頭をよぎりました。そうだ。世の中は数多くのバリューチェーンが絡み合ってできている。バリューチェーンを組み合わせて新結合を考えてみたらどうだろう。そこから、

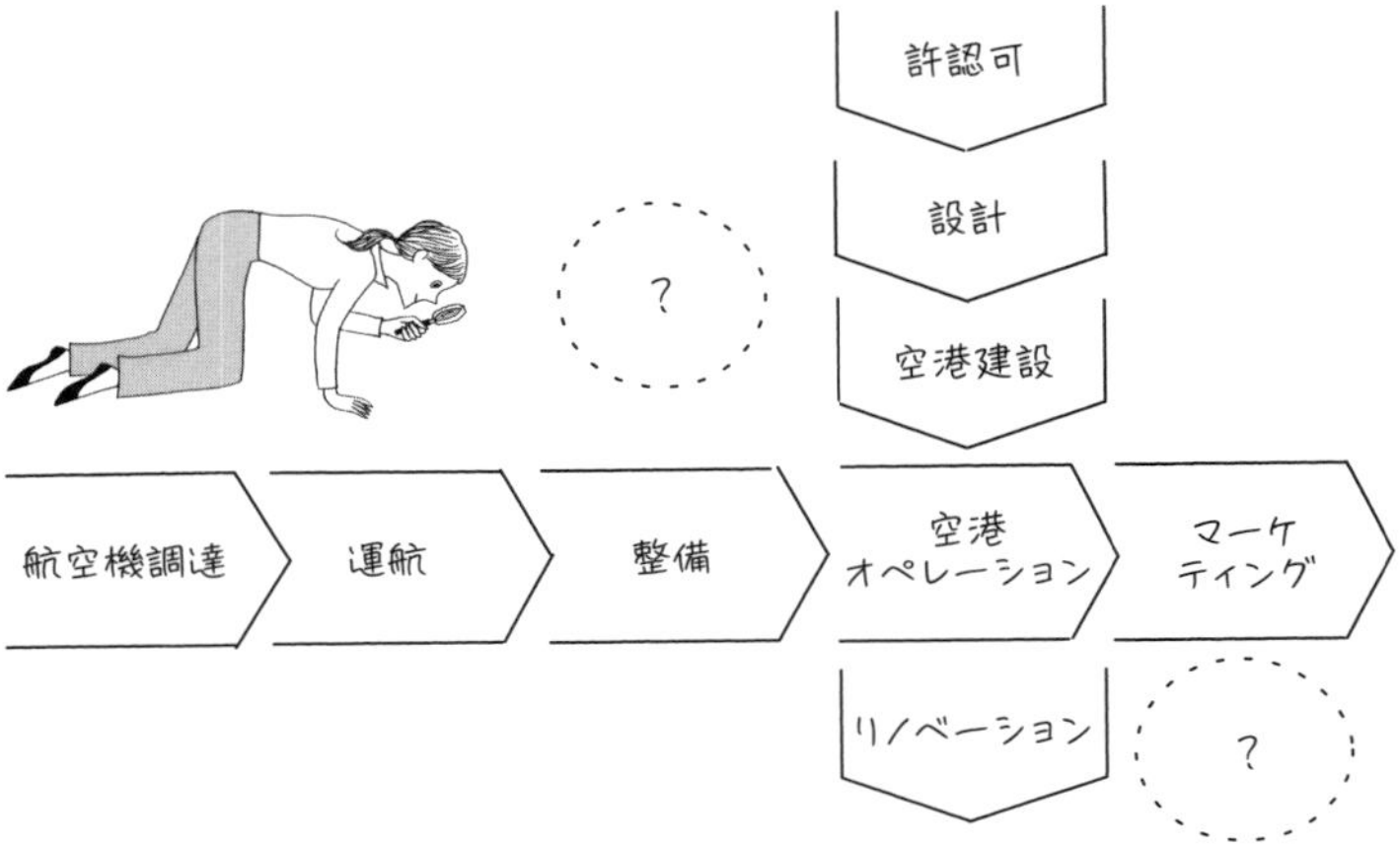

図100　タテとヨコで矢バネを交差させる

「タテ軸にもバリューチェーンを置いてみよう！」という発想が生まれました。

対象は航空業界だったので、当時描いた図は図１００のようなものでした。図の中に新規事業のアイデア仮説を記載し（？のところ。守秘で記載できず）、これらをプロジェクトの中で検証しましょうと提案しました。結果、提案は採用され、コンサルティングプロジェクトが開始。幾つかの有望な事業を見つけて無事終了しました。

蛇足ですが、プロジェクトで見つかった新しい有望事業は、既存の産業バリューチェーンの流れからはみ出ているものなので、世の中にはない新しいコンセプトに基づくものになりました。

さらに蛇足ですが、タテ・ヨコの産業バ

リューチェーンには、既にその商社の事業が存在していたので、新しい事業に対するシナジーも期待できました。

このプロジェクトは、２つの「流れ」をタテ・ヨコで交差させるというユニークな発想で始まり、面白い有望事業の発見で終わる、成功プロジェクトになりました。

矢バネを丸めて見えてくるもの

最後３つ目は、矢バネを「丸めてみる」です。

これは、私がデルにいた頃の話です。当時、デルは急成長をするＰＣ直販メーカーとして注目されていました。時々、デルのビジネスモデルについて講演して欲しいと依頼があったのですが、その際、社内でよく使われていた図１０１のような図を好んで使っていました。

この図の考え方の根本には「顧客経験」がありました。基本的に言いたかったことは、顧客は営業の前だけにいるわけではない。企業のバリューチェーンに関わるすべての部署、すべての社員の前に顧客がいる、ということでした。

つまり、左側の図のような意識だと、営業や開発の間でのいざこざが生まれかねませ

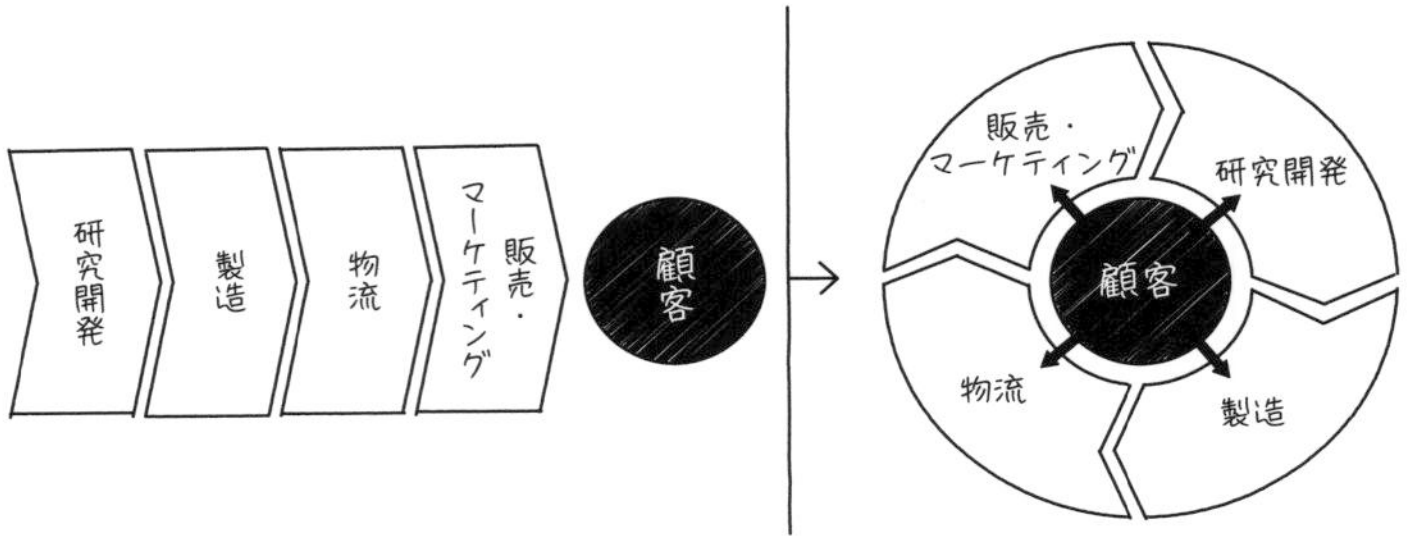

図101　デルの丸まったバリューチェーン

ん。開発から見れば、営業は顧客（虎）の威をかるキツネ（営業）になるし、営業にしてみれば開発は、顧客のことを理解しない技術オタクということになる。

　しかし右の図では、大事なものは真ん中の顧客。営業と開発の間でケンカしている暇があったら、顧客を見よ、ということです。みんなで顧客のほうを向く。お互いに協力する。敵は内にあるのではなく外にある（まあ、顧客は敵ではありませんが……）。そうすると中の些細ないざこざは消える。そんな思想です。それが図１０１の右側。

　実際デルは、すべての部署からアイデアを募集し、直販モデルを活かした「顧客経験」の向上に邁進していました。今で言う「モノ」から「コト」（顧客経験）への発想転換です。

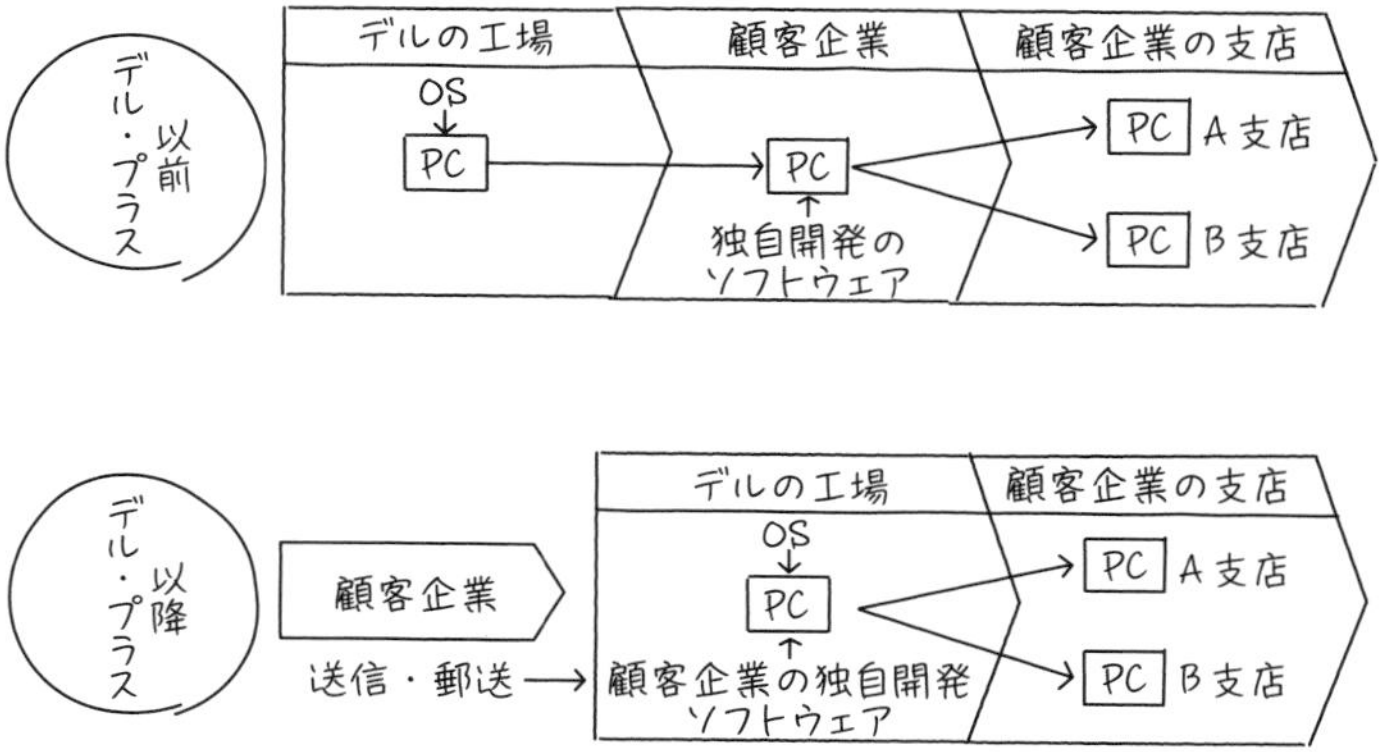

図102　逆転・削除で新サービス

たとえば、当時のデル・プラスというサービスは、物流部門とマーケティング部門の協業から生まれました。デル・プラスは、顧客の独自開発のソフトウェアを工場でインストールするサービスです。どうせOSをインストールするのだから、同時にソフトウェアもインストールすれば、顧客の手間も省けるし、デルの新しい付加価値サービスにもなる（図102）。

デル・プラスは、Ｐ１９３で述べたRe-organizeから生まれました。矢バネが丸まる発想から、矢バネのRe-organizeが起こる、面白くないですか？

この「丸める」という発想は、実は「ループ」に近しい発想です。「ループ」という「型」については、次章で説明していきます。

COLUMN

矢バネと面積図もつながっている

第４章で説明したように、「田の字」と「ピラミッド」はつながっていました。

実は「矢バネ」と田の字の応用である「面積図」もつなげて議論することができます。

次のような例を考えてみましょう。

あなたは自営業を営んでいるとします。今年、あなたの会社の利益は５００万円。事業をさらに発展させるために、来年９００万円の利益が必要だと仮定します。これを達成するためには、「利益率を上げる（コスト削減する）」か「売上を増やす」しかありません。コスト削減と売上増大のどちらが重要になるのでしょうか？

たとえば、今年の売上は２０００万円で利益率が25％（なので利益５００万円＝２０００万円×25％）で、来年、コスト削減（利益率の改善）は5％しかできないとします。いくら売上を増やせばいいのでしょう？　この答えは、面積図を描けば一目瞭然です（図１０３）。

この図を見ると、必要な売上増は１０００万円。利益に対するインパクトはコスト削減より大きいことが分かります。つまり、売上増のほうが優先度大です。

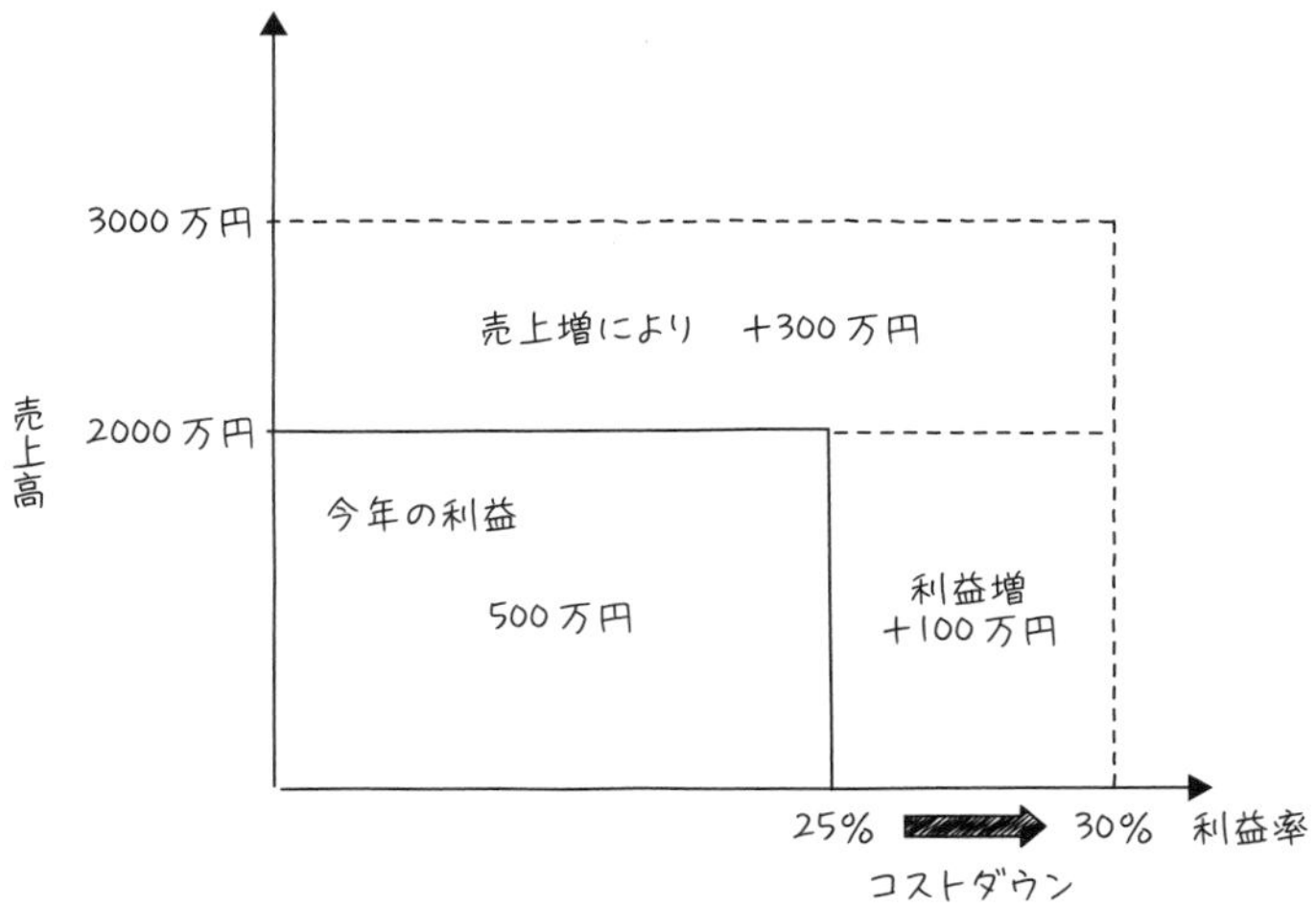

図103　利益の面積図

そもそも、問題とは「あるべき姿」と「現状」のギャップでした。そこで矢バネとモレ分析を使って、現状（利益５００万円）から、あるべき姿（利益９００万円）に至る道筋を描いてみましょう。そうすると図１０４のようになります。

　このように、矢バネと面積図もつなげることができます。どちらも、問題のありかを違う形で捉えて、表現しているということです。

　田の字とピラミッドもそうでしたが、様々な「型」はつながっています。別な表現をすると、同じ構造／関係性の異なる捉え方、描写の仕方が「型」なのです。なので、様々な「型」を使って発想するということは、様々な切り口・登り口で、現象の

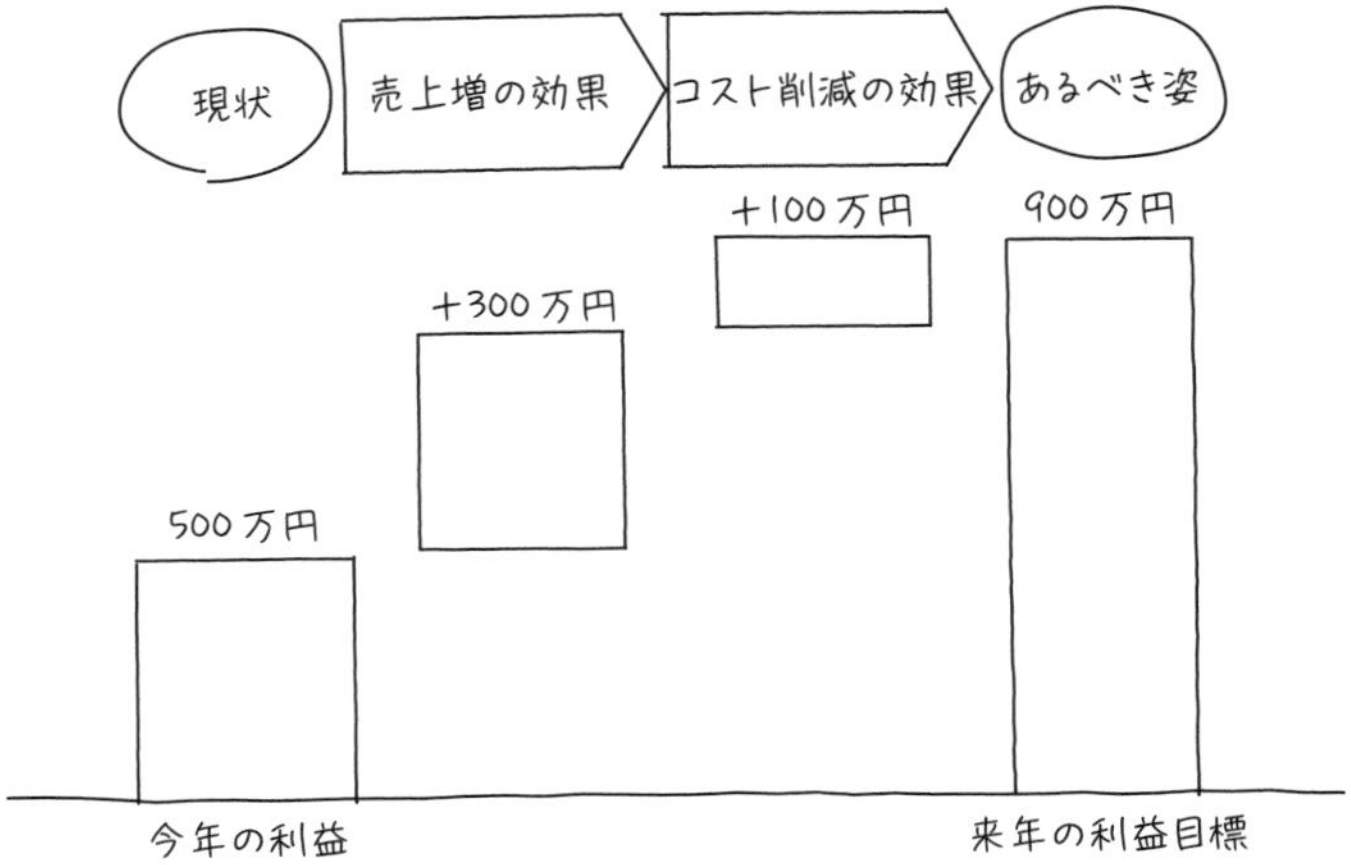

図104　矢バネ×モレ分析

奥にある本質的な構造／関係性に辿り着こうとする努力だとも言えるのです。

第 6 章

使える型④ ループ

最後にご紹介する型は「ループ」です。ループは、ものごとの因果関係や本質を表現する、極めて豊かな図であり、アマゾンやスターバックス コーヒー ジャパンといった名だたる企業のビジネスモデルを生み出しました。「深く考える」ための強力な型として、ぜひマスターしてください。

1 真理や本質に迫るループ

他の3つの型との違い

最後の型は「ループ」です。「ループ」はこれまで紹介した「ピラミッド」「田の字」「矢バネ」とは根本的に発想が異なります。この3つは、どちらかと言うと分析的なアプローチ。つまり、分けて明晰にする要素還元主義的な発想であるのに対し、「ループ」は逆に「つながり」を重視した、より全体的・俯瞰的・動的な発想だからです。

たとえば、P132の図46を思い出してください。売上を「価格×数量」に分解したピラミッドです。これ自体は間違いない。しかし、ピラミッドでは「抜け落ちる横の因果」に要注意です。「価格×数量」の場合、売上を上げるために価格を上げると、ふつう数量は下がってしまいます。このピラミッドからは、そんな因果が抜け落ちていました。

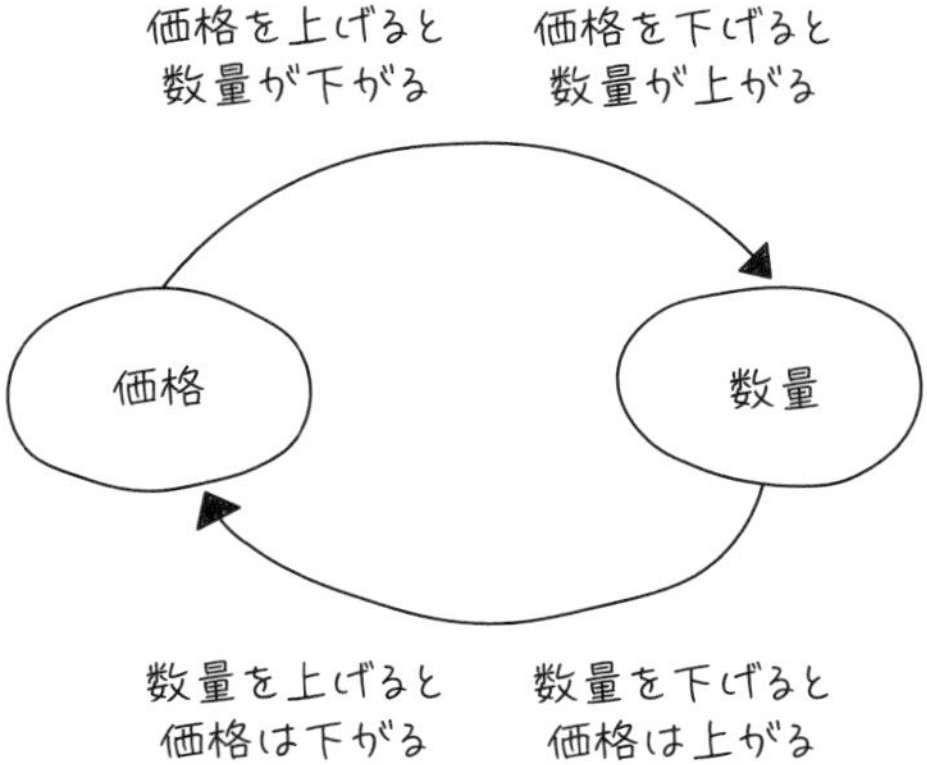

図105　ループ図

こんな因果をハッキリとさせ、理解するのに役立つのが「ループ」です。たとえば、図105のようなループを描くと、価格を上げると数量が下がる。逆に数量を増やそうとすると価格は下がる。じゃあ今度は、価格を下げると数量が上がる……、といった風にグルグルと循環の因果が続くことが分かります。

ものごとの関係性に着目し、構造と因果を理解するための型が「ループ」なのです。

「関係性」の理解で真理に近づく

私が「関係性」の重要性に気付いたのは、理系の大学院から文系（ビジネスの世界）への転身を考え始めた頃のことでした。つまり、頭の基本構造が要素還元のみだった頃です

（笑）。そんな時、ある本の中にこんなことが書いてあるのを見つけました。

「真理は『間』にある」

理系だった私にとって、頭をガツンと殴られたくらいの衝撃でした。なぜなら、それまでの私の考えは、真理は対象物の『中』にあったからです。理解すべきは、電子であり、原子であり、宇宙でした。しかし、その本は、真理は『間』にあると言います。

確かに人が作っている世の中は関係性の塊です。シュンペーターの〈新結合〉も関係性。**人の喜びも悲しみもそのほとんどが他の人との関係性から生じる。つまり何かと何かの『間』こそが確かに大事**そう。

この一言は、それまで私にはちゃんと見えていなかった、世界のもう半分の存在。つまり対象物の『中』ではなく『間』というもう片方を明確に意識させてくれたのです。そしてこの出来事は、文系転身への背中を後押しすることになりました。

ここで一点強調しておきたいことは、この「関係性」は、言葉よりも図のほうが分かりやすいということです（図１０６）。

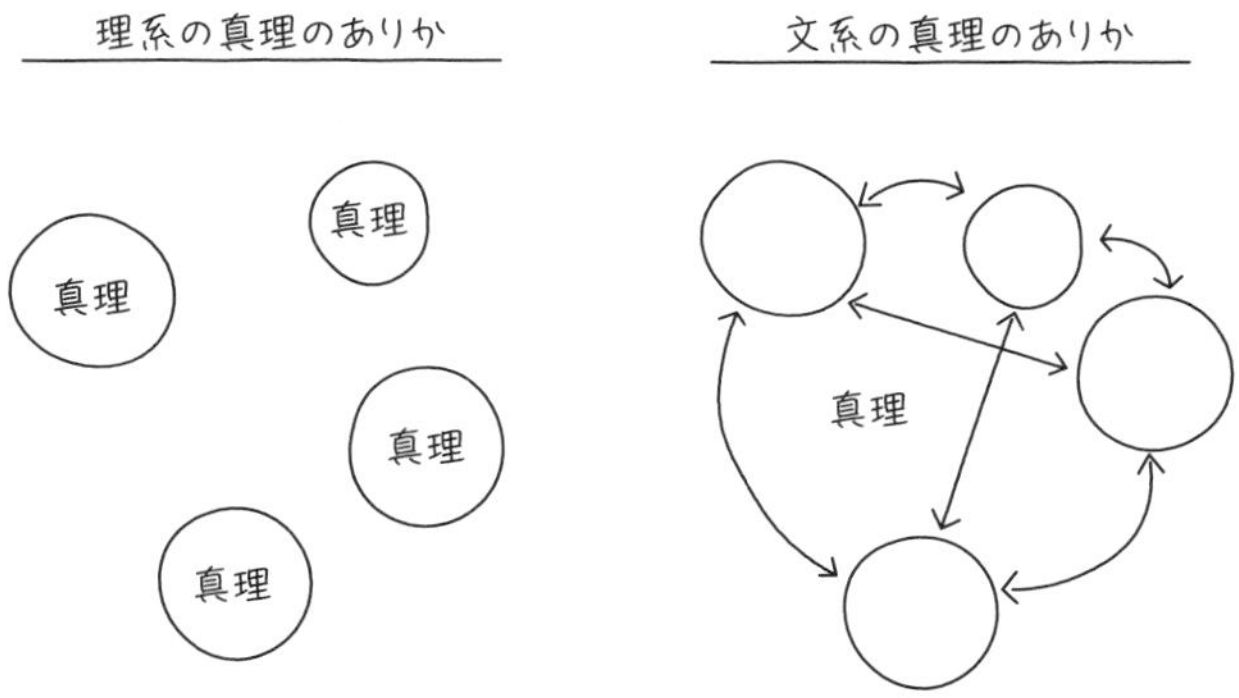

図106　真理はどこにある?

「ループ図」から生まれた1兆ドルのビジネス

このループ図は、時にとんでもない成功をもたらします。たとえば、ジェフ・ベゾスの描いたアマゾンのビジネスモデルは、この「関係性」理解の勝利と言えるでしょう。

ジェフ・ベゾスは創業後間もない頃、図107のような図を紙ナプキンの上に描いたと言われています。アマゾンのビジネスモデルの原点です。描かれているのはまさにループ図。このビジネスモデルによって、アマゾンは時価総額約1兆ドル（2020年1月）の事業へと成長しました。

ところで、皆さん1つ大事なことに気付い

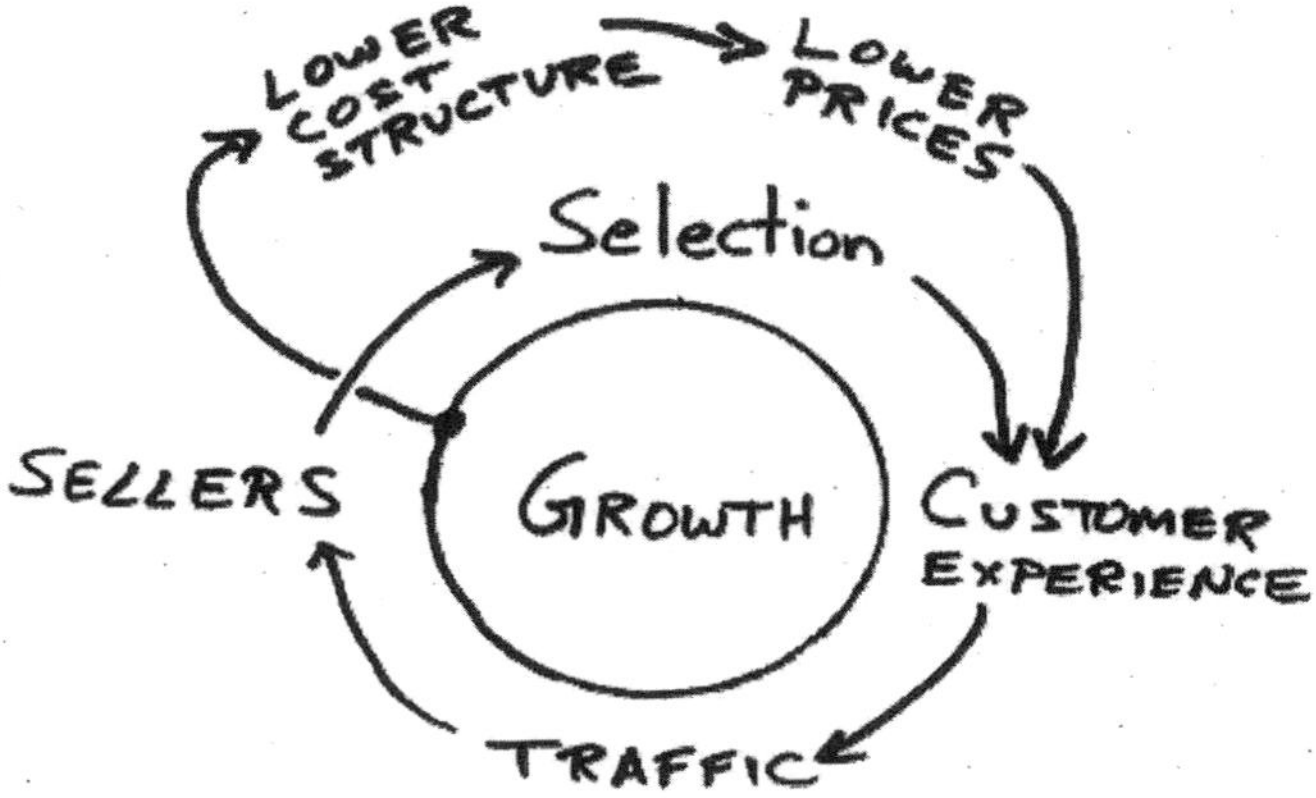

図107　ジェフ・ベゾスの描いたループ図
画像出所：Amazon.jobs HPより amazon.jobs/jp/landing_pages/about-amazon

ているでしょうか？　実は、このアマゾンの図は、先ほどの「価格×数量」のループとはタイプが異なるんです。

価格×数量の図は、上がったり下がったりの「バランス」をもたらす**負のループ**でした。一方このアマゾンの図は、どんどん「成長（Growth）」が続く**正のループ**。つまりアマゾンの図は、好循環をもたらす「自己強化型のループ」なのです。正のループが事業の中に埋め込まれているか否か？　これは事業の成否を占うキー・クエスチョンになります。

「ループ図」で本質に迫る〜企業の業績アップ事例

私は、このループ図には「深く考える」ための鍵の1つが潜んでいるように思うのです。分けるのではなく統合する。矢印で因果を意識する。つながりで全体を形成する。こんなループ図の視点が、現象や表層に流されることを防ぎ、その奥にある本質に目を向けさせようとする。これが実に大事なんだと。

これまで見えていなかった構造や因果が分かった時、本当に大切なことへの理解が進みます。良くできる人は、本当に大切なことを理解した上で行動します。なので差が生まれる。そもそもの姿勢がそうなので、それが仕事にも生活にも表れる。そして差がますます広がっていく。こんな感じではないでしょうか。

ここで、簡単な例を挙げてループ図の効能を見てみましょう。企業業績を向上させるためにはどうすれば良いか？

ここでは簡略化のために、企業の業績が、顧客満足と従業員満足の2つで達成できると仮定します。この問題をピラミッドで表現し、このピラミッドを睨むと図108のような

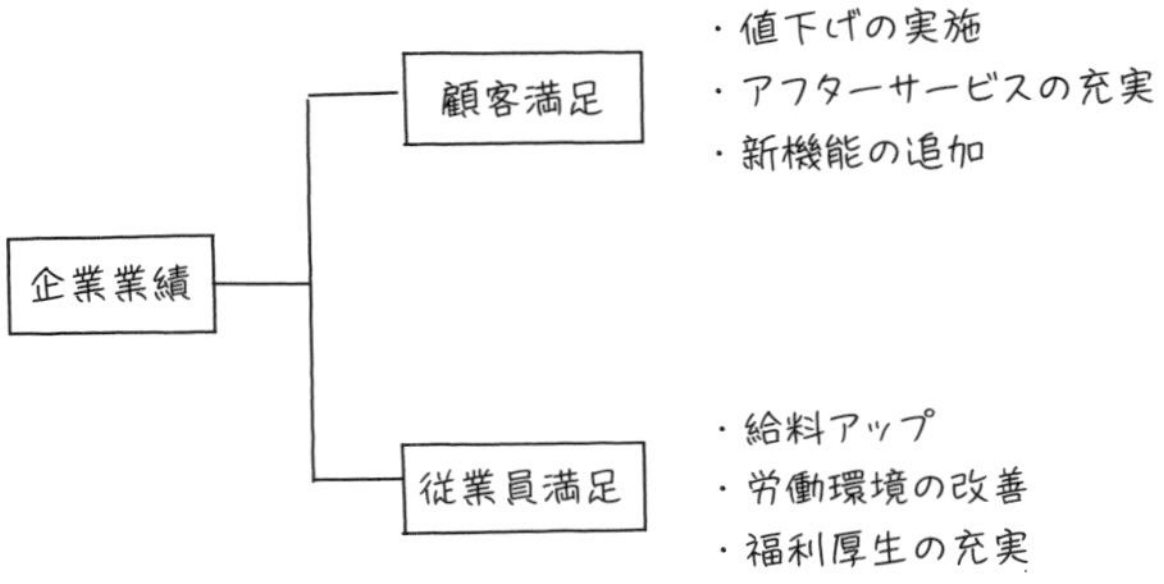

図108　企業の業績アップをピラミッドで考える

打ち手を思いつくかもしれません。しかし、個別の打ち手だけに囚われると、本当に大事なことに辿り着けません。

これをループ図で考えてみましょう（図109）。顧客満足と従業員満足の『間』の関係性もよりハッキリ意識できます。ここでアマゾンのアナロジーで考えると、企業業績向上に向けて行うべきは、顧客と企業が交わる「場」の設計にあるかも？という着想も得られます（図110）。そうすると、顧客と従業員の間の好循環を生み出すための仕組み作りといったアイデアも浮かんできます。

こんな発想はピラミッドからはなかなか出てこないですよね。これがループ図の威力だと思います。実際、多くの優良企業は、新しい価値創造のために、顧客企業と自社のR&D部門が交流する場を設けたりしています。

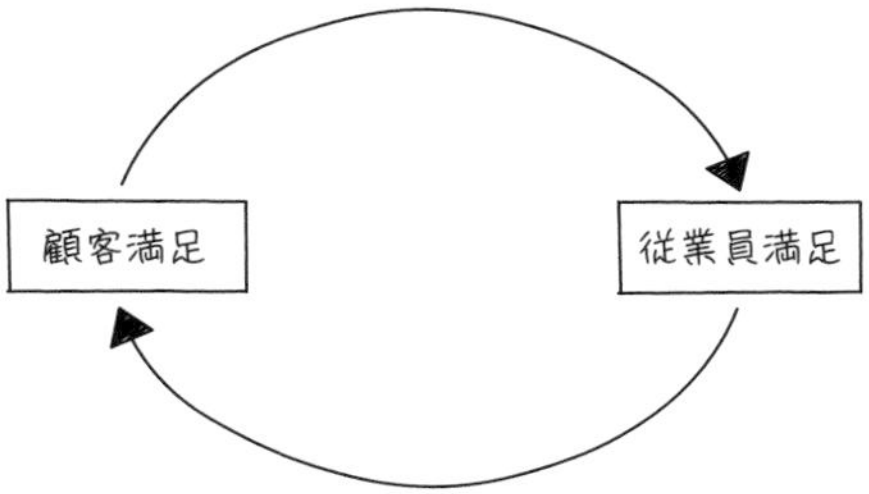

図109　企業の業績アップをループ図で考える①

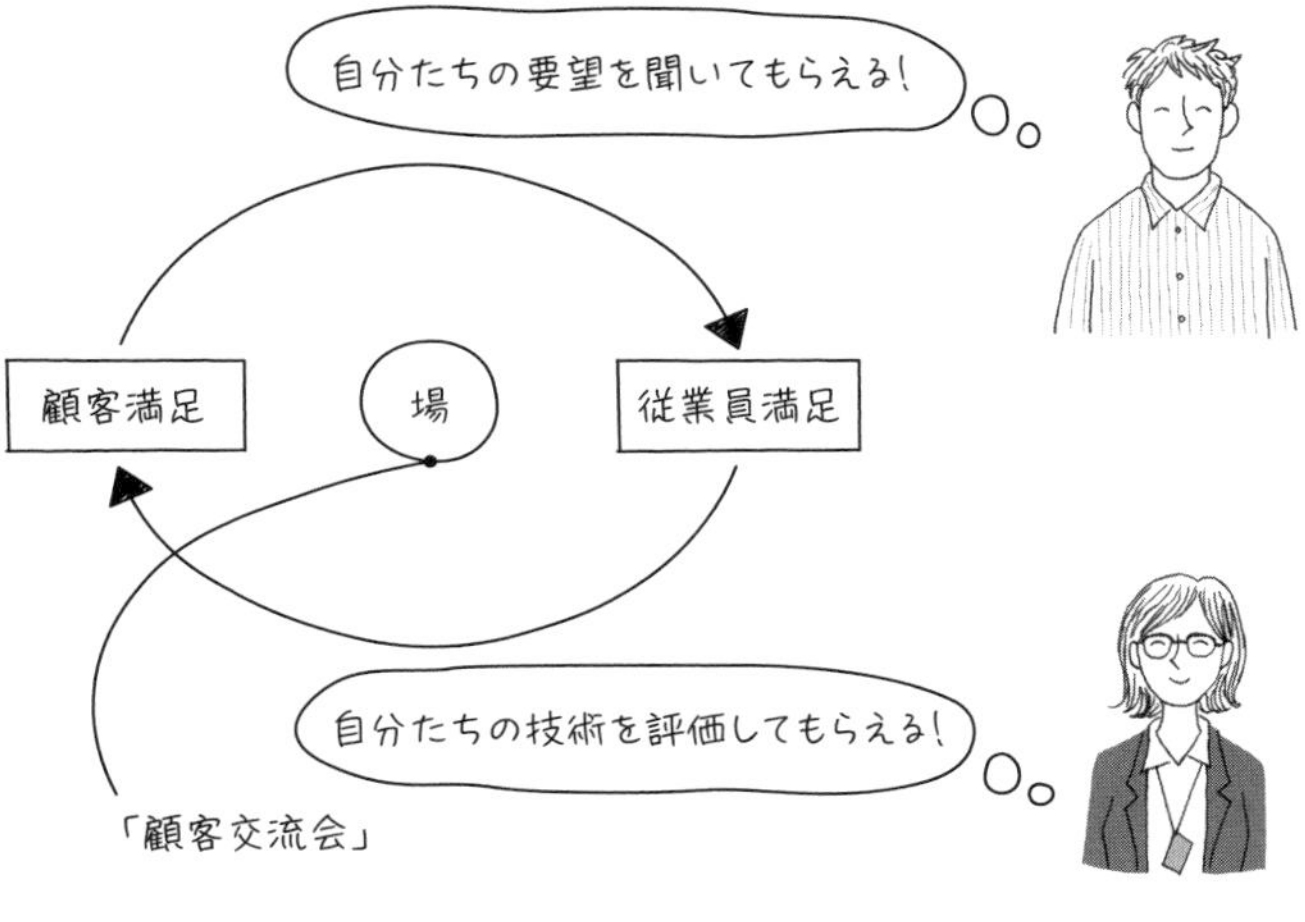

図110　企業の業績アップをループ図で考える②

2 未来創造に向けた「ループ」の使い方～スターバックスの例

ここからは、ループを使って考えるプロセスについて説明していきます。

分かりやすくするために、私も以前勤務経験があり、かつ、ほとんどの皆さんが知っているスターバックスを事例に取り上げていきたいと思います。

スターバックスの強さの秘訣はどこにあるのでしょうか。

ステップ① 大事そうな要素を並べずに書き出す

スターバックスは、１９９６年に第一号店「銀座松屋通り店」をオープンして以来、現在、国内に１５３０店舗（２０１９年12月末）を展開するに至っています。私がスターバックスの経営企画部門長として勤務していたのは、ちょうど２００店から５００店に急成長していた頃のことでした。

当時からスターバックスはとてもユニークな会社でした。

一番大切にしていたのはパートナーと呼ばれる従業員。パートナーには正社員もアルバイトも含まれます。スターバックスは人を大事にするPeople Businessだったのです。それ故、人の自主性を重んじていました。エスプレッソを入れるマニュアルはありましたが、接客に関するマニュアルはありません。接客は、パートナー一人ひとりの判断に任せられていたのです。

それを表す言葉として、お客様に常にYesと言う、Just Say Yesのポリシーがありました。それが優れた接客を生み、人の魅力を生み出していました。

当然、コーヒー屋なので、コーヒーはとても大切です。米国本社には、コーヒー豆のバイヤーが何人もいて、世界中を飛び回り、現地で試飲をして、良いコーヒー豆だけを調達していました。商品市場で取引されているコーヒー豆を購入していたわけではなかったのです。

そのコーヒーも、単なる深煎りのコーヒーとして提供するだけでなく、ラテやカプチーノ、また季節毎のユニークな商品を通じて、新しい飲み方の提案を継続的に行っています。

また、店舗は基本的に直営店。そのお店は、家庭（第1の場所）でもなく、職場・学校（第2の場所）でもない、自分を取り戻せるくつろげる空間。つまり「第3の場所（Third

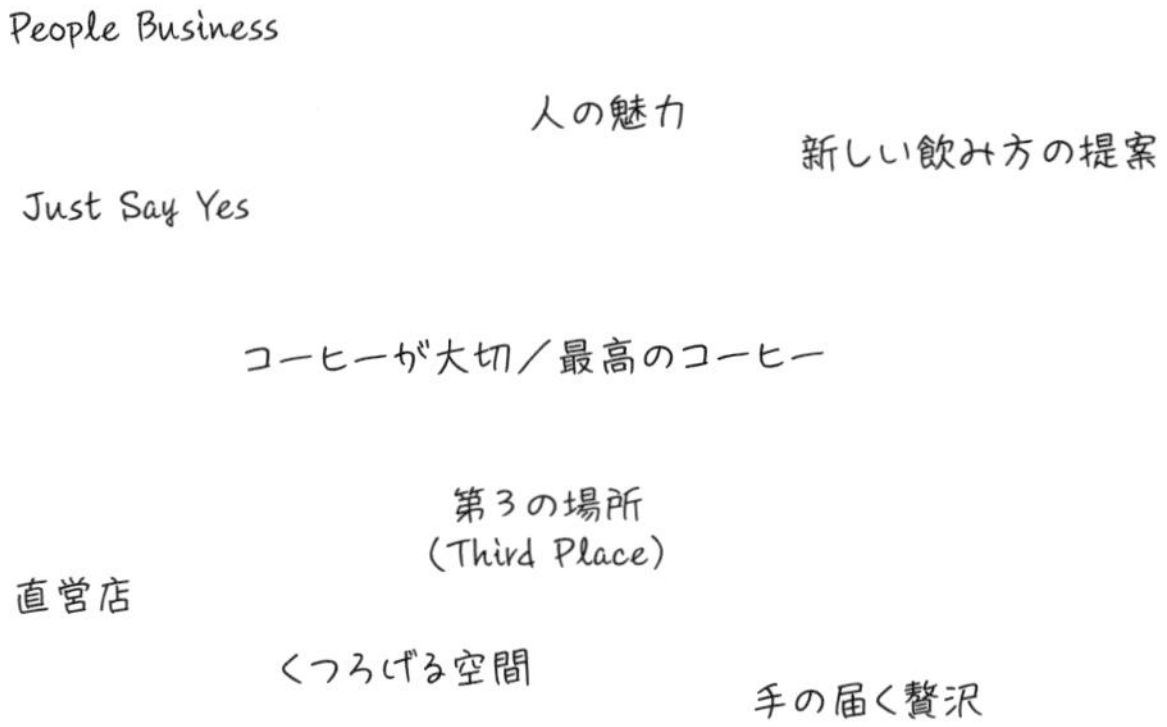

図111　ループ図でスタバのビジネスを考える①

Place）」を提供するという大事な役割を担っていました。

その第3の場所で、お客様は、ちょっとした手の届く贅沢を味わうことができたのです（フェラーリは買えなくても、一杯300円の少し高めのコーヒーは買える！）。

こんな特徴を持ったスターバックスですが、ループ図で考える際には、まず大事だと思える要素を書き出していきます（図111）。その際には、箇条書きに並べて書かないほうがベターです。なぜなら、この後、それらの要素の「つながり」を検討したいからです。紙のスペースを活用して散らばせて書き出すことがお薦めです。

ステップ②因果を線・矢印でつないでみる

要素を書き出したら、次はその要素間の因果について考え、線、あるいは矢印で結ぶことです。

たとえば、Just Say Yesのポリシーがあるから、「人の魅力」を感じられる接客になる。このJust Say Yesのポリシーは、パートナーを大事にするPeople Businessによって支えられている。これらは矢印で結べます。

あるいは、おいしいコーヒー。人の魅力。そして、スターバックスにふさわしい場所に出店できる直営店の仕組み。これらがあるからこそ「第3の場所」としての価値が生まれる。また、次々に提案されるユニークな新商品も第3の場所の魅力を上げていく、といった具合です。

また、日本のスターバックスの立場から見ると、グローバルに展開する米国スターバックスの支援も大きな助けになります。

たとえば、グローバルでの事業規模が大きくなって、経営資源に余裕が生まれると、コーヒー調達部隊も拡充でき、コーヒーの品質も上がるでしょう。そして、店舗を作る際

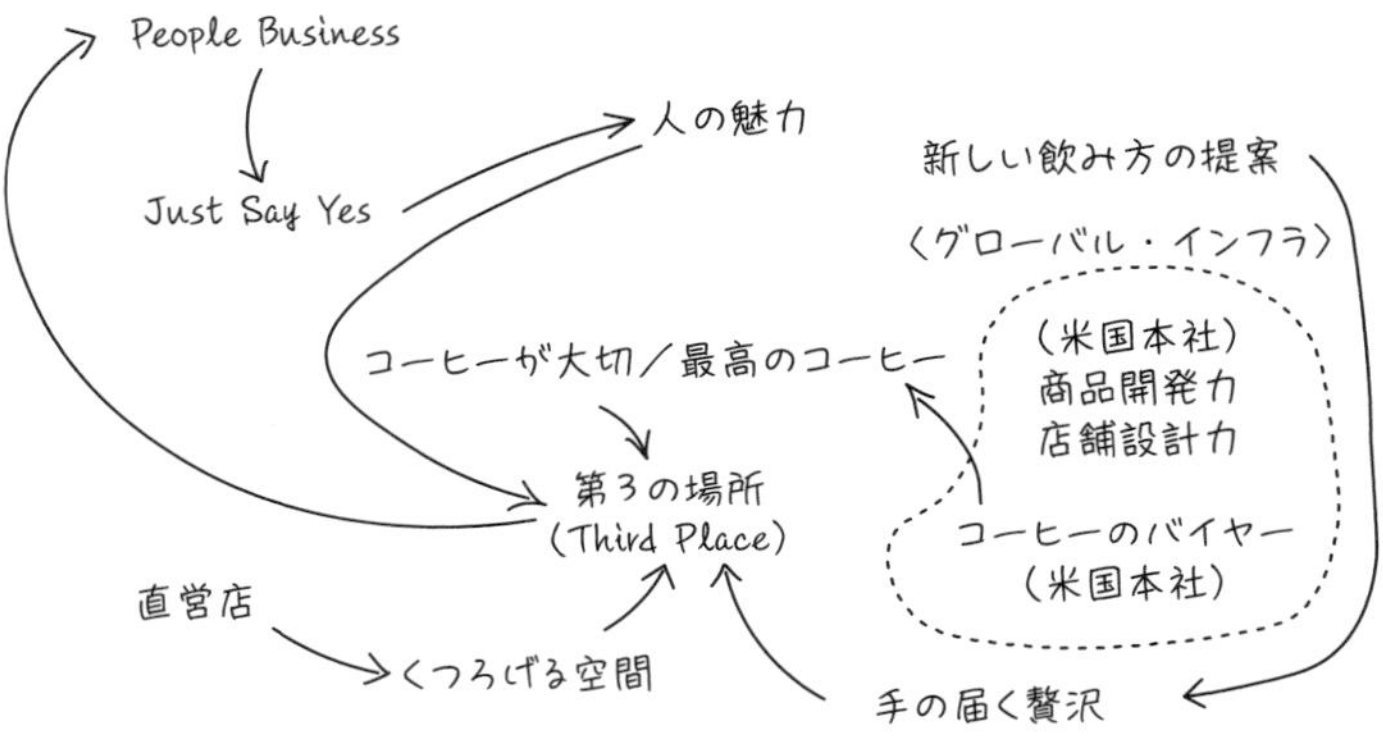

図112　ループ図でスタバのビジネスを考える②

の資材のボリュームディスカウントも期待できるし、設計力や商品開発力の向上も期待できます。これらグローバル事業のインフラは、スターバックスの第3の場所をさらに良くしてくれます。

さらには、第3の場所が素晴らしいものになると、それに共感する人がパートナーとして参画してくれて、おのずと企業と従業員（パートナー）との結びつきも強くなります。

ここで抜けていた要素があれば書き足し、グルーピングを行ったりしながら（たとえば、グローバル・インフラは点線で囲める！）、だんだんと「関係性」、つまり構造と因果を明らかにしていきます（図112）。

ステップ③自己強化型のループを明らかにする

最後は、これらを今一度俯瞰して、その中に「自己強化型のループ」、つまりアマゾンのような好循環を発見するのです。そしてループを描いていきます。

先ほどの図112を整理してつなげると、たとえば、図113のようなループ図を描くことができるのではないでしょうか。そこには幾つかの「自己強化型のループ」が存在しています。そして、第3の場所という価値へのこだわりや、People Businessであることがとても大事であり、スターバックスの成功の秘訣がそこにあることもよく分かります。

スターバックスの実質的創業者であるハワード・シュルツは、おそらくこんなイメージを頭の中に描きながら事業を拡大していったのだと思います。我々は後付けでそれをなぞっただけですが、やることは同じです。

・要素を書き出して
・関係性を考え
・自己強化型ループをハッキリとさせる

そうすると、新しい価値を生み出していけるはずです。

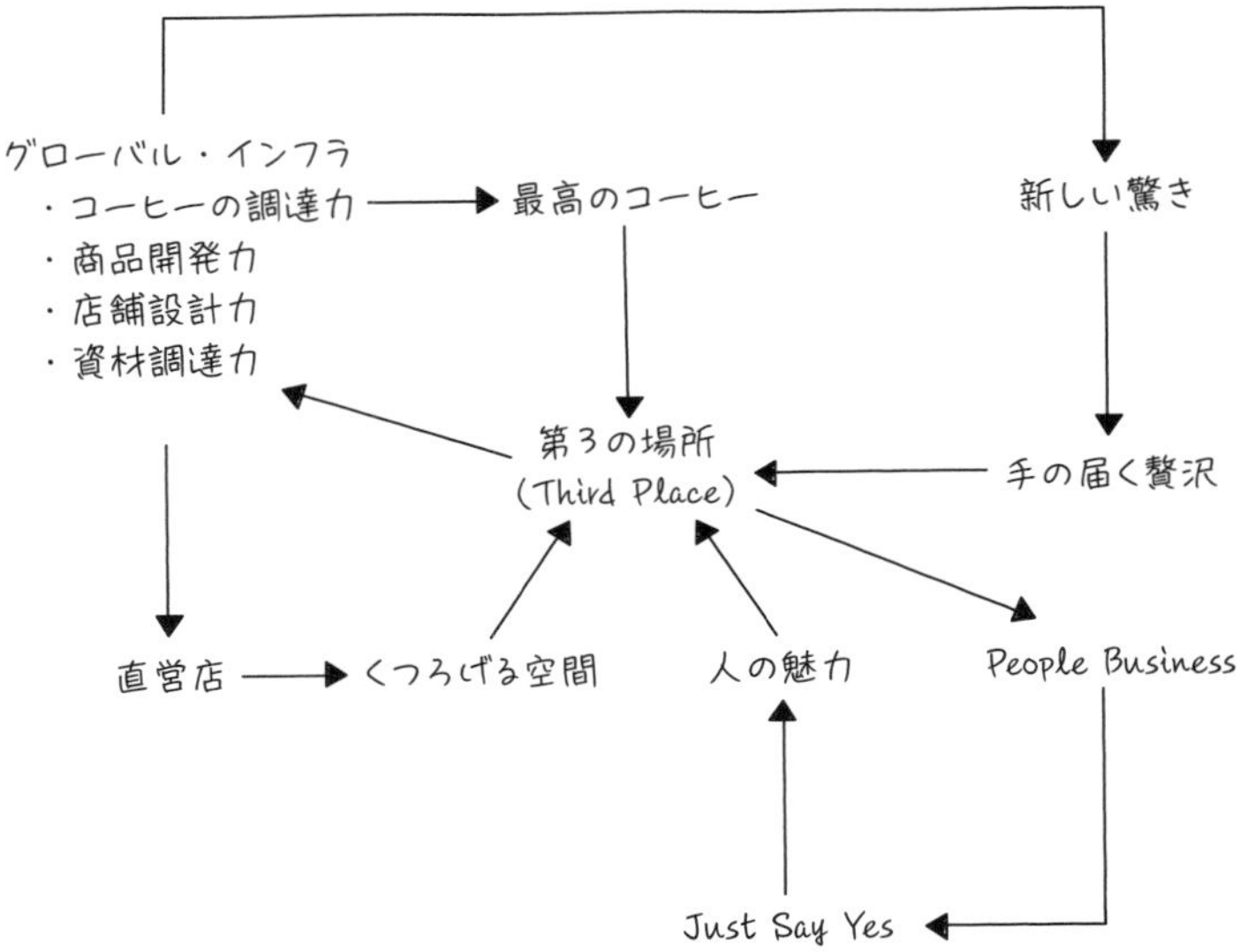

図113　ループ図でスタバのビジネスを考える③

3 根本解決を考える「ループ」の使い方～GEの例

現象ではなく構造に着目する

ループ図は、未来創造のみならず、対症療法ではない根本解決を考える上でも威力を発揮します。

問題は、あるべき姿と現状のギャップです。その問題の因果を断ち切る好循環を見つければいいのです。この好循環がものごとの関係性を変えていきます。

問題解決に向けて、単に現象だけを変えることは不可能です。なぜなら現象は、構造と因果の中から生まれてくるからです。つまり、構造と因果を変えない限り、現象は変わりません。逆に、現象だけを変えようとすると、構造は反発します。しかも、強く変えようとすればするほど、強く反発して副作用に悩むことになります。基本、**構造と因果を変え**

ない限り問題は解決しないということです。

ジャック・ウェルチによるＧＥの復活劇

ジャック・ウェルチは、１９８０年代はじめ、大企業病に陥り、業績が悪化していたＧＥのＣＥＯに就任しました。当時のＧＥのビジネスは非常に多岐にわたり、経営資源が分散し、どれも中途半端でうまくいかない状況に陥っていました。

彼が試みたＧＥの立て直しは、その状況を根本から見直し、構造を変えようとするものでした。有名な「No.1, No.2 戦略」です。このアイデアは、夫人とレストランで食事をしているときに着想し、紙ナプキンの上に描かれたと言われています。その図が図１１４です。

ここでは、1番か2番になれる「中核」「サービス」「ハイテク」の事業に選択・集中する、と明言されています。それ以外は？　売却・閉鎖です。つまり、この図の後ろには、プロダクト・ポートフォリオ・マネジメント（ＰＰＭ）があったのです（Ｐ１５９参照）。

皆さん、ＰＰＭの本質も、「金のなる木」→「問題児」→「スター」→「金のなる木」→……という「循環の戦略論」にあったことを覚えているでしょうか。ジャック・ウェル

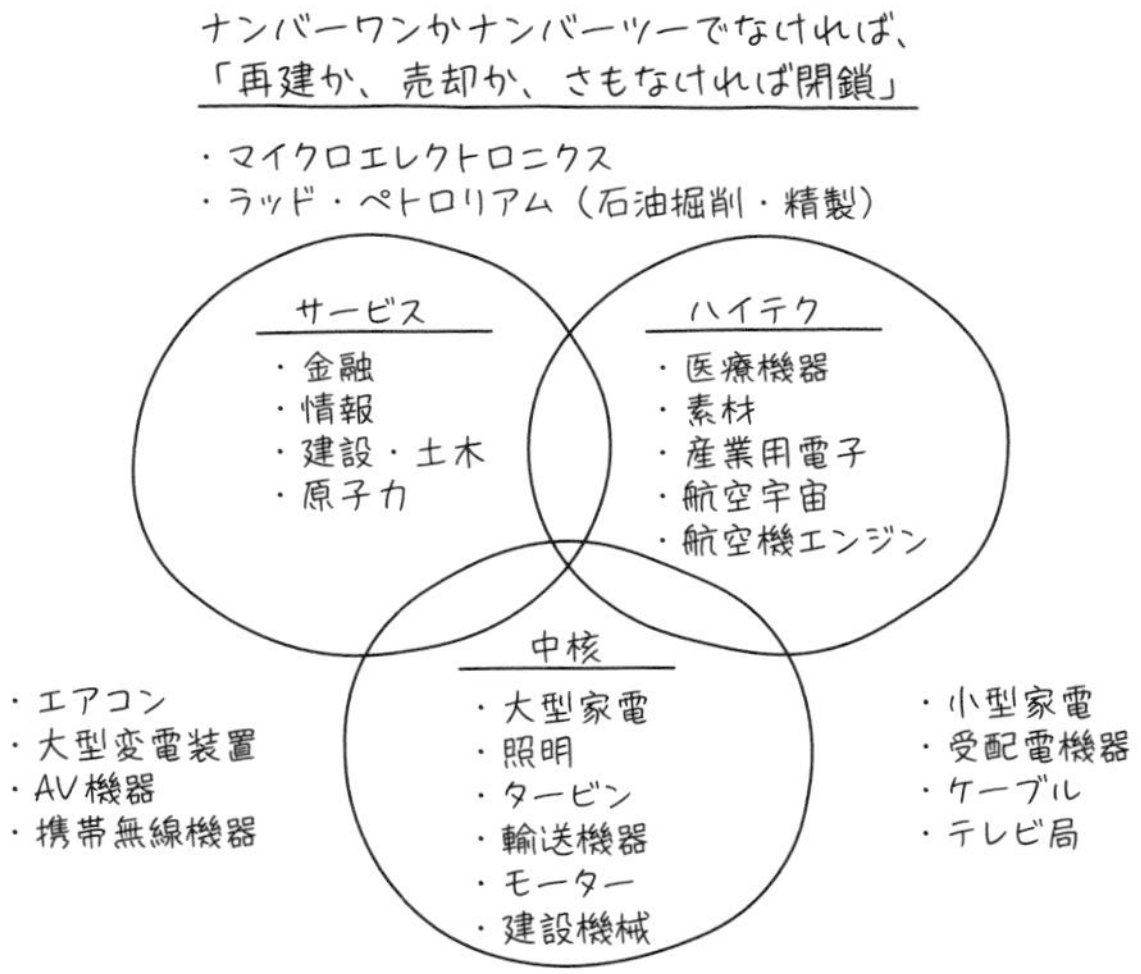

図114　ジャック・ウェルチの事業構想図

出所：ジャック・ウェルチ、ジョン・A・バーン著／宮本喜一訳『ジャック・ウェルチ わが経営』（日本経済新聞出版社）より

チは、このループを厳格に回すことによって、事業の選択と集中を進め、GEを立て直していきました。

ちなみに余談ですが、最初のビジネスの着想を紙ナプキンの上に描いたという話は多く耳にします。たぶんリラックスした時に閃くという意味では本当なのでしょう。

しかし、原因と結果を取り違えてはいけません。紙ナプキンの上にビジネスモデルを描いたからと言って成功するわけではありません（笑）。

レバレッジポイントを探し、違うループを埋め込む

問題解決のためのループを回すためには、さらにその奥にある構造と因果にも目を向ける必要があります。もちろん、いきなりすべての構造と因果を理解し、変更するのは不可能です。

そこで着目すべきは、「レバレッジポイント探し」と「違う構造の埋め込み」です。つまりテコの原理で、このポイントを突くとものごとを大きく動かせるというポイントを探して、違うループを埋め込んでいくのです。

GEの場合は、強力な本社企画機能がレバレッジポイントでした。強力な経営企画部隊(+外部コンサルタント?)が編成され、それによって、より正しい判断が可能になり、トップダウンが機能する。そして、戦略が着実に実行される。こうして、ビジネス全体の構造が変わっていったのです。

本章の冒頭の、「価格×数量」の負のループにも同じ議論が適用できます。

価格と数量の間のマイナス効果を克服するためには、レバレッジポイントを突いた新た

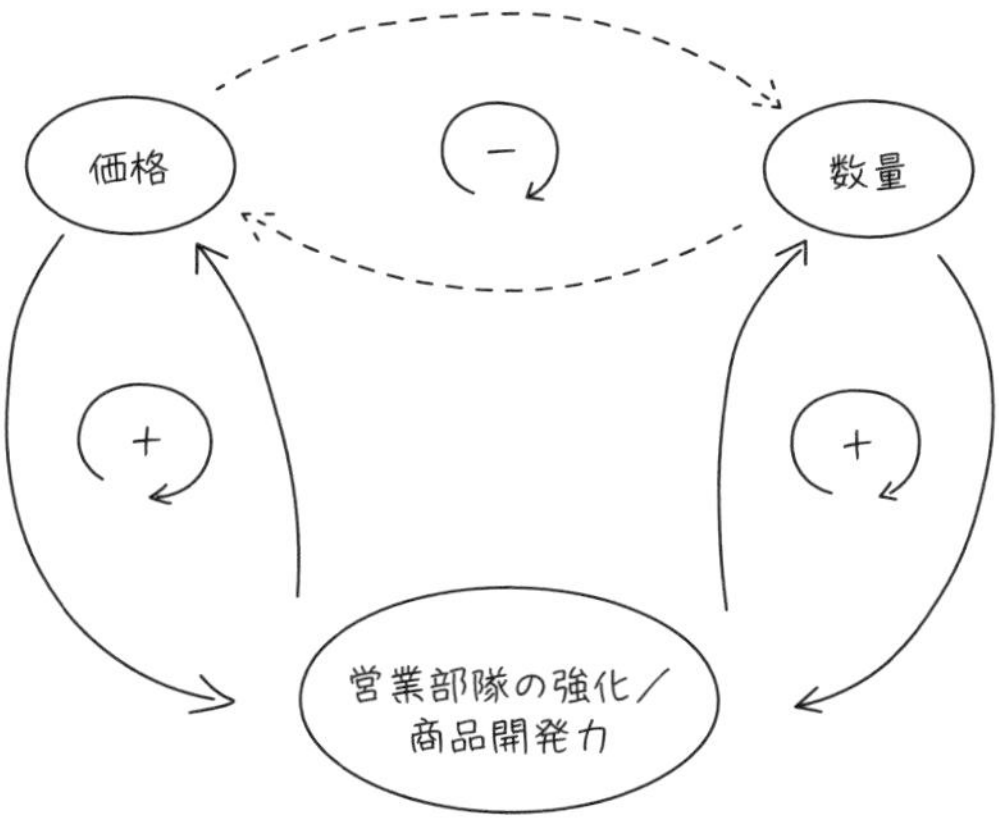

図115　違うループを埋め込む

なループが必要です。たとえば、画期的な製品を開発する、強力な営業部隊を構築する、といったあたりも答えになり得ます。そうすると、価格も数量も上げられ、その売上増によって、さらに商品開発力や営業部隊を強化するという好循環が生まれてくるかもしれません（図115）。

もちろん、このレバレッジポイントを探すという姿勢は、日常生活においてもとても役立ちます。たとえば、

・「仕事が忙しくて彼女との時間が取れずに険悪になってきた」→「毎月第一水曜日を『デートの日』にする」

これは、日々仕事に流される前に、定期イベントとして埋め込んでしまい、二人の

時間を強制確保する発想です。「時間があいたら→会う」から、「会うことを前提に→仕事を組み立てる」への転換です。

・「甘いものをついつい食べてしまい太ってしまう」→「玄関に体重計を置く」
これは、自分へのフィードバック機会を増やすことです。ついつい誘惑に流される自分に対して、体重を常に「見える化」し、ダイエットへの意欲を思い起こさせるのです。これも、「食べてから→測る」ではなく、「常に測定し→危機感を増大させてから食べる（食べない）」という発想転換です。

繰り返しになりますが、構造と因果を変えない限り、現象が変わることはなく、問題は解決しません。

COLUMN

ループ図のオリジン「システム・ダイナミクス」

このループ図の発想のもとは、私がＭＩＴ留学時代に学んだシステム・ダイナミクスにあります。

システム・ダイナミクスは、１９５０年代に、ＭＩＴのジェイ・フォレスター教授によって開発されたシミュレーション手法に端を発します。

その手法は、ものごとを要素還元的に分解するのではなく、図で要素間のつながりを表して（因果ループ図と呼ばれたりします）、それをそのままコンピュータでシミュレーションし、ものごとの振る舞いを検証する、というやり方です。つまり、システム全体の包括的な挙動（パターン）を把握し、政策提言などに活用することを目指したものでした（図１１６）。

最もエポック・メイキングな事例は、ローマ・クラブがＭＩＴに委託した研究をもとに１９７２年に発表した『成長の限界　ローマ・クラブ「人類の危機」レポート』という書籍でしょう。当時、世界は高度成長の真っただ中にありました。それにもかかわら

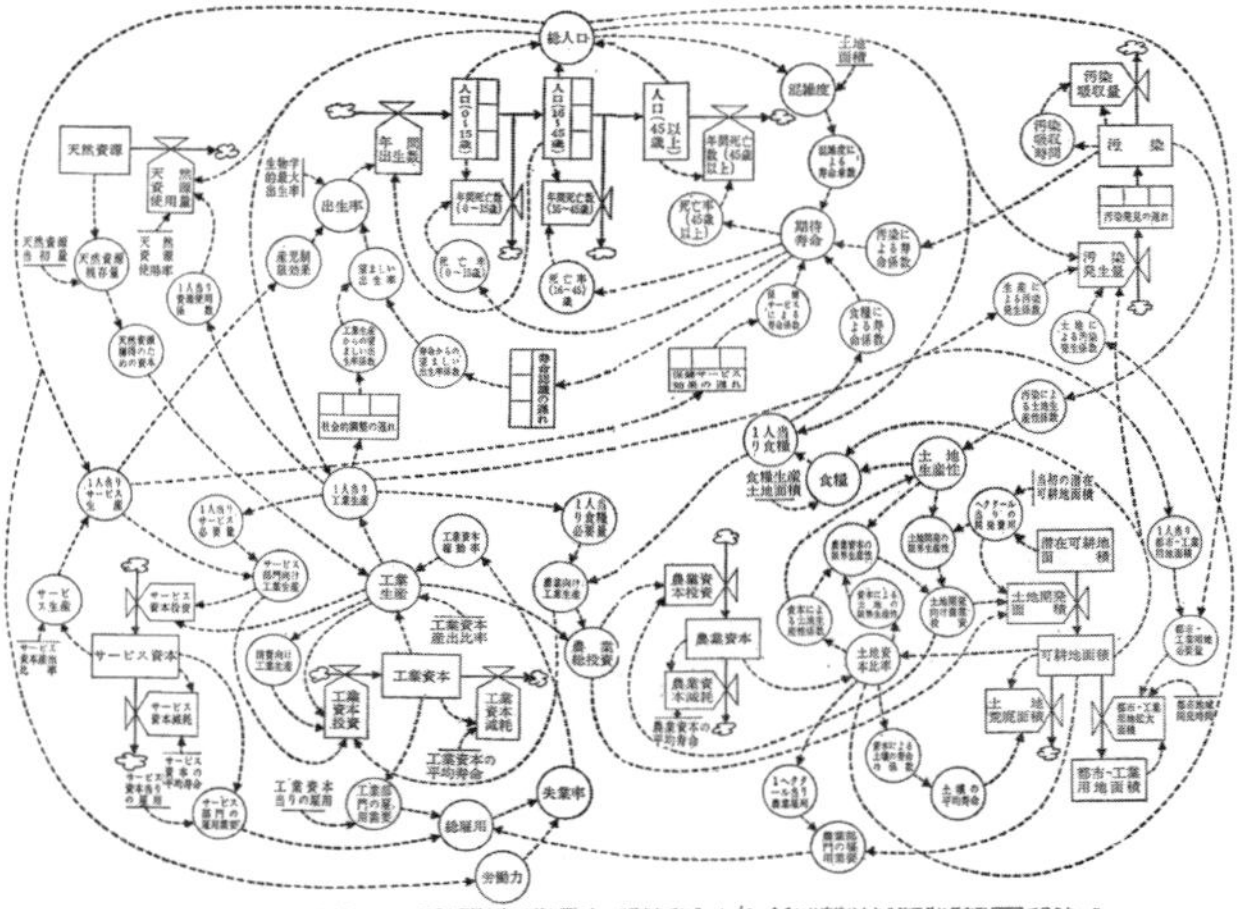

世界モデルの全体が，システム・ダイナミックスの正式な用語を用いた流れ図によって示されている。レベル，あるいは直接はかれる物理量は長方形 ▭ で示され，このレベルに影響するレートは弁（バルブ）▭⋈によって示される。レートの方程式に作用する補助変数は円 ○ で示され，時間遅れは長方形内の区画 ▭ によってあらわされる。人口，財貨，貨幣等の実際の流れは実線の矢印 ──→ で，因果関係は点線の矢印 --→ で示される。雲形 ☁ はモデルの行動に対して重要でないような発生源や終端をあらわしている。

図116　世界モデル（世界全体のシミュレーション）
画像出所：『成長の限界　ローマ・クラブ「人類の危機」レポート』（ダイヤモンド社）

ず、その研究からのメッセージは「成長から均衡へ」であり、相当にショッキングなものでした。

今から50年も前に、地球全体をシミュレーションすることで、環境破壊、食糧問題など、人類が直面するであろう危機を予見していたのです。

このループ図を使った図的な発想法の詳細については、拙著『本質思考』（東洋経済新報社）に譲ります（宣伝ですみません……）。ループは、ピラミッドや田の字、矢バネといった図とは根本的に視点が異なり、かつ補完的でもある非常に重要な図なのです。

第 7 章

図で考える達人になる

ここまで本書では、「概念図」に加え、4つの構成図、「ピラミッド」「田の字」「矢バネ」「ループ」の使い方について議論してきました。

最終章の本章では、改めて「図で考える」ことの意味について振り返りたいと思います。

1 図は完成させるのが目的ではない

図を描くことは考えるプロセスそのもの

図を描くという作業は、「考えるプロセス」そのものです。

図との対話によって考えを広げ、深めるのが「図を描くこと」の目的です。決して完成させることが目的ではなく、図を拙速に完成させること自体に意味はありません。

図を完成させることに意識が向き過ぎると、図から学べなくなります。それゆえ、資料作成に意識が向いてしまうパワーポイントはダメだったのです。

図はじっくりと寝かせればいいのです（ワインのように）。未完成の図を宙ぶらりんにする居心地の悪さに耐えながら、頭の中でイメージを反復し、発想が湧くのを待つ。これが本来のあるべき姿だと思います。

私は、プロジェクトでも、研究でも、あるいは本の執筆でも、全体のイメージやアイデアを書きなぐった図は、仕事が完了するまでその「紙」をずっと持ち続けています。時には加筆しながら、時には書き換えながら。それらの図は、考えが行き詰まった際、立ち戻る「思考の原点」にもなります。それを眺めていると、そこからさらに思考が深まることもあります。

また、実際にその図を見なくても、何度も対話した図は、頭の中にイメージとして残ります。なので、電車の中でも、歩いていても、ご飯を食べていても、いつでも、

「あ、あの図の右下のあたりに、このポイントを足すと良さそうだ」
「そうか、こことあそこがつながって、こんな論理が成り立ちそうだ」
「これは、結局、右上、真ん中、左下あたりの3つのポイントに括られそうだ」

と思考を深められるのです。
そして、その考えと共に、また、図を見て、書き加えて……。
これが大事だと思います。

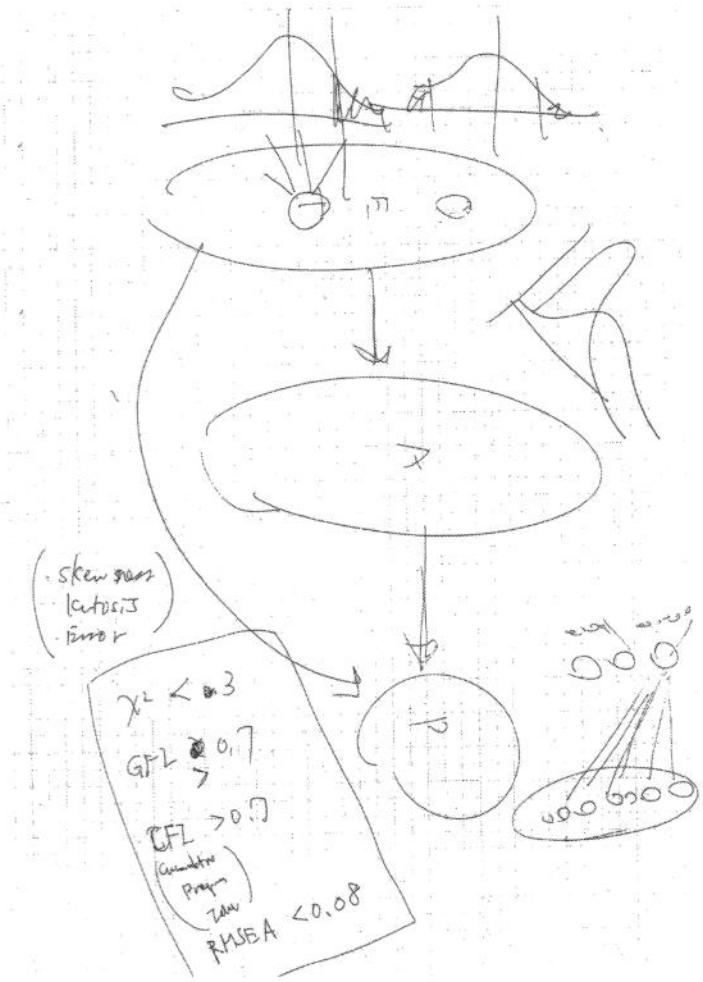

図117　私のポンチ絵

ちなみに、まったく意味不明（解読不能）でしょうが、図117は、ゼミ生と修士論文について議論した際に描いた、修論の全体像のポンチ絵です。この絵の上で議論が行われていたのが不思議だと思われるでしょうが、私とゼミ生の共通認識の土台となり、修論の構造そのものを表しています。

もちろん、私は、ゼミ生が修論を書き上げるまでこれをずっと手元に置いていました（学生にもコピーを渡します）。ただ、もうすべて忘れてしまい、今となっては私にも解読不能ですが……。

図を行き来して思考を深める

私は時々、意識的に複数の図を行ったり来たりしてみます。ちょうど、第4章で取り上げた「田の字⇕ピラミッド」もその例の1つです。そうすることで、ものごとを違う角度から捉えることができ、やはり、考えをハッキリさせ、深めることができます。

最近こんなことがありました。ある企業研修で「ロジカル・シンキング」の講義を行った後、次のような締めの言葉を述べていた時のことです。

「ロジカル・シンキングは、頭では『分かる』けど、なかなか『できない』ものです。けれども、分からなければ、できるようにはなりません。その意味において、今回のロジカル・シンキングの講義が、皆さんにとって大事な最初の一歩になればと思います」

こんなことを喋っている間、私の頭の中には「矢バネ」のイメージがありました。分かる→できる（図118）、です。ふとその時、「これを『田の字』で考えたらどうなるだろ

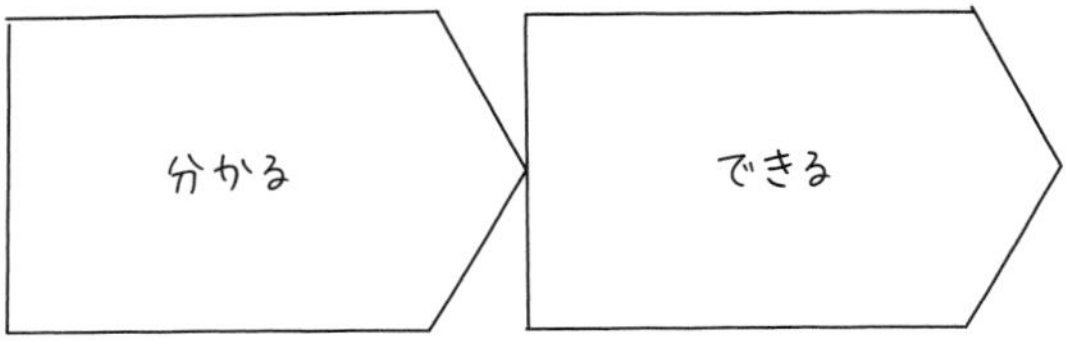

図118　矢バネ

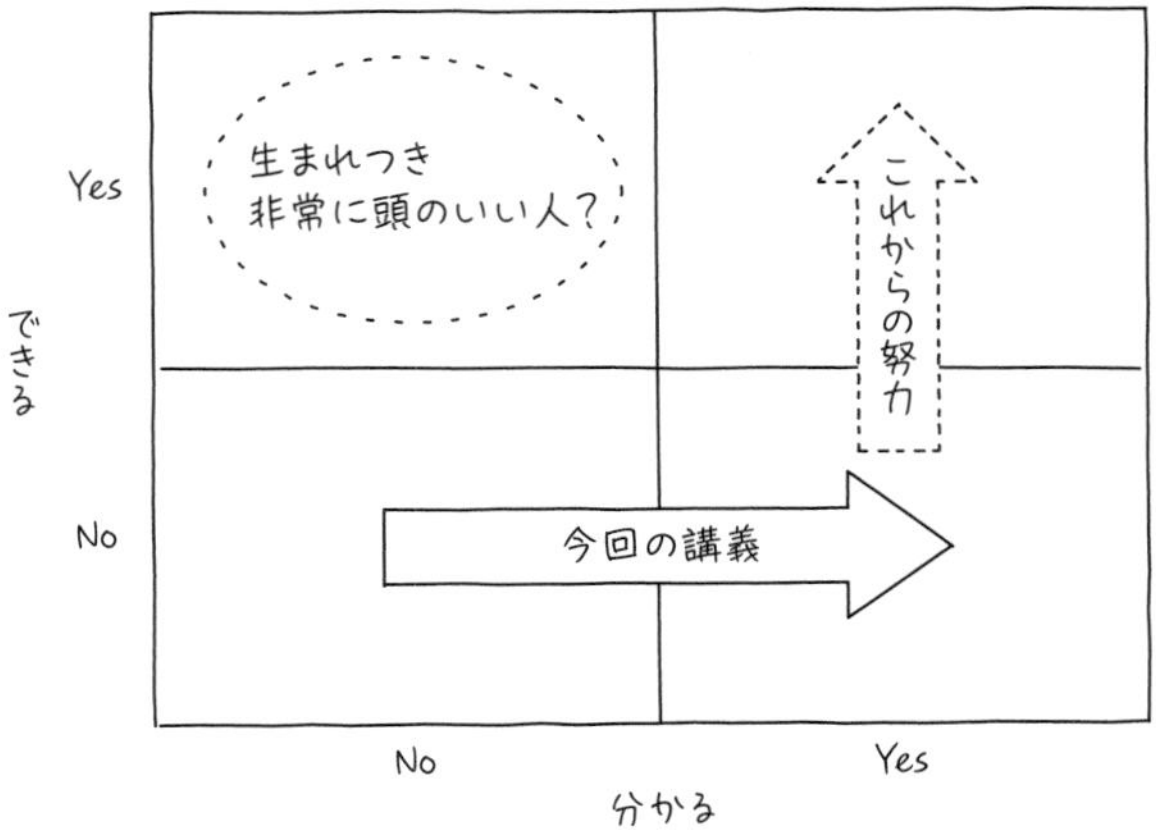

図119　田の字

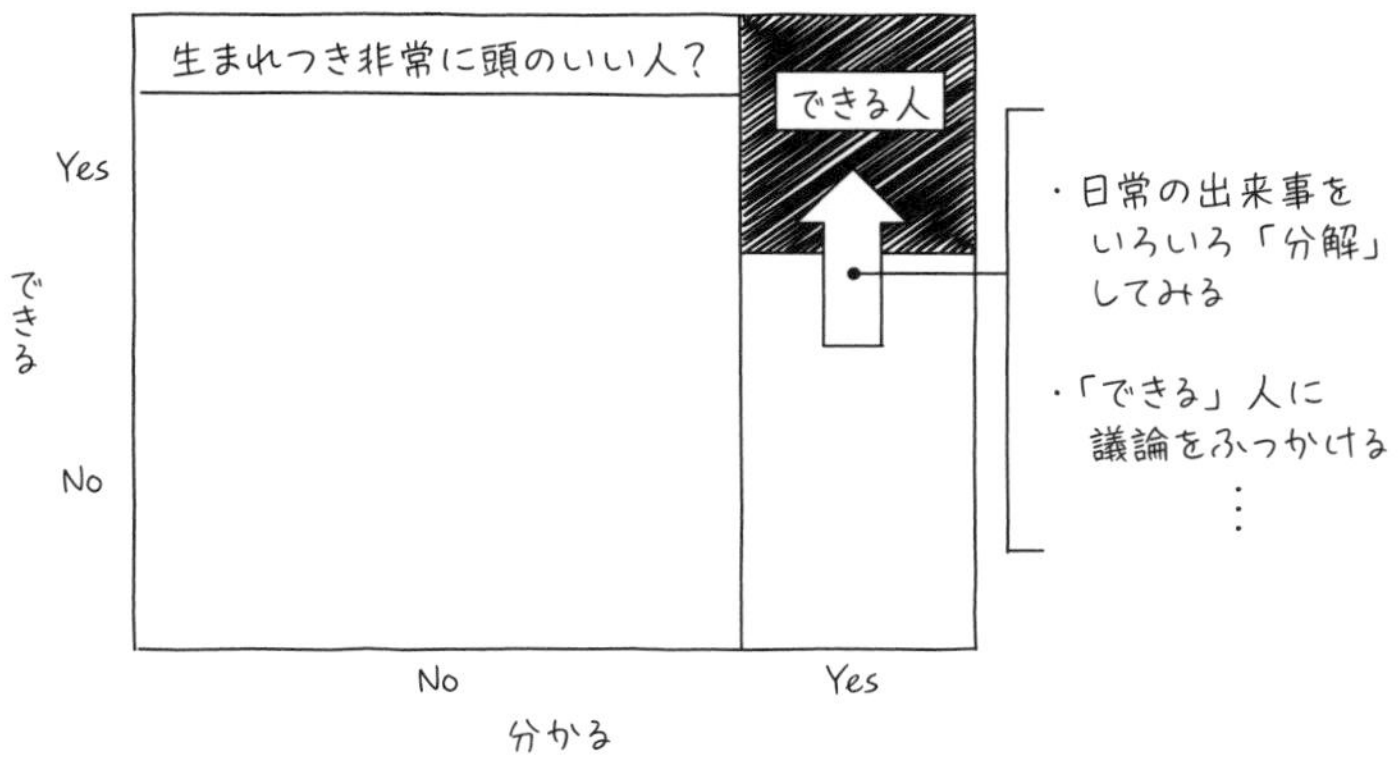

図120　面積図

うか？」という発想が湧いてきました。つまり、『分かる』と『できる』をタテ・ヨコにしてマトリックスを描いてみるというアイデアです。

この田の字の上では、「今回の講義は、左下のマス目から右下のマス目に、受講生を移動させたことになるな〜」と、改めて、自分が行ったことが明確に把握できます。そうするとやはり、次は受講生が右下のマス目から右上のマス目に移動する番だと（図１１９）。

でも、この田の字をイメージすると、気になり始めるのが左上のマス目です。このマス目には誰がいるのだろうか。もともと非常に頭のいい人？　無意識でロジカル・シンキングを使いこなせる人？　でもあまりいないよね……と思うと、今度は図１２０のような面積図も気にな

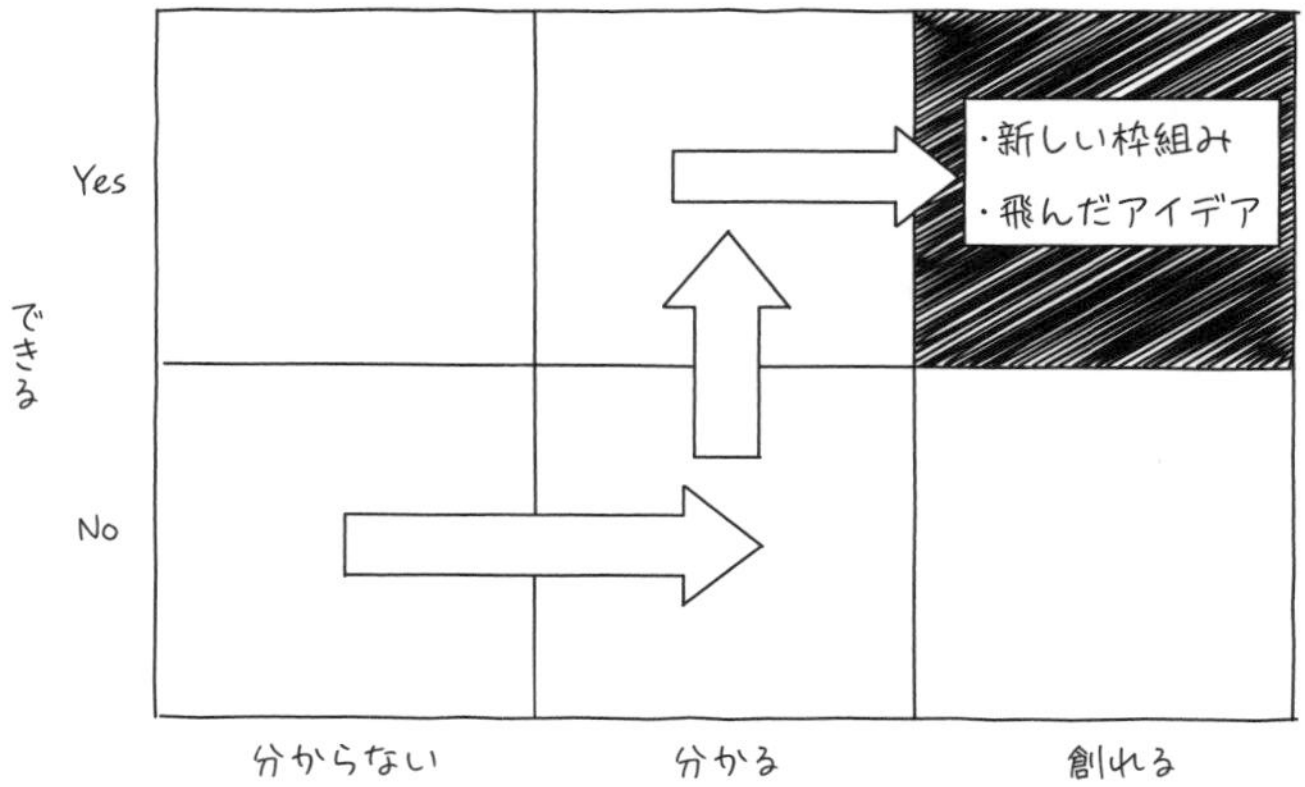

図121　2×3のマトリックス

り始めます。

結局、現実的に「できる人」になるためには、左下→右下→右上のパスしかなく、右下→右上へ移動するための努力が大事になる。やっぱり、図で考えるクセをつけてもらいたいな……と。

さらにくどいのですが……、みんなが論理的思考をうまく使いこなすようになれば、つまり、面積図の右上のマス目（斜線部分）が大半になると、今度はどうなるんだろう。新たな疑問が湧いてきます。

当然、自分の価値が相対的に低下してしまう。何か突き抜けなければ。尖りが必要だ。この田の字の枠から出なければ尖れない。そうすると、考えるべきは「軸の再定義」です。

できる・できないは、けっこう厳密な二分法だとすると、チャンスは「分かる」のヨコ軸の拡張にあるかも。もし、分かる・分からないが受け身の発想なら、チャンスは能動。では「創る」はどうか。いろいろと発想が広がっていきます。

最終的に、矢バネからスタートしたイメージは、図１２１のような、２×３のマトリックスになりました。今、私自身が意識的にトライしているのは、新しい枠組み創りや、飛んだアイデアの創造といった非連続なチャレンジです。

考えだすとだんだん止まらなくなるのですが、いろんな図を行き来することは、思考力強化の良い訓練にもなると思います。

図を組み合わせて全体像を拡充する

田の字でも矢バネでも、どの型でも、一枚の図がビッグ・ピクチャーになり得ます。確かに、１つの図のビッグ・ピクチャーは分かりやすいものです。ただ、複数の図を組み合わせて、多面的で豊かにビッグ・ピクチャーを描写することも時には有用です。

たとえば、企業の戦略を考える際に、重要な３つのＣ、つまり、自社、顧客、競合で全体を捉えたとします。それぞれのＣにおける重要な論点は異なるので、たとえば、自社は

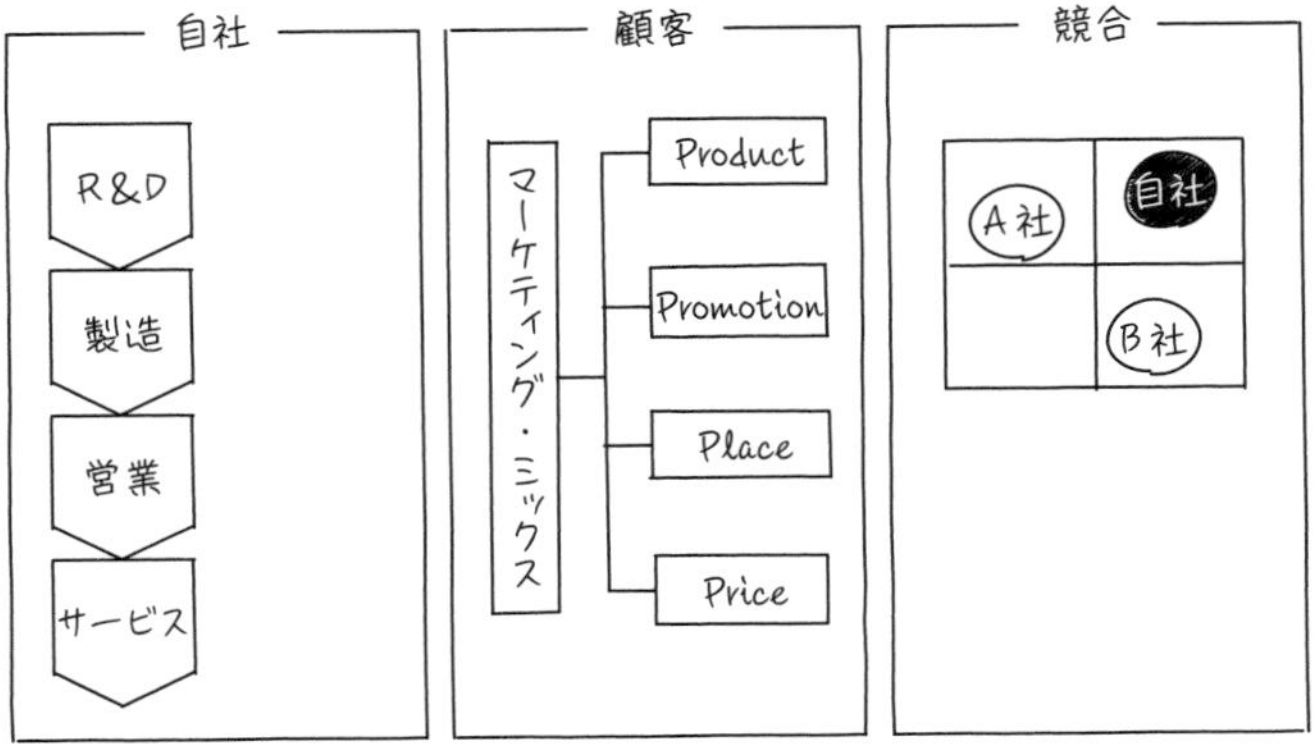

図122　ビッグ・ピクチャー

矢バネのバリューチェーン。顧客は４Ｐのピラミッド。競合は、自社と競争相手の位置関係を田の字、で捉えてもいいかもしれません。これらを組み合わせると、一枚の有効なビッグ・ピクチャーが創れます（図１２２）。

前述のトヨタのＡ３文化も、論理の流れや図を組み合わせて、Ａ３全体を一枚のビッグ・ピクチャーにしていた好例と言えるでしょう。

しかしここで１つだけ留意点があります。それは、「論理の錯綜」を避けることです。シンプル・イズ・ベストです。

昔よく若手コンサルタントに、一枚のスライドの中に、右向き、左向き、上下、あるいは斜めの矢印をいっぱい描くなと指示していました。なぜなら、それは「論理の錯綜」の現れだ

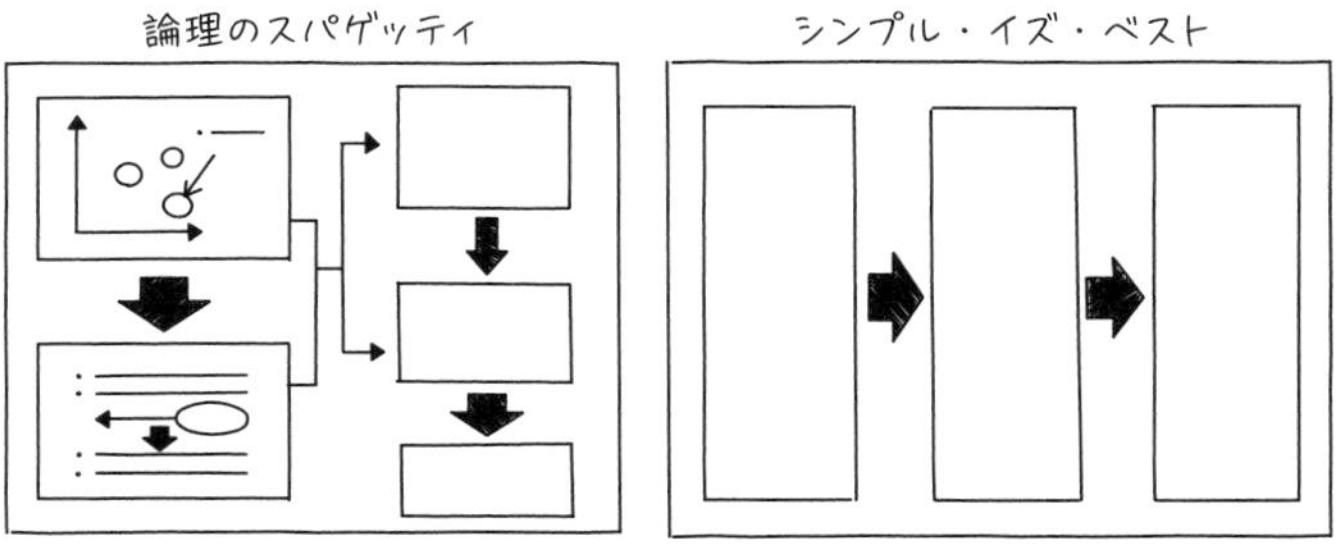

図123　シンプル・イズ・ベスト

からです。論理のスパゲッティ。頭の中の論理がこんがらがっている証です。

本来的には、左から右、あるいは上から下、あるいは3つのセグメントといった具合に一枚の図の全体構造はシンプルであることが望ましいと思います（図123）。

2 頭の中の「引き出し」を増やす

頭のいい人は様々なパターンを頭の中に蓄積している

図を使いこなすために、心に留めておくべき最後のポイントは、できるだけ頭の中の「引き出し」を増やすことです。本書で紹介してきた４つの型、あるいはそこで描かれていた図も、その引き出しになり得ます。

うまく言葉では表現しにくいのですが、自分の考えた論理、見聞きした論理を「抽象化」した図のイメージで頭の中に蓄積しておくと、それがどこかで役に立つという感覚です。

たとえば、第４章で紹介したコンサルティングプロジェクトの「補助線での新発想」（Ｐ１７０参照）を覚えているでしょうか。本文中では、たとえばということで、身近なお

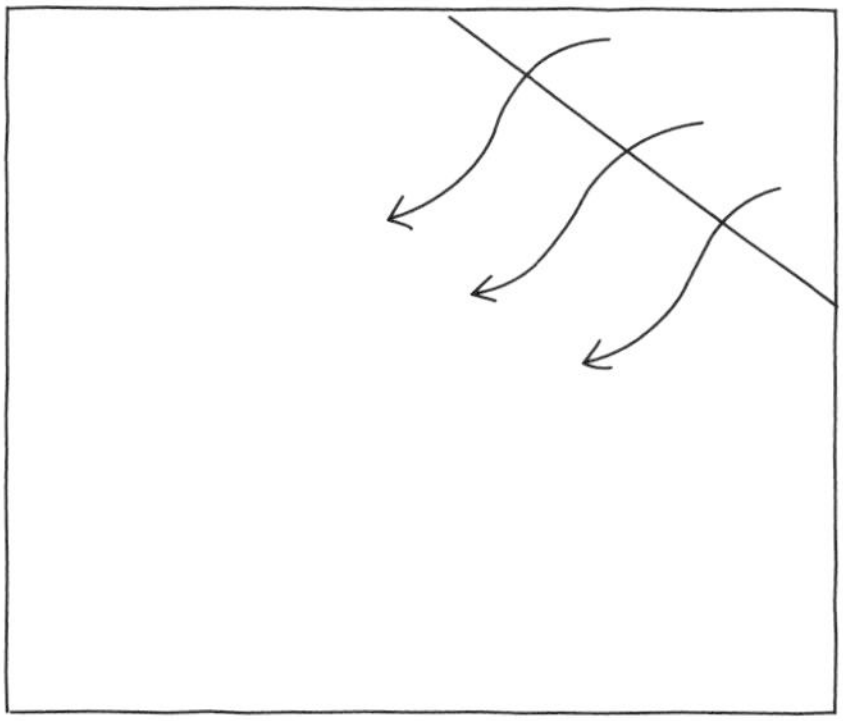

図124　補助線

茶やお弁当作りの例を挙げて説明しましたが、しかしよくよく振り返ると、どちらが鶏でどちらが卵かハッキリしません……。

「一本の線」を境に、あまり付加価値のない作業が外に出てくるイメージをお茶やお弁当作りで抱いていたからこそ、コンサルティングプロジェクトで、企業にとってのノンコア領域が企業外に流れ出てきて、それがビジネスチャンスになるという発想を得たような気もするのです。その形は、2次元の四角の中の片方から他方へ、何かが流れ出るイメージでした（図124）。

あるいは、P209の情報産業の「タテ」から「ヨコ」への変化。この着想も、企業が新製品を開発する際に、研究→開発→製造といった順番ではなく、研究・開発・製造の準備を同時並行的に進める「コンカレント・エンジニアリング」という考え方を知っていたから思いついたのかもしれません。これも、どちらが先なのかハッキリしません。

どっちが先でも良いのですが、このように抽象化された図のイメージが新たな問題を解決してくれる。これが頭の引き出しにイメージを蓄積する効用です。

そうやって考えると、記憶力の良い人が概して頭が良いのは、そのようなパターンを頭の中にたくさん持っていて、課題に対してアナロジー活用しているからではないでしょうか。

逆に、記憶力の良い人が必ずしも頭が良いとは限らないのは、蓄積されたものが「図的」でなく、うまく取り出せず、アナロジーとして活用できないからなのかもしれません。

いろんな経験を図的に頭の引き出しの中に溜め込む。課題に直面した際に、それらを素早く取り出す。アナロジーを利かす。こういった頭の使い方は、本当の本当の天才を除くと、現実的には非常に有効な頭の使い方だという気がします。

経営学は役立つフレームワークの宝庫

本書でも、３Ｃや５Ｆ、ＰＰＭなど、幾つかの経営学のフレームワークを紹介してきました。ただ、フレームワークは他にもたくさんあり、「型」に近いものも、そうでないものも様々です。

それらは、ビジネスだけでなく、プライベートにも応用可能です。

たとえば、自社（Company）、競合（Competitor）、顧客（Customer）からなる３Ｃは、自分、恋敵、彼女に置き換えてみると、日常生活における彼女獲得戦略の分析に役立つでしょう。あるいは、業界の魅力度を評価するための５Ｆは、自分（個人）の置かれた状況の分析にも使え、現状打破の戦略が見えてくる可能性もあります。他にも、組織特性を捉えるための７Ｓなどもあります。これなんかは、自分のキャリア戦略を考える際にも応用可能です（図１２５）。

こういったタダで使える先人の知恵も使わない手はありません。

ただし一点注意が必要です。それは、**フレームワークは考えるためのヒントであって、それ自体が答えを生み出してくれる魔法のツールではない**ということです。フレームワー

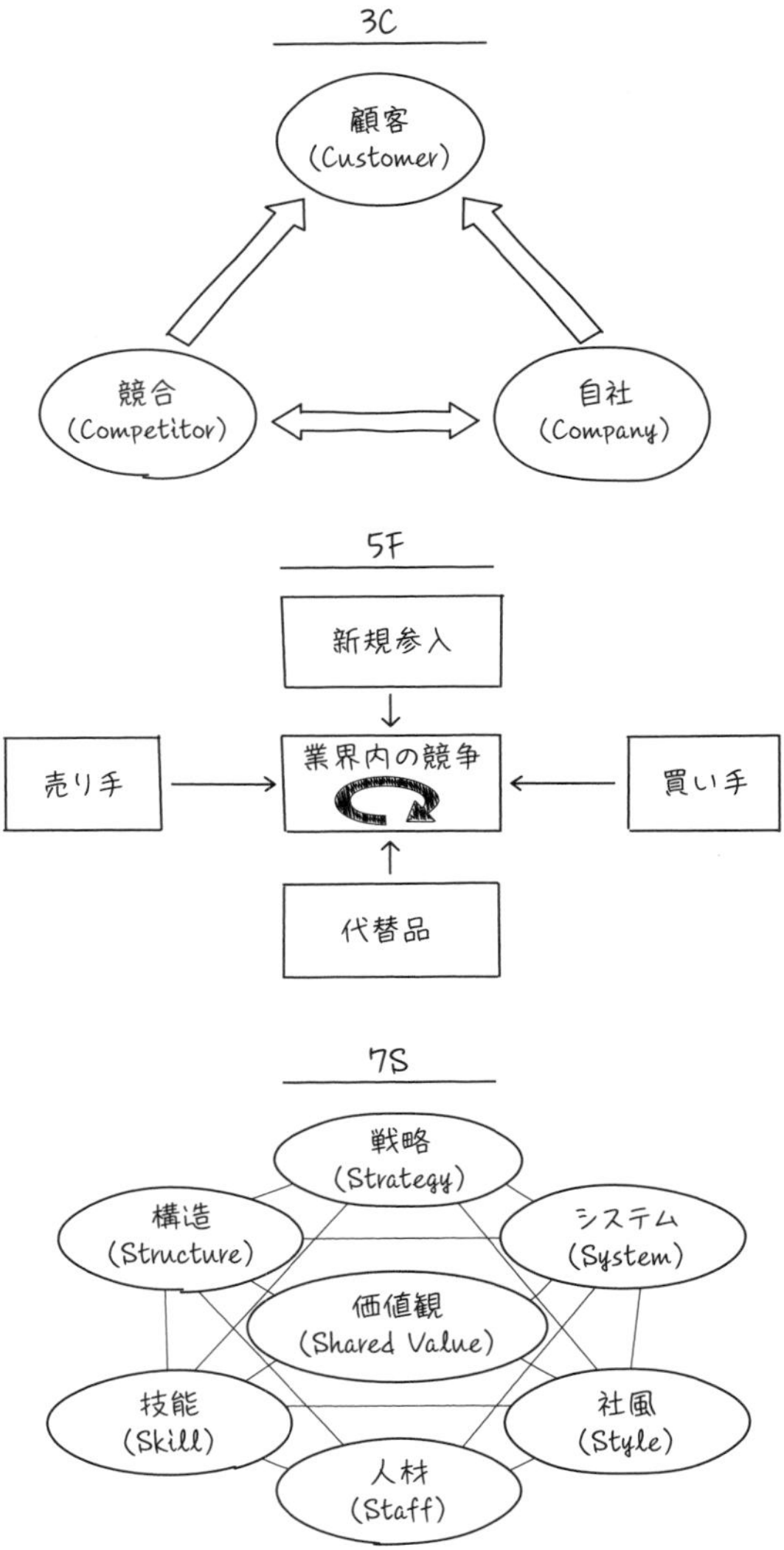

図125　フレームワーク

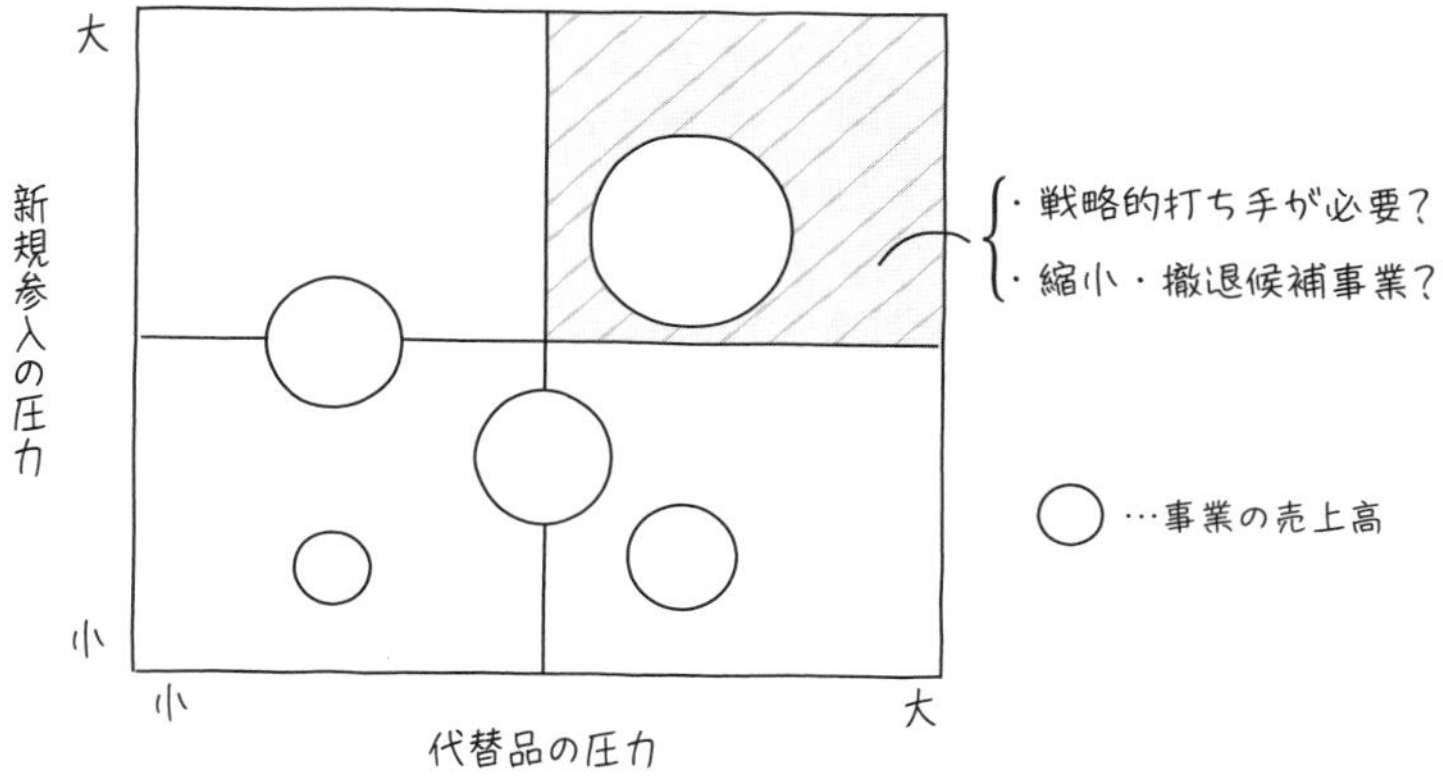

図126　5Fを活用したPPM応用版

クは「使うもの」で、フレームワークに「使われて」はいけません。

フレームワークは自分で創ってもいい

自分でフレームワークを創って、それを頭の引き出しに入れるのもありです。自分で考えたものはなかなか忘れませんし、けっこう、役に立ちます。

ある講義で５Ｆについて話した際に、ＭＢＡ学生と次のような問答をしました。

学生「コンサルティングでは、５Ｆのようなフレームワークをそのまま使うのですか？」

私「そのまま使うというより、考えるためのヒント。どうせなら、独自のフレームワークを創るかな……」

即席で、「５Ｆのタテ軸だって事業評価の軸に使えるよ」と、代替品と新規参入を「田の字」にした図を描いて見せました（図１２６）。これも立派なＰＰＭ応用版です。

フレームワークに使われないためにも、独自のフレームワークを創ればいいのです。その独自のフレームワークは、個々に直面している課題をより適確に捉えるだろうし（一般的なフレームワークよりも）、頭の引き出しにもしっかりと定着します。

自分の図を蓄積する。他人の良い図を集める

本章で述べたように、できるだけ多くの図的イメージを頭の「引き出し」に入れておくことはとても有効です。ただすべてを覚えておくことは難しいものです。そこで私は描いた図を貯めるようにしています。

たとえば、ＭＩＴに留学していた時など、時間的余裕がある時は、面白いなと感じたこと、何か閃いたことなどを一枚の紙に図として描き記して、その紙を何十枚も貯めていま

した。ちなみに、今でもそれを保管していて、時々眺めることがあります。また、コンサル時代は、自分が関係したプロジェクトで描いたスライドの中のキー・スライド、あるいは他のコンサルタントが描いた優れた図などは、同じように紙で貯めていました。あるいは、本の中にあった面白い図も、写したり、コピーしたりして貯めています。

自分で描いたものでも、他人の図でも、良いものはどんどん吸収して、頭の引き出しに入れていけばいいのです。図で考えるアプローチは「右脳的」なアプローチなので、どんどんイメージを貯めて、右脳を活性化すれば良いのではないでしょうか。

COLUMN

図が生んだ科学的発見とイノベーション

科学的な発見の裏側には、数多くの図的な発想があります（図127）。おそらく最も有名なエピソードの1つは、化学者アウグスト・ケクレによるベンゼン環の構造の発見におけるエピソードでしょう。蛇が自分の尾っぽに噛みついてぐるぐる回っている夢からベンゼン環構造を思いついたと言われています（真偽は定かではないけど……）。図的には、「線」から「環」への発想の転換です。

また、現在のコンピュータやテレビなどありとあらゆる電器製品の仕組みの根幹にある量子力学でも、図が果たした役割はとても大きいものでした。ノーベル物理学者であるファインマンが考案したファインマン・ダイアグラムです。まさに、「方程式」から「図」への転換による相互作用の見える化でした。このダイアグラムのおかげで量子力学は大きく発展しました。最近では、100年間誰も解くことができなかったというポアンカレ予想の証明の際に、宇宙は8種類の形で構成されることが分かってきたそうです。宇宙の形も8つの図で表すことができるのですね（私には理解不能ですが……）。

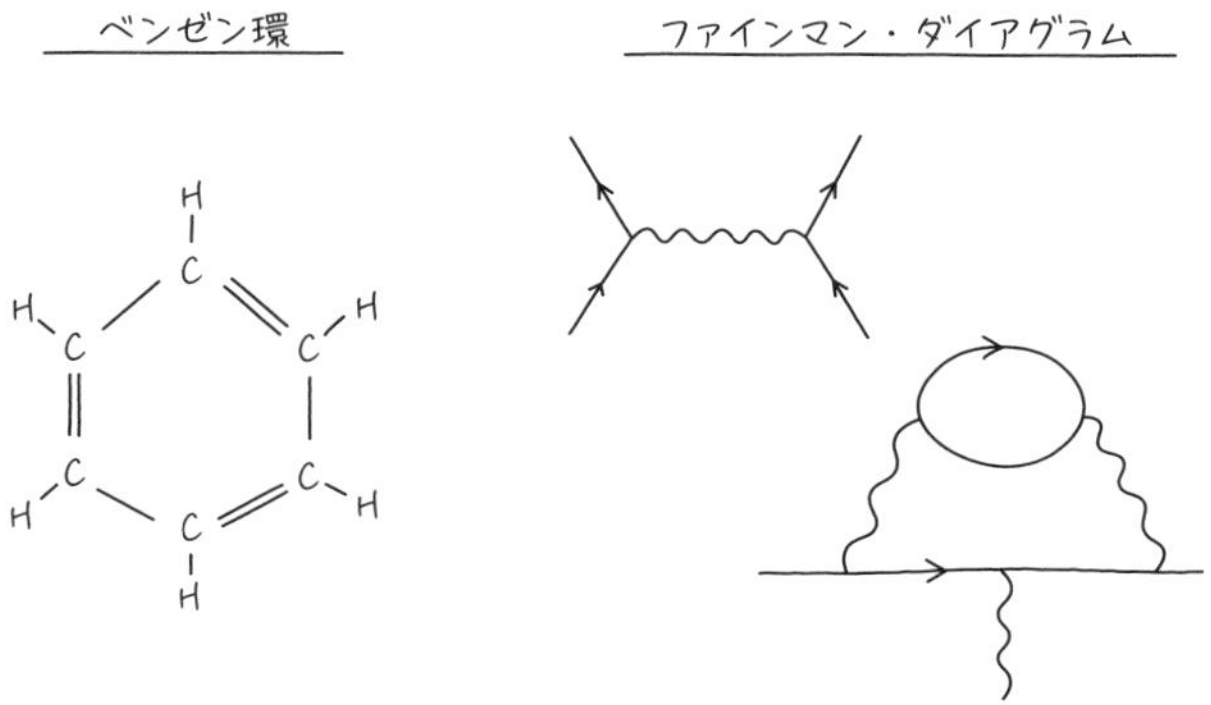

図127　図が生んだ科学的発見

これらは、もはや図と言うより「形」と言ったほうが適切でしょう。でもそれはとてもとても大事な気がします。突き詰めると、図の威力は、「形」そのものの威力と言えるのかもしれません。

「形」から、新しいものが生み出されることもあります。形の「アナロジー(類推性)」によるイノベーションです。これこそ、余計なものをそぎ落とす抽象化の本来のパワーです。イメージの力、右脳の力、です。

たとえば、新幹線の形もアナロジー発想で生まれました。新幹線の７００系の先頭車両はカモノハシに似た形をしています。これは新幹線がトンネルに入る時のドンという衝撃を抑えるために生まれた形です。この形は、水に飛び込む際に大きな波をたてない力

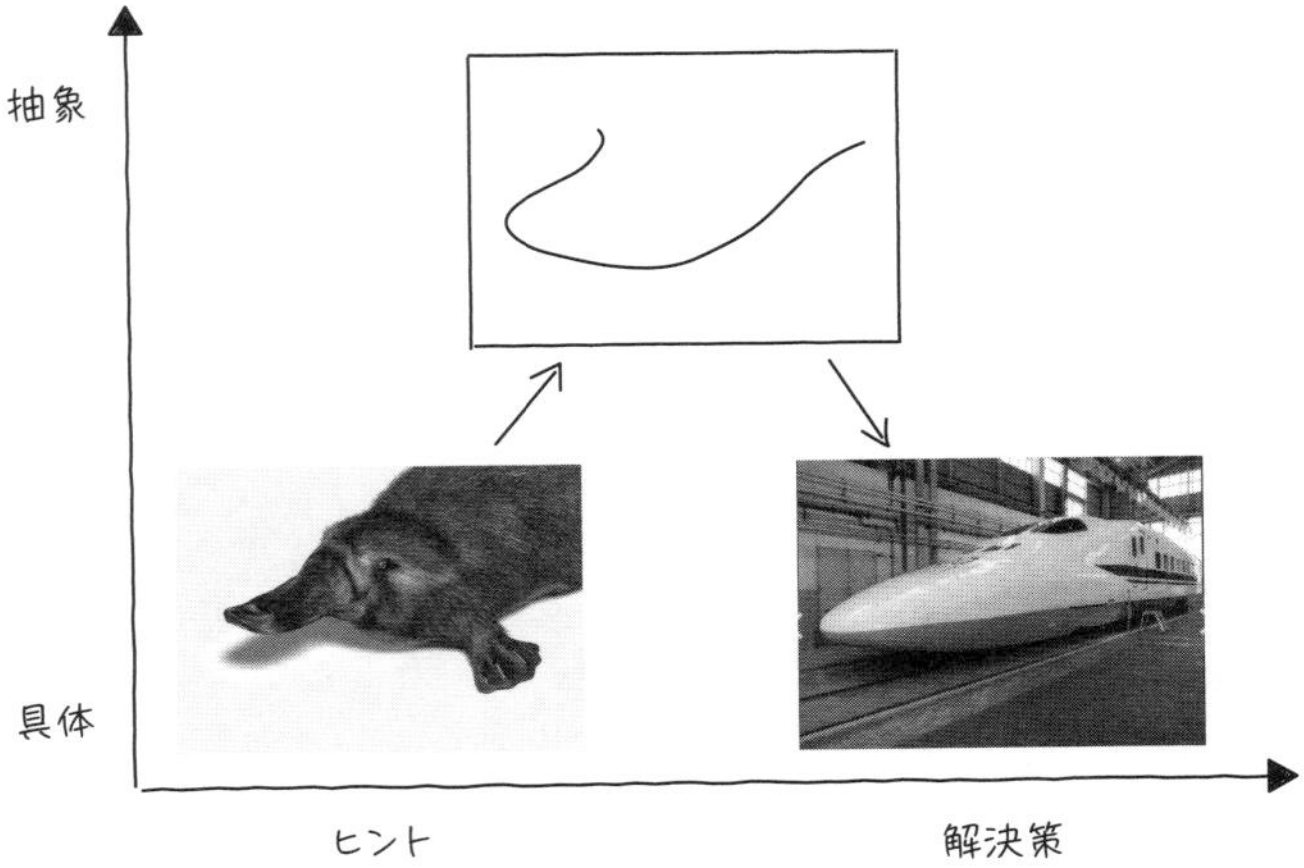

図128　カモノハシと700系新幹線
左画像提供：Shutterstock／右画像撮影：橋村季真

モノハシのくちばしがヒントになったと言われています（計算機を回すと偶然この形になったという話もありますが……）。つまり、カモノハシのくちばしと700系の先頭車両は構造的、つまり形的に類似しているのです（図128）。

「昔、似たような課題をこんな形の図で解決したことがある気がする……」

「以前、こんな図で説明したらすんなり理解してもらえた……」

　こんな経験はないでしょうか。このような「形」に関する記憶は、右脳に蓄えられ、問題解決に向けたアナロジーとなって私たちを助けてくれる。こんな感じのことが、脳が生み出す思考力の根幹にあるように思えます。

実践編の演習

図で考える「キャリアプラン」後編

「田の字」を活用して試行錯誤する

「基礎編の演習：図で考える『キャリアプラン』前編」では、「結果」と「プロセス」というキーワードを張り付けることで、「自分のキャリア」と「家族との幸せ」という2つの対立軸が明らかになり、考えるべきビッグ・ピクチャーの概要が見え始めてきました（図30、P95参照）。

できれば、「自分のキャリア」と「家族との幸せ」を両立させたいですよね。

ここで「型」を活用してみましょう。まずは「田の字」を使って、選択肢の位置付けの「見える化」です（本来は、この田の字も、一枚の紙の余白に描くべきですが、本の中なので別の図で示します）。

タテ軸を結果、ヨコ軸をプロセスにして、選択肢をプロットするとどうなるでしょうか。

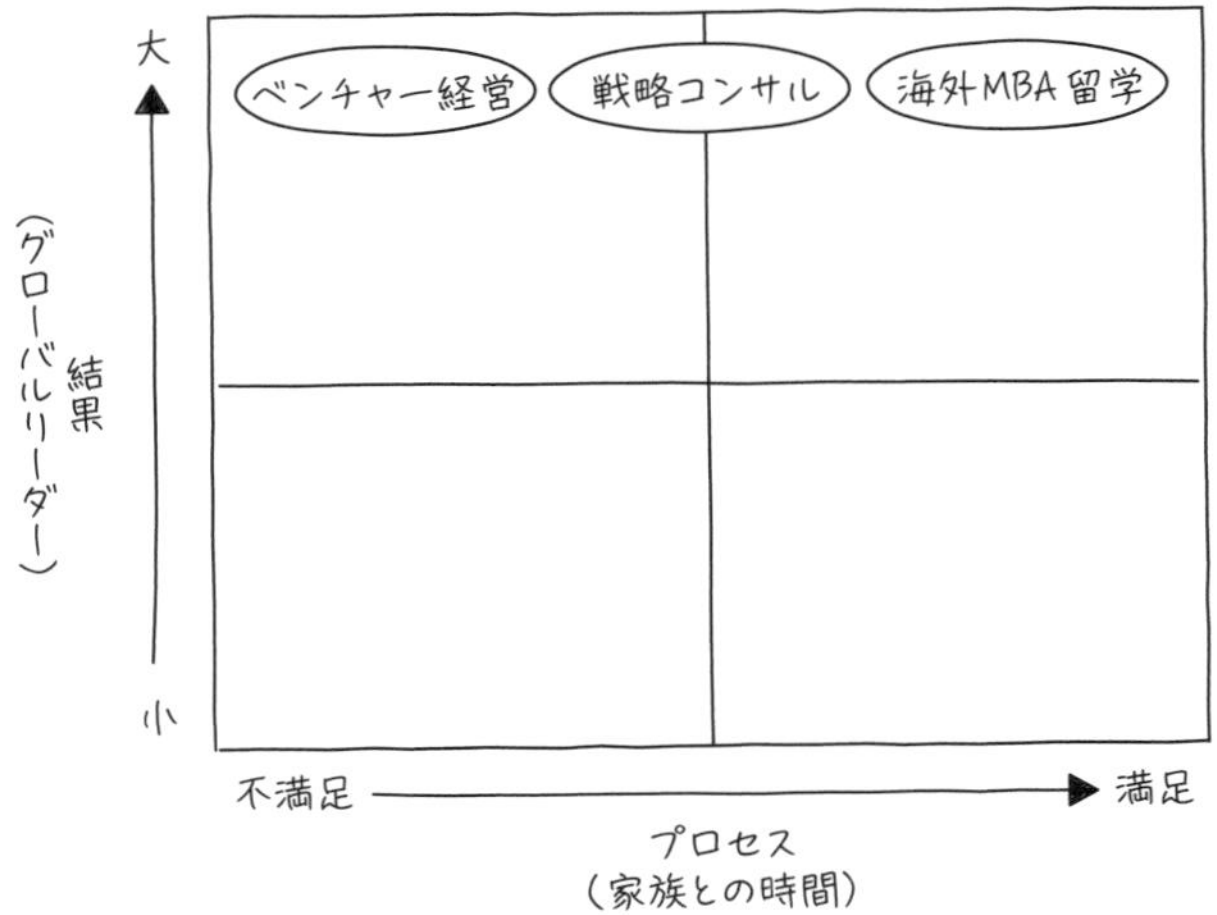

図129　図で考えるキャリアプラン⑤

どの選択肢もグローバルリーダーになることのできる有望な道ではあるものの、プロセスの満足度は大きく異なることが分かります（図129）。もちろん、自動的に海外ＭＢＡ留学ということにはなりません。それぞれの選択肢のリスクには大きな違いがあるからです。

ベンチャーはけっこうハイリスク・ハイリターン。一方、海外ＭＢＡ留学にはさほど大きなリスクは伴いません（行ってふつうに勉強すれば、たいてい卒業できる！）。ここでリスクを踏まえて選択肢を評価してみましょう。つまり、結果をリスクで割った、結果／リスクを「新たな軸」にします（図130）。依然、海外ＭＢＡ留学が最善のオプションです。

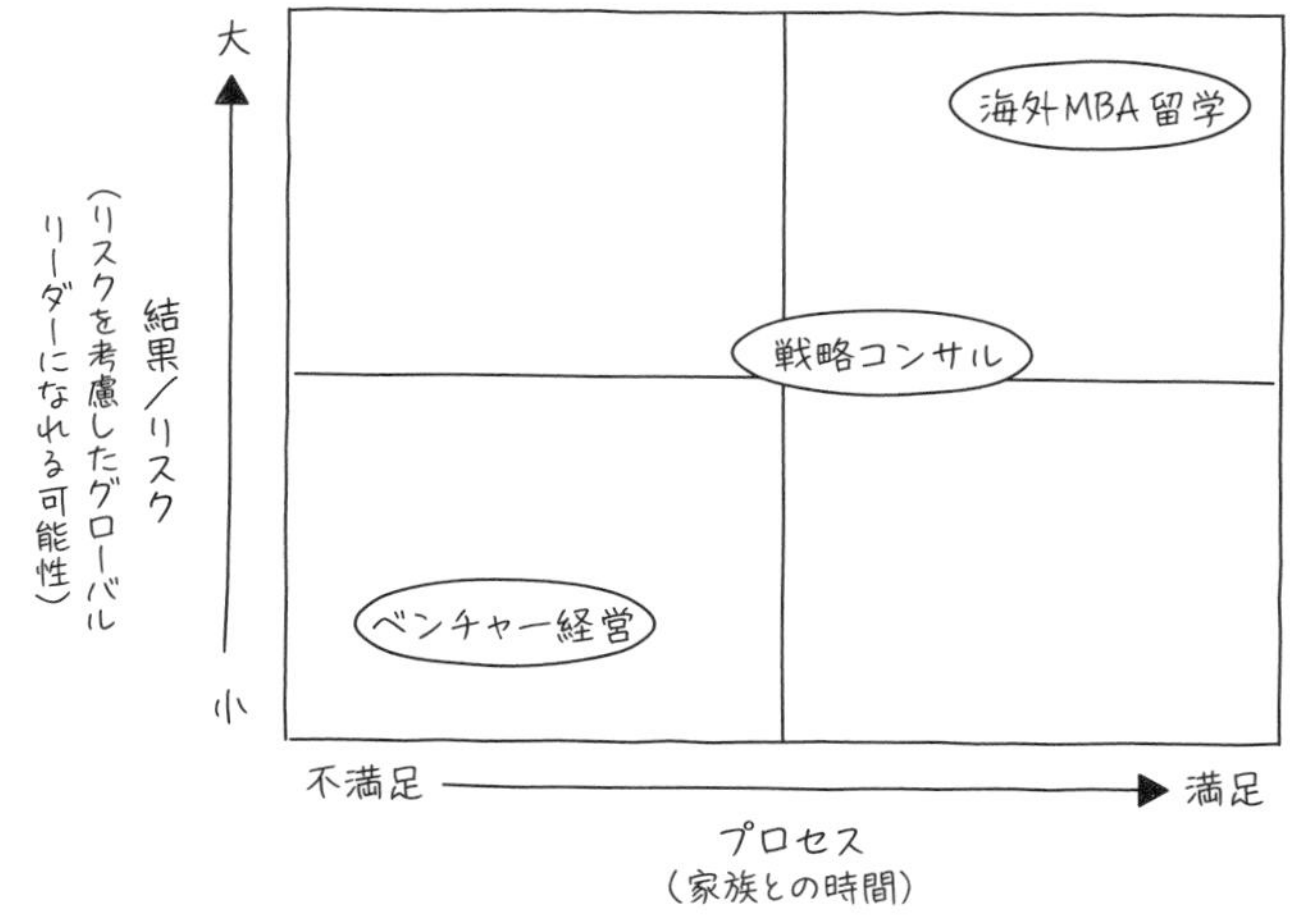

図130　図で考えるキャリアプラン⑥

しかしそれでも、じゃあ海外ＭＢＡ留学をしようということにはなりません。他にも考えるべき要素が……「お金」。この要素はまだ図に表せていない。

そこで多段階「田の字」を用いて、お金の要素も取り込みましょう。そうすると選択肢は、右上の望ましい姿に近い、２つの選択肢「戦略コンサル」、「海外ＭＢＡ留学」に絞られます（図１３１）。お金の問題はないけど、リスクがあり、家族との時間がなかなか取れそうにない戦略コンサル。リスクも小さく、家族との時間も取れるけど、お金がかかる海外ＭＢＡ留学。この２つのトレードオフ。

より右上に新しい選択肢が見つかればベストです。そこで図１３１の「余白」を見

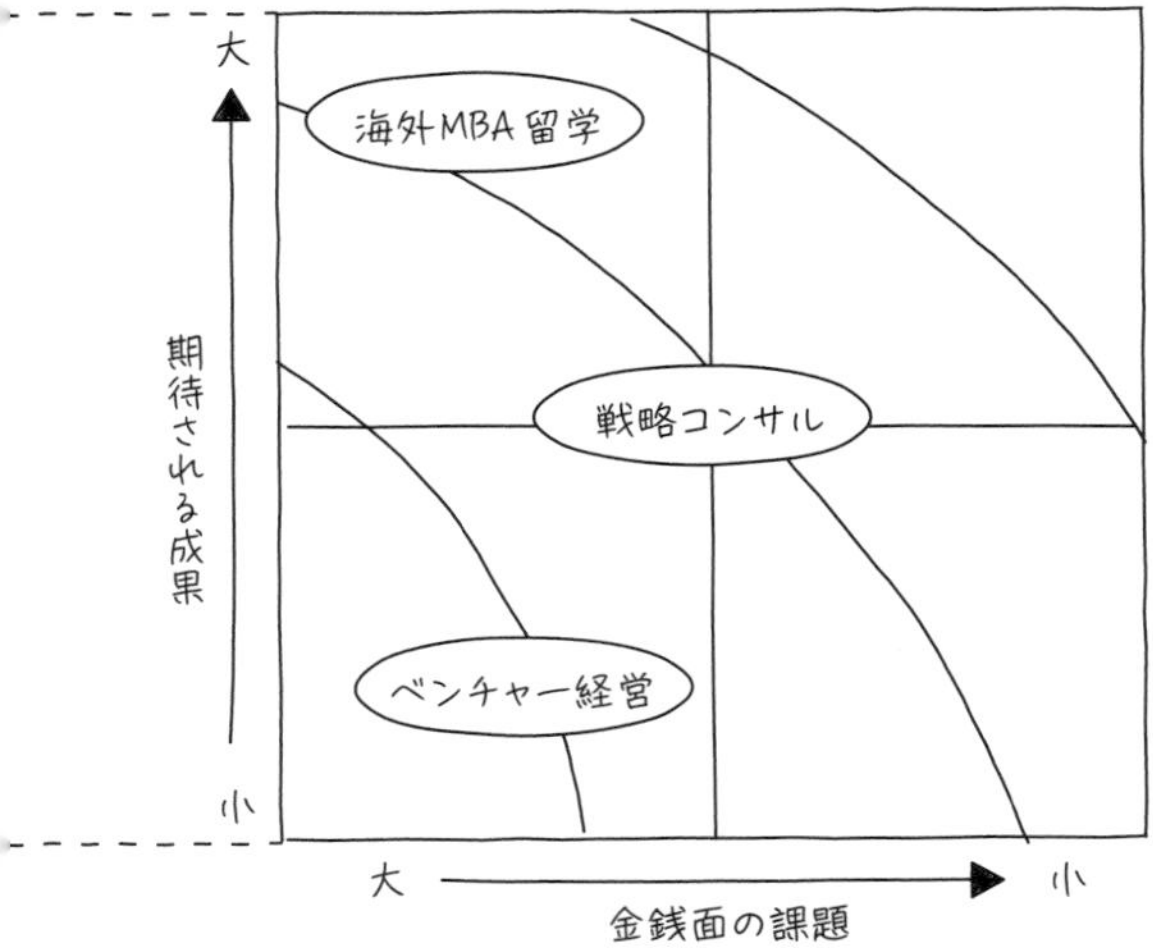

つめながらさらに考えます。お金をかけずに、英語、ＭＢＡ……。こう考えていくと、新たな選択肢が浮かび上がってこないでしょうか。たとえば、働きながら国内の英語プログラムのＭＢＡに通う。そして、力をつけてから転職する、です（図１３２）。

ビッグ・ピクチャーに落とし込む

図を描きながら取り組んできたことは、「ありたい姿」と「現状」の間にある「ギャップ」をどう埋めていくかという課題でした。

そのギャップは、様々な切り口から生じていました。金銭面、自分の能力、リ

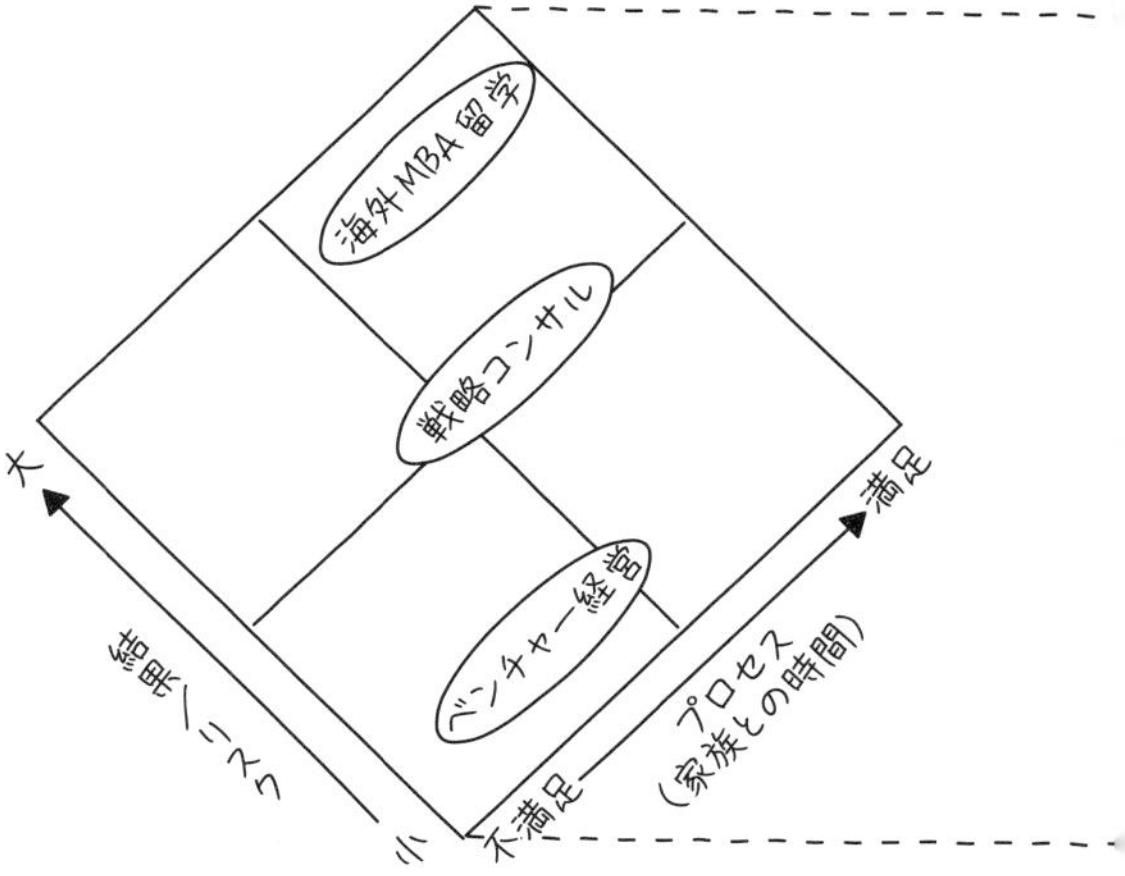

図131　図で考えるキャリアプラン⑦

スク・成功確率、家族との関係、などです。これらの相反する論点を同時に克服するために辿り着いた選択肢の１つが国内の英語プログラムのＭＢＡに通う、でした。それは、いきなり無理するのではなく、一旦しゃがんでから、つまり、自分に投資して力をつけてから（でもあまりお金をかけず）、飛び上がるというものでした。

また、力をつけてから飛び上がると成功確率も上がります。国内ＭＢＡ修了後、転職すればいいのです。力をつけた分、仕事の負荷も減らせるでしょう。そうすると、家族との時間への影響も最小化できます。

今回辿り着いた解は、投資と成果をう

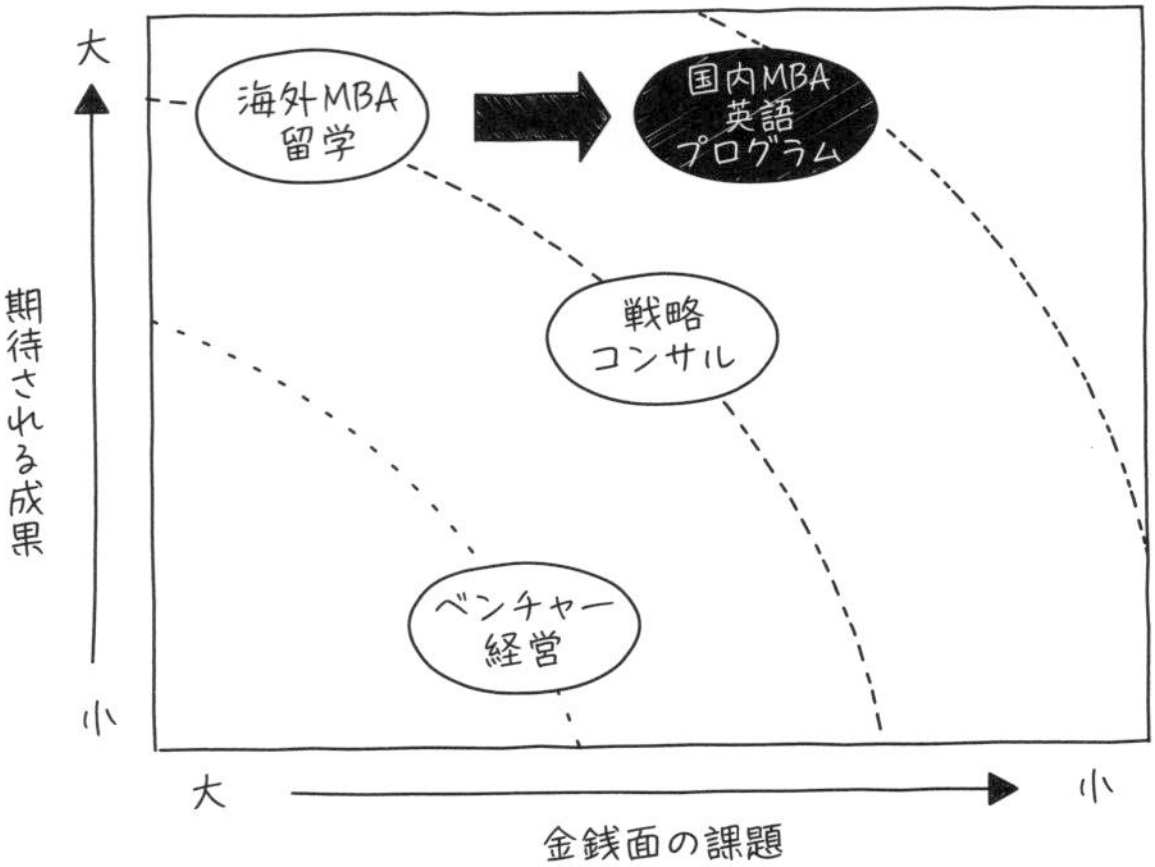

図132　図で考えるキャリアプラン⑧

まく時間差で組み合わせた「二律背反」を克服する解でした。家族の生活、家族との時間の双方を確保できる。金銭の問題も回避し、期待される成果も大きい。こんな解は、「自己強化型のループ」を描くことも可能です(図133)。

これまで考えたことを非常にシンプルに一枚の「ビッグ・ピクチャー」にまとめてみると図134のようになるでしょう。後はこれを、ヨコ軸が時間、タテ軸がタスク(やるべきこと)、たとえば、願書を取り寄せる、受験するなどの、「計画」にしてしまえばいいのです。そうすると、粛々と行動するだけで、自然と「グローバルリーダー」になっていけるのです。

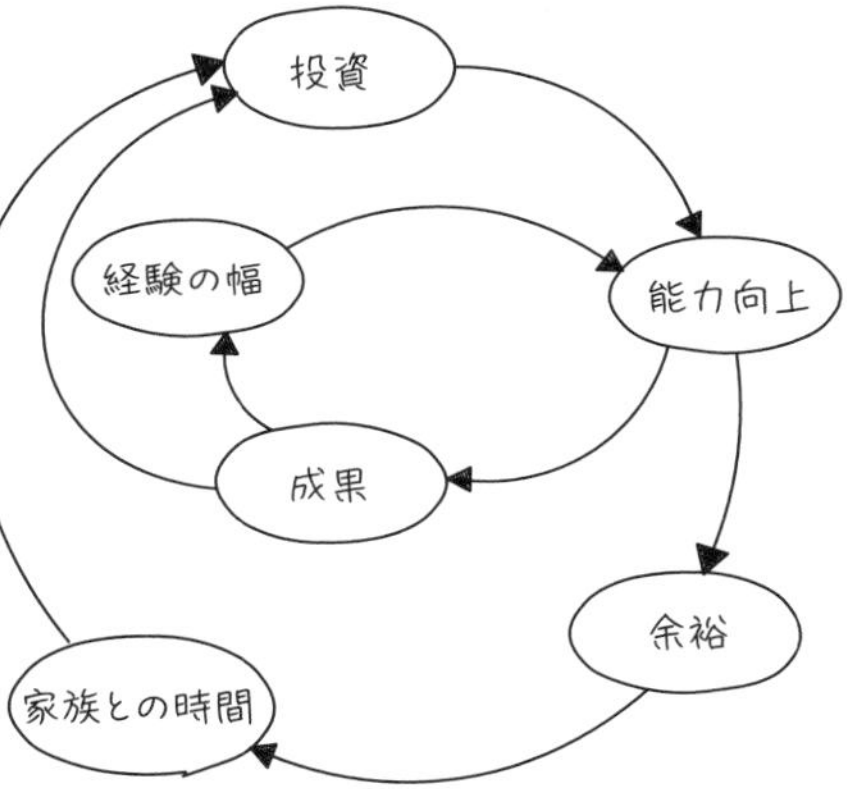

図133　図で考えるキャリアプラン⑨

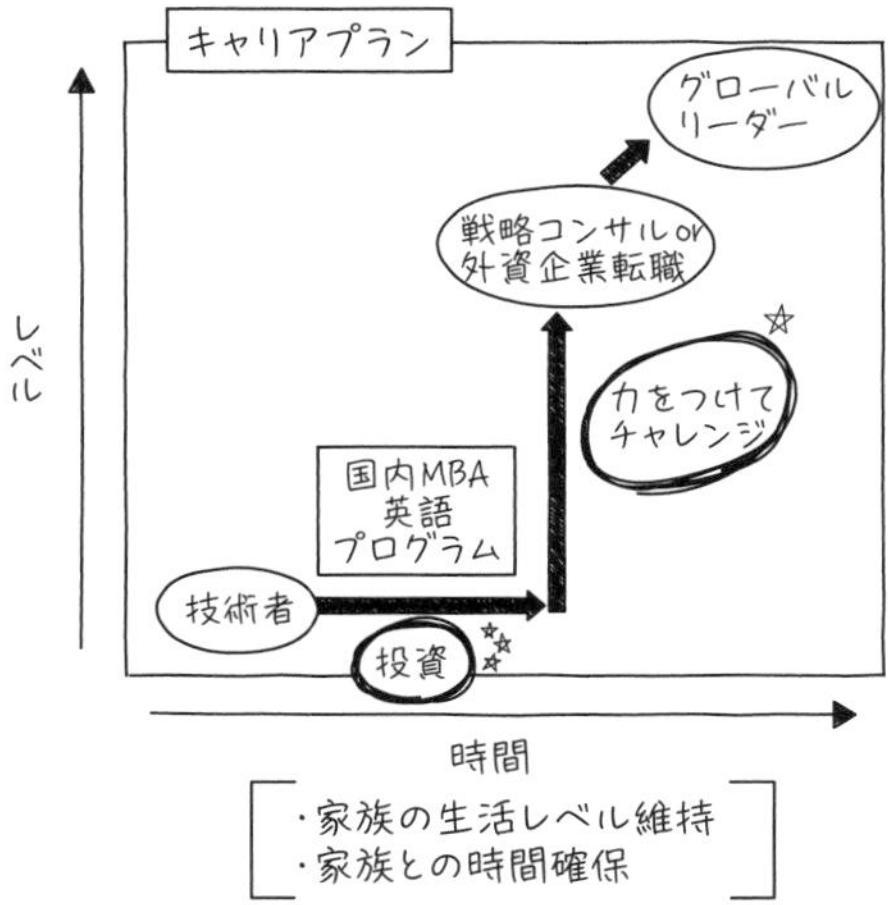

図134　図で考えるキャリアプラン⑩

おわりに　考え方1つで人生は変わる

「考える力」を強化するのに、遅過ぎるということはありません。今ココから着実に鍛えていけばいいのです。「図で考える」という方法論も、その1つの選択肢です。

コンサルタント時代、私はよく、若手コンサルタントに、拙速な成果を求めず、昇進を焦らないようにと、アドバイスしていました。なぜなら、うわべだけの力を過信して失速し、負のサイクルに入って消えていった人を数多く見てきたからです。

人生は短いようで長いものです（逆もまた真だけど……）。じっくり構えて、実力を養い、「時間×やりたいこと（あるいはやるべきこと）」の面積を最終的に大きくすれば良いのではないでしょうか。たまたま相性の良い仕事に巡り合い、良い結果が出て早く昇進するよりも、難しい仕事で苦労して、実力を養ったほうが、人生トータルでできることの大きさ、つまり、面積は大きくなるのだと思います。図にすると図135のような感じでしょうか。

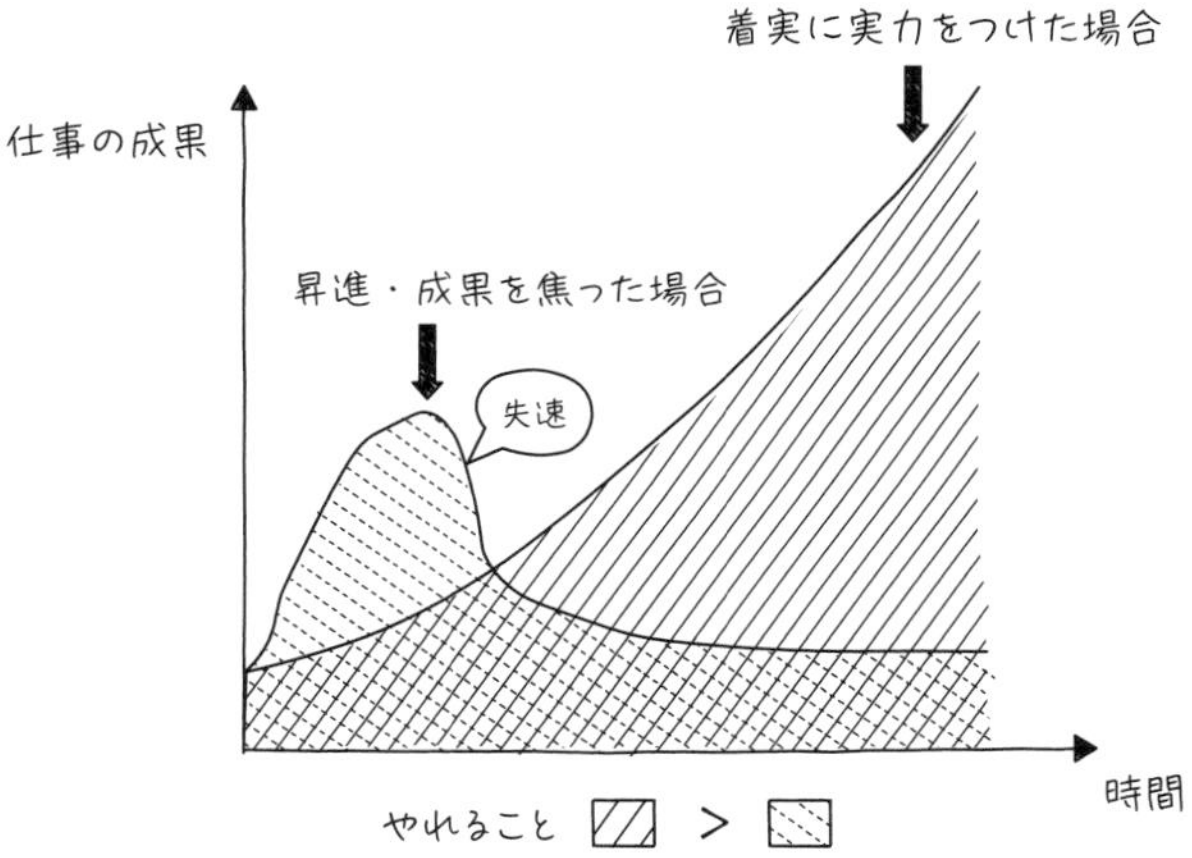

図135　人生に差が出る考え方

もちろん、ここで言う実力の大きな部分は「考える力」です（全部とは言いませんが）。ロジカル・シンキングやクリティカル・シンキングは言わずもがな、この本で議論してきたような図を描き、図で考え、真の問題解決をする力も大きく意味を持ってくると思えるのです。

若い頃から「考える力」を養っていくと、将来できる仕事も大きくなる。逆に、短期の成果だけにフォーカスし過ぎると、長い目で見て大きなことができなくなる。つまり、成果を上げようとすると成果が上がらなくなる。こんなジレンマに陥りかねません。

なので、これからを担う若手には、焦らずじっくり成長してくださいとアドバイスしてきたのです。考える力がしっかりと鍛えられると、おのずと成果はついてくると。

本書では、「図で考える」をメインテーマとして議論してきました。いろんな「型」や事例も紹介しました。これらは必ず役立つと思います。しかし煎じ詰めると、最も大事なのは「基礎」的な頭の体力。概念図のような自由演技にあるのかもしれません。

頭の中のイメージを紙の上に落とし、対話するプロセス。いろんなものを図で把《とら》える姿勢。自由奔放な発想。多面的な視点・視座・視野。ビッグ・ピクチャー。健全に批判的に見る目。抽象化による本質の炙り出し。形の持つパワー。頭の中のパターンや「型」の引き出し。アナロジーの活用。異質の組み合わせ。思考の熟成。無意識の活用。手で考える技。日々の好奇心と考えるクセ。こういったあたりが本質でしょうか。

始めるのに遅過ぎるということはなく、後はそれをやるか、やらないか、です。

皆さんの「考える力」のアップに多少なりとも貢献していれば幸いです。

【著者紹介】
平井孝志（ひらい　たかし）
筑波大学大学院ビジネスサイエンス系教授。東京大学教養学部卒業、同大学大学院理学系研究科修士課程修了。マサチューセッツ工科大学（MIT）スローン経営大学院MBA。早稲田大学より博士（学術）。ベイン・アンド・カンパニー、デル（法人マーケティング・ディレクター）、スターバックス コーヒー ジャパン（経営企画部門長）、ローランド・ベルガー（執行役員シニアパートナー）などを経て現職。コンサルタント時代には、電機、消費財、自動車など幅広いクライアントにおいて、全社戦略、事業戦略、新規事業開発の立案および実施を支援。現在は、経営戦略、ロジカル・シンキングなどの企業研修も手掛ける。早稲田大学大学院経営管理研究科客員教授、株式会社キトー社外取締役、三井倉庫ホールディングス株式会社社外取締役。著書は『本質思考』（東洋経済新報社）他多数。

武器としての図で考える習慣
「抽象化思考」のレッスン

2020年 7 月 30 日　第 1 刷発行
2024年 2 月 19 日　第10刷発行

著　者——平井孝志
発行者——田北浩章
発行所——東洋経済新報社
〒103-8345　東京都中央区日本橋本石町 1-2-1
電話＝東洋経済コールセンター　03(6386)1040
https://toyokeizai.net/

装　丁……………小口翔平+三沢稜（tobufune）
本文デザイン……喜來詩織（tobufune）
D T P……………アイランドコレクション
イラスト……………大塚砂織
印　刷……………広済堂ネクスト
編集協力…………塚田理江子
編集担当…………齋藤宏軌

ISBN 978-4-492-04668-5